맹자의 삼변철학

맹자의 삼변철학

사람과 금수(人禽) · 왕도와 패도(王霸) · 의로움과 이익(利益) 논변에 관한
역사적 성찰 그리고 현대적 해석

원보신 지음 | 황갑연 옮김

서광사

*이 번역서는 2011년도 전북대학교 저술장려 연구비 지원에 의하여 연구되었음.

이 책은 袁保新의 『孟子三辨之學的歷史省察與現代詮釋』
(Weh Chin Publishing Co., Ltd., 1992)을 완역한 것이다.

맹자의 삼변철학

원보신 지음
황갑연 옮김

펴낸이 — 김신혁, 이숙
펴낸곳 — 도서출판 서광사
출판등록일 — 1977. 6. 30.
출판등록번호 — 제 406-2006-000010호

(413-756) 경기도 파주시 교하읍 문발리 534-1
대표전화 · (031) 955-4331 / 팩시밀리 · (031) 955-4336
E-mail · phil6161@chol.com
http://www.seokwangsa.co.kr / http://www.seokwangsa.kr

제1판 제1쇄 펴낸날 · 2012년 8월 20일

ISBN 978-89-306-2940-9 93150

| 옮긴이의 말 |

맹자라는 인물을 떠올리면 즉각적으로 생각나는 것은 아마 성선설일 것이다. 사실 맹자의 성선설은 맹자라는 한 개인의 인성에 대한 인식에만 그치는 것이 아니라 맹자 사상 전반을 관통하고 있는 강령성(綱領性)의 종지(宗旨)이고, 더 나아가 동아시아 전통윤리의 핵심을 이루고 있는 의리(義理)이다. 맹자는 수양론에서 성선을 기초로 학습보다는 계발에 초점을 두고 있고, 왕도정치 역시 불인인지심(不忍人之心)이라는 심선에 근거한 외왕 사업이다. 비록 한(漢) 대에 반맹존순(反孟尊荀)의 하풍에 밀려 맹자학이 크게 표상되지 못했지만, 송 대에 주희에 이르러 성선설은 성즉리로서 내포와 외연이 더욱 심화되고 확장되어 아성(亞聖)이라는 지위를 넘어서 동아시아 유가철학의 대종사로서 자리 잡게 되었다.

맹자의 성선설이 순자의 성악설과 함께 동양의 인성론을 대표하는 학설임은 주지의 사실이다. '성선'과 '성악'이라는 두 글자는 '인간의 본성은 선하다'와 '인간의 본성은 악하다'는 명제를 축약한 것이다. 그러나 '성선'과 '성악'은 그렇게 단순하게 이해할 수 있는 명제가 아니다. 중국 유가철학의 발전사를 보면, 인성에 대한 규정은 다양하다. 맹자의 성선설과 순자의 성악설을 비롯하여 '인간의 본성은 본래 선함도 없고, 악함도 없다'는 고자의 '성무선무악설'(性無善無惡說)과 동중서의 '선한 본성도 있고, 악한 본성도 있다'는 '유성선유성악설'(有性善有性惡說) 그리고 '성은 선과 악이 혼재되어 있다'는 '성선악혼설'(性善惡混說)과 왕충의 '성삼품설'(性三品說) 등의 제설(諸說)이 존재한다. 인성론의 형태가 이처럼 다양하지만, 사실은 두 가지의 형태로 정리할 수 있다. 순자가 비록 성악설을 주장하였지만, 순자는 인성 그 자체를 악으로 규정하지는 않았다. 엄격하게 말하면, 성악은 결과의 측면에서 말한 것이다. 즉 인위적인 교화가 전제되지 않으면 악으로 귀결될 개연성이 매우 농후하기 때문에 성악이라고 규정한 것이다. 따라서 맹자의 성선설을 제외한 나머지 인성론은 인성에 대한 동일한 견해를 각기 다른 표현으로 규정한 것에 불과한 것이다. 다시 말하면 순자와 고자 그리고 동중서 및 왕충 등의 인성론은 '생이라는 사실을 근거로 하여 성을 말한' 생지위성(生之謂性)의 계통에 속한 성론이다. 이 계통에 속한 성론은 모두 가치중립적인 생리적 본능을 근거로 한 인성론이다.

역자는 중국 유가철학의 발전사에서 등장한 여러 인성론을 탐구하면서 가장 해설이 어려운 인성론은 다름 아닌 맹자의 성선설임을 발견하게 되었다. 맹자의 성선설을 제외한 나머지 학설은 해설이 비교적 용이하다. 우선 순자의 성악설을 보자. 우리는 악이라는 행위의 결과를 우리의 생명 속에 본래 갖추어진 감성 혹은 정욕생명의 과도와 부족한 표현으로써 설명 가능하다. 그뿐만 아니라 이것과 반대적 성격의 선한 행위에 대해서는 순자가 강조한 청출어람(靑出於藍)처럼 후천적인 학습을 근거로 설명 가능하고, 사회화의 과정을 통한 좋은 습관의 양성으로도 얼마든지 해설할 수 있다. 고자의 '성무선무악설'(性無善無惡說) 역시 후천적인 환경에 의한 오염과 학습을 통한 변화 등으로 선악을 설명할 수 있다. 그뿐만 아니라 세상에는 항상 자신의 욕구를 절제하면서 남을 배려하기를 좋아하는 선한 사람이 있는가 하면, 온갖 악은 자신 스스로 담당하면서도 조금의 연민과 양심의 가책도 없는 것처럼 보이는 인면수심(人面獸心)의 악한이 있기도 하다. 이것을 근거로 '성선악혼설'(性善惡混說)과 '유성선유성악설'(有性善有性惡說)을 설명할 수 있다.

그러나 맹자처럼 '인간의 본성은 선하다'라고 규정해 보자. 가장 큰 난제는 바로 '악한 행위의 결과를 어떻게 설명할 수 있는가'이다. 『맹자』에는 여러 좋은 해설들이 있지만, 그것에 대한 의문 역시 꼬리에 꼬리를 물고서 계속 등장할 수 있다. 저자인 원보신(袁保新) 교수는 도덕심과 실존심이라는 두 개념을 통하여 이 문제를 해결하려고 노력하고 있다. 역자는 '마음의 안녕을 추구하는 심리와 불안을 회피하고자 하는 심리'라는 주제를 통하여 맹자 성선론 해설에 대한 한 가지 견해를 발표한 적이 있다. 이것과 원보신 교수의 견해가 충돌되는 것은 아니지만, 실존심이라는 새로운 개념은 맹자의 성선설을 이해하는 데 유력한 소재라고 할 수 있다.

역자는 『맹자의 삼변철학』(원제-孟子三辨之學的歷史省察與現代詮釋)이라는 서책을 대만 유학 시절인 1990년대에 처음 접하였다. 비록 분량은 많지 않지만, 내용이 참신하고 명료한 주제(人禽과 王霸 및 義利)로 구성되어 있어 번역, 소개하겠다는 생각을 일찍부터 가져왔다. 그러나 다른 연구에 밀려 지금에야 번역, 출간하게 되었다.

이 책에는 기존의 연구에서도 언급한 적이 있지만, 국내에 익숙하게 소개되지 않은 몇 가지 소재가 있고, 또 익히 알려진 주제이지만, 그것에 대한 저자의 창의적인 견해가 내재되어 있기도 하다. 우선 인성론 부분에서 저자는 『맹자』라는 원전에 회귀하여 선의 여러 의미와 성선의 본의를 맹자의 입장에서 철저하게 문헌적으로 고증함으로써 대만대학 부패영(傅佩榮) 교수가 주장한 향선론(向善論)에 대하여 반론을 전개하고 있다. 또한 성선설이라는 주장이 수반할 수밖에 없는 불선(不善)의 래원(來源)과 출현 과정을 설명하기 위해 하이데거의 '본래성'(authenticity)과 '비본래성'(inauthenticity) 개념을 원용하여 인간의 존재양태를 '본래적 존재'(authentic existence)와 '비본래적 존재'(inauthentic existence) 상태로 구분하고, 그 중간에 선택자로서 실존심(existential mind)을 제시하고 있다. 역자는 이러한 저자의 사유구조를 접하고서 대승기신론(大乘起信論)의 일심개이문(一心開二門)을 연상하였다. 저자 역시 자신의 사유구조에 토론의 여지가 있음을 긍정하고 있다. 그러나 성선설 해설의 난제에 대한 저자의 고심에 대해서 역자는 깊이 공감한다. 정치론 부분에서 저자는 맹자 왕도정치의 이상과 기본정신을 양민(養民)과 교민(教民)을 중심으로 해설하고, 아울러 민주와 민본의 이동(異同)을 해설하면서 맹자의 민본사상에는 비록 주권재민의 성분은 갖추어져 있다고 할지라도 객관적인 법제화가 미비되어 있을 뿐만 아니라 천거식 방법의 정권 전이 역시 맹자 시대의 한계임을 정확하게 지적하고 있다. 또한 요순의 치법(治法)에 대한 맹자의 이해를 도덕질서를 본래의 지위로 삼는 사회분공(社會分工)의 제도로 해석한 것은 유가 정명론(正名論)의 직분론(職分論)적 해설이라고 할 수 있다. 마지막으로 의리(義利)에 관한 부분에서 저자는 맹자의 의리관(義利觀)을 공리주의로 해석하려는 시도에 맞서 선의후리(善義後理)의 도덕 우위 입장으로 해설한다. 즉 맹자는 의(義)와 리(利)를 대립적 관계로 이해하지 않고 선후 · 주종 · 본말의 관계로 이해한다는 것이다. 기존에 대부분의 유학자들은 '의'와 '리'를 공(公)과 사(私)라는 대립적 구도로 이해하는 입장을 취하였지만, 저자는 이러한 이분법적 구도를 '의'와 '리'의 관계를 지나치게 간략화한 이해로 규정하고서 양자를 선후·주종·본말의 유기적 관계로 규정한다. 사실 맹자가 정치학자라면 저자의 이러한 이해구도를 취할 수밖에 없을 것이다.

역자는 지금까지 10여 권의 저서와 역서를 출간하였는데, 대부분 도서출판 서광사에서 출판하였다. 온라인 시장의 확장으로 출판사 경영이 갈수록 어려워지고 있는데도 고집스럽게 철학서적 출판을 지속하고 있는 서광사 김신혁 사장님과 임직원 여러분께 먼저 감사를 드린다. 나이 오십이면 '천명을 깨닫는다'(知天命)고 하는데, 아직은 지천명(知天命)은 고사하고 불혹(不惑)의 경지도 난망(難望)인 것 같다. 그러나 공자가 자신의 한계를 인식함과 동시에 새로운 사명을 정립하였듯이 역자 역시 한계를 새로운 인생 통로의 전환으로 인식하고서 일신일신우일신(日新日新又日新)할 것을 다짐한다.

2012년 4월

황갑연

| 차 례 |

| 지은이의 말 |

맹자는 현대 중국사회에서 가장 잘 알려진 철학자 중의 한 사람이다. 이는 현재 고등학교 교과 중에 '중국문화기본교재' 라는 교과과정이 있기 때문만은 아닐 것이다.[1] 가장 중요한 원인은 맹자의 성선설(性善說)이 이미 전통 문화에 대한 중국인의 기본 상식이라는 점에 있다. 그러나 맹자의 학생인 공도자(公都子)처럼 현대 중국인의 심령 세계에는 '맹자가 성선설을 주장하였다' 는 것을 아는 것과 '맹자가 왜 성선설을 주장하였는가' 를 이해하는 것은 서로 다른 두 가지 일로 존재하고 있다.

1984년 7월 나는 고웅(高雄) 사범학원[2] 국문(-中文)연구소의 증소욱(曾昭旭) 교수의 요청으로 여름방학 중등교사 진수반에서 '맹자학 연구' 교과목을 가르친 적이 있다. 최소한 이미 10년 이상 교육경력을 가진 중등교사에게 2개월간의 절차탁마(切磋琢磨)를 거친 후에, 나는 놀랍게도 상당수의 국문 교사들이 '중국문화기본교재' 를 가르치면서 맹자의 성선설을 근본적으로 의심하고 있다는 사실을 발견하

---

1 역주: 이는 저자가 대만 사회의 입장에서 한 말이다.

2 역주: 사범학원은 2년제 교육대학이다. 4년제 교육대학은 사범대학이다.

게 되었다. 사실 이상할 것도 없다. 지금의 시대에도 맹자의 인성론은 줄곧 중국인의 문화상식으로만 존재하고 있었을 뿐 현대인의 심령 속에 파고들어 안신입명(安身立命)의 근거로 자리 잡지 못하고 있기 때문이다.

현대 사람들이 맹자 인성론의 예견(睿見)과 지혜를 수용하지 못하는 원인은 도대체 무엇일까? 물론 개인의 주관적인 요소도 작용하고 있을 것이다. 그러나 주관적인 요소 외에 가장 중요한 원인으로 현대화의 과정 중에서 경험적인 실증과 공리주의 사고방식에 습관화되어 버린 현대인의 의식을 들 수 있다. 이 때문에 실존과 선험 그리고 가치적 관점으로부터 사람이 사람일 수 있는 의의와 존엄을 깨닫는 유가철학의 인문전통을 수용하기 어려웠던 것이다. 맹자 성선론을 반격할 때 가장 흔하게 하는 질문은 바로 '사람의 본성이 선하다면 맹자는 사람들의 악한 행위를 어떻게 해석할 것인가' 이다. 이러한 질문이 단지 하나의 단순한 질의에 그치는 것이라면, 지식비판의 관점에서 보면 합법적이라고 할 수 있다. 그러나 만일 그것 자체가 하나의 이유로서 성선설을 부정하는 것이라면, 이는 한편으로는 인성과 사람의 행위라는 서로 다른 층의 문제를 분별하지 못하고 있다는 혐의를 받을 수 있고, 다른 한편으로는 문헌에 충실하지 않은 채 자신에게 유리한 문구만을 골라 해석하였다(斷章取義)는 오해를 피하기 어려울 것이다.

사실 맹자는 「고자상」 편에서 '자신이 인간의 본성이 선하다고 주장한 이유' 와 '불선한 행위를 하게 되는 이유' 를 몇 개의 질문을 통하여 설명한 적이 있다. 혹시 현대인들의 선입견이 너무나 강해 이러한 문헌적 자료가 응분의 존중을 받지 못할 수도 있을 것이다. 그러나 가장 유감인 것은 일반 사람들만이 이처럼 문헌을 존중하지 않고 자기에게 유리한 곳만을 골라 해석하는 것이 아니라, 오랫동안 전문 교육 훈련을 받은 학술계의 학자들도 자신의 관점을 지나치게 신뢰하여 의식적 혹은 무의식적으로 옛사람들의 사상을 축소하거나 심지어 곡해한다는 사실이다. 이러한 상황은 맹자 인성론에 대한 연구에서만 보이는 것이 아니다. 맹자의 정치사상과 가치론에서도 현대학자들의 이론 배경 차이로 말미암아 사이비한 '신'(新) 학설이 생겨나기도 한다.

5년 전에 대만 중앙대학 문학원의 초빙에 응하여 중문과에서 '맹자' 선수 과목을 담당한 후에, 나는 곧 맹자 당시에 논쟁의 초점이 되었던 문제들에 대한 현대학자들의 해석을 사상사와 문헌 맥락을 독해하는 방식으로써 분석하려고 하였다. 4년 동안 내 자신의 연구 방법과 결론에 대하여 점차 자신이 생기자 그것을 책으로 출판하여 학술계의 선배와 선진학자들에게 내놓게 되었다.

『맹자의 삼변철학』은 기본적으로 논제로써 이끌어 가는 방식으로 기술되었다. 이 책은 모두 7장으로 구성되었다. 전체 연구의 귀속처와 방법을 설명하는 제1장과 맹자 삼변학문의 현대적 의의를 밝히는 것이 목적인 제7장을 제외하고 나머지 다섯 장은 서로 다른 주제들로 구성되어 있다. 제2장은 '맹자 사상 형성의 시대적 배경 그리고 삼변학문과의 철학적 관련'이다. 주요 내용은 사상사적 관점에서 맹자철학의 정체성(整體性)을 살피는 것으로, 중점은 인문에 대한 맹자 심령의 강렬한 관심과 역사적 의식을 드러내는 것에 있다. 이는 맹자 사상을 연구할 때 현대학자들이 개인적인 이론과 흥미로 말미암아 맹자 사상을 구체적인 시대적 맥락으로부터 독립시켜 역사적 진상과 동떨어진 억측을 방지하고자 함이다.

제3장과 4장은 '사람과 금수의 차이에 관한 논변'(人禽之辨)에 관한 것인데, 내가 가장 심혈을 기울인 부분이다. 나는 이곳에서 내용을

두 측면으로 전개하였다. 하나는 최근에 유행한 학설로, 맹자가 주장한 성선설이 '인간의 본성이 본래 선하다'(人性本善)는 의미인가? 아니면 '인간의 본성은 선을 지향한다'(人性向善)는 의미인가에 관하여 문헌적 분석을 한 것이다. 다른 하나는 맹자 인성론을 근거로 인간의 불선한 행위를 어떻게 설명할 것인가에 관한 것이다. 나는 맹자가 제시한 심(心) 개념에는 최소한 두 가지 의미가 있다고 생각한다. 하나는 인의예지에 따라서 발동하는 도덕본심이고, 다른 하나는 육체생명에 놓여 있는 것으로, 외부 세계의 영향을 면하기 어려운 상태에서 선택의 자유를 갖는 실존심(實存心)이다. 우리는 맹자가 제시한 이 두 가지 의미의 심을 정확하게 분별할 수 있어야만 맹자가 불선한 행위의 원인을 '본성의 잘못이 아니라 단지 자각하지 못하였을 뿐이다'(非才之罪也, 弗思耳矣)라고 말한 이유를 알 수 있다.

이로부터 더 나아가 제4장 3절의 '진심(盡心)과 입명(立命)'에서 특별히 맹자 인성론 속에 포함되어 있는 형이상학을 제시하였다. 나는 맹자 형이상학은 기본적으로 실천적 형이상학에 해당된다고 생각한다. 맹자의 실천적 형이상학에는 두 가지 특색이 있다. 하나는 천도의 초월성을 보존하여 천도가 이성적인 사변의 대상(智測) 혹은 관해(觀解)의 대상으로 전락되지 않게 하는 것이다. 다른 하나는 역사의 진행에서 인성이 도덕이상의 실현을 위하여 분투하는 데 종극적인 의미의 근거라는 점을 보장해 주는 것이다. 즉 나는 인류 존재 의미의 보편성에 대하여 회의적인 현대의 문명에서 맹자의 실천 형이상학이야말로 초월적인 이상을 구제할 수 있는 유일한 대안이며, 동시에 역사의 진행 중에서 인류의 분투를 올바르게 잡아 줄 수 있는 형이상적인 지혜라는 점을 가르쳐 주고 싶다.

제5장 '왕도정치와 패도정치의 차이에 관한 논변'(王覇之辨)의 주

요 내용은 맹자의 왕도정치와 서양의 민주 그리고 법치 이념 간의 차이를 밝히는 것이다. 만일 전체 분석 중에서 새로운 의미가 발견된다면 곧 문헌으로 환원시켜 맹자가 말한 선왕의 법이라는 것이 실제로 군주와 신하의 분치(分治) 그리고 관리계층과 피관리계층의 분공(分工) 정치 윤리임을 밝히겠다. 다시 말하면 맹자가 제시한 왕도인정의 이상은 완전히 군주 한 사람의 능력에만 의탁한 것이 아니라, 하나의 객관적인 분공의 틀에 의하여 공통적인 도덕규범을 드러내어, 군주와 신하 그리고 민중들이 각각 자신의 위치에서 본분을 다함으로써 평화로운 정치를 실현하는 것에 있는 것이다.

第6장은 '의로움과 이익에 관한 논변'(義理之辨)이다. 주요 내용은 맹자 사상과 공리주의에 관한 것이다. 최근에 '맹자는 공리주의자인가'에 관하여 논변이 있었는데, 이 문제를 맹자 사상 전체 체계에 놓고서 문헌 해독을 하기도 하였다. 이 장의 주요 내용은 이에 관한 것이다. 나는 우리가 만일 맹자 사상이 내적으로 일치성을 갖고 있다고 긍정한다면, 맹자가 「양혜왕상」에서 말한 "의로움을 뒤로하고서 이익을 먼저 내세운다면 (그보다 많은 것을 소유한 사람의 것을) 빼앗지 않고서는 만족하지 않을 것이다. 인하면서 그 부모를 버린 자는 없었다. 의로우면서 그 군주를 뒤로하는 자는 없었다"[3]는 구절을 단지 문자의 의미에만 치중하여, 맹자가 행위 결과의 이해(利害)로써 그의 주장을 분석, 증명하였다고 이해해서는 안 된다고 생각한다. 이는 맹자가 양혜왕의 관점에 따라서 양혜왕 주장의 부당성을 지적하려고 간접적으로 자신의 일관된 원칙을 설명한 것에 불과하다.

---

3 『孟子』「梁惠王上」, "苟爲後義而先利, 不奪不饜. 未有仁而遺其親者也. 未有義而後其君者也."

이 책에는 오랫동안 내 마음속에 간직된 역사가 응축되어 있지만, 책을 저술한 기간은 단지 3개월에 불과하다. 이 3개월의 저술 기간에 나로 하여금 가장 고통스럽게 했던 것은 문제를 분명하게 해결하기 위하여 내가 가장 존경해 왔던 선배 학자와 친숙한 동료 학자들의 견해를 비평하지 않을 수 없었다는 점이다. 이런저런 생각으로 주저하고 머뭇거렸지만 결국 그 방식을 취하지 않을 수 없었다. 만일 잘못과 오해가 있다면 이에 관한 비평을 기꺼이 수용하겠다.

『맹자』는 나를 중국철학이라는 전당에 진입하게 한 첫 번째 경전이다. 1972년 여름 내내 나는 『맹자』를 탐독하였고, 아울러 7-8천 자에 달하는 문장을 써 남회근(南懷瑾) 선생이 주관하고 있던 『인문세계(人文世界)』라는 월간잡지에 발표하기도 하였다. 지금 시간을 계산해 보니 이미 20년 전의 일이다. 1975년 여름에 나는 유가 도덕이상주의적 세계관에 동조하는 『아호(鵝湖)』의 여러 학자들과 『아호월간(鵝湖月刊)』을 창간하여 첫해 1년 동안 사장을 역임하였다. 당시에 내 마음에는 『인생(人生)』 잡지를 창간한 왕도(王道) 선생의 "한밤중에 올곧게 앉아 있으니 마치 천지의 마음을 상하게 하는 것 같다"(中夜起危坐, 若傷天地心)라는 시 두 구절이 자주 맴돌았다. 왕도 선생의 역사문화에 대한 심정(深情)과 실감(實感)은 맹자가 말한 "그러나 그를 아는 사람은 나오지 않는구나! 그러니 앞으로도 나오지 않을 것이다"[4]라는 탄식과 같은 것이다. 몇 개월 동안의 저술 기간에 이런 느낌은 더욱 절실하고 심각하게 다가왔다.

기쁘게 출판을 허락한 문진(文津)출판사 구진경(邱鎮京) 사장님께 감사드린다. 또 이번 저술에 대하여 격려와 관심을 보내 주신 『아호』

---

4 『孟子』「盡心下38」, "然而無有乎爾, 則亦無有乎爾."

의 여러 스승님과 동료에게도 감사드리고, 아내의 끊임없는 지지에도 감사한다. 마지막으로 이 책이 출판되어 중국철학 연구자들에게 어떤 조그마한 의미와 가치를 갖게 된다면 나는 이 모든 것을 나의 어머님인 한종근(韓宗勤) 여사의 고희(古稀)를 위하여 바치고자 한다.

1992년 1월 15일

대만 중앙대학철학연구소 원보신(袁保新)

제 1 장

서론

이 연구의 주제는 맹자의 삼변(사람과 금수의 차이 · 왕도정치와 패도정치의 차이 · 의로움과 이익의 차이에 관한 논변)이다. 이 세 개의 논변을 주제로 삼은 취지는 사상사적인 성찰과 문헌 분석을 통하여 맹자철학 연구에 관한 현대학자들 사이의 논쟁을 일소하고, 다시 한 번 올바른 해석을 하고자 함이다. 다음은 이 주제의 연구 가치와 목적 그리고 방법에 관한 것이다.

제1절 · 중국문화사에서 맹자의 위치와 학술연구의 가치

현대 중국인들은 공자와 맹자를 병렬하여 공맹이라고 칭한다. 또 맹자가 공자 사상을 계승한 학자들 중에서 가장 핵심적인 철학심령이라는 점을 의심하는 사람은 없을 것이다. 그러나 사실상 유학의 전통에서 맹자의 위치와 중요성은 북송과 남송에 이르러서야 비로소 확립되기 시작하였다. 장기간 맹자는 유가철학의 여러 학자(諸子) 중의 한 사람이었고, 경전을 해설하는 전(傳)으로서 많은 선진(先秦)시대 전적의 하나로만 취급되었다.[1] 비록 조기(趙岐)가 『맹자제사(孟子題辭)』에서 "천지를 망라하고, 세상의 모든 사물을 헤아려 서술하며, 인의도덕 그리고 본성과 천명 및 화복이 찬연하게 두루 다 실려 있지 않음이 없어 제왕과 공후가 그것을 준수하면 번영과 화평이 오고 종묘에서 그 덕을 칭송할 것이다. 경과 대부 그리고 지식인들이 그것을 실천하면 임금과 부친을 존중하고, 충과 신의 도리를 세울 수 있을 것이다. 지조가 있는 사람이 그것을 본받으면 높은 절개를 숭상하고 뜬구름과 같은 의롭지 못한 부귀에 항거할 수 있게 될 것이다. 국풍시인(國風詩人)과 같이 사물로의 비유[2]와 대아(大雅)와 소아(小雅)[3]의 우아하고 올바른 말이 있을 수 있다. 그것은 곧으면서도 거만하지 않고, 자상하면서도 굽히지 않으니 성인의 다음가는 위대한 인재라고 할 수 있다"[4]라고 하였지만, 그가 "맹자가 죽은 후에 성인의 도는 마침내 버림을 받았고, 진나라에 이르자 경전을 불태워 없애고, 유생들을 생매장하여 죽이니 맹자의 학술을 따르는 무리들이 모두 없어져 버렸다. 한나라가 일어나자 진나라의 포악한 금령을 해제하고, 도덕의 학술을 열었다. 한의 효제는 배움을 길을 넓혀 주고자 『논어』·『효경』·『맹자』·『이아』에는 모두 박사를 두었다. 뒤에 전기[5] 박사를 없애고 오로지 오경에만 박사를 두었을 뿐이다. 지금도 여러 경서의 뜻을 밝히는데, 맹자를 인용하여 고사를 밝힐 수 있으면 박학하다고 한다"[6]라고

---

1 楊伯峻 『孟子譯註』, 臺灣 源流出版社, 1982, 8-9쪽. "包羅天地, 揆敍萬類, 仁義道德, 性命禍福, 粲然靡所不載, 帝王公侯遵之, 則可以致隆平, 頌淸廟. 卿大夫士蹈之, 則可以尊君父, 立忠信. 守志厲操者儀之, 則可以崇高節, 抗浮雲. 有風人之託物, 二雅之正言, 可謂直而不倨, 曲而不屈, 命世亞聖之大才者也."

2 역주: 『詩經』「國風」에는 사물에 기탁하는 비유법을 사용하여 자신의 뜻을 표현하는 방법이 자주 등장한다.

3 역주: 원문에서 二雅는 『詩經』의 「大雅」와 「小雅」를 지칭한다.

4 焦循 『孟子正義』, 臺灣 文津出版社, 1988, 13쪽.

5 역주: 전기(傳記)는 경전의 주해에 관한 기록이다. 당시에 맹자의 학문을 하나의 경서(經書)로 긍정하지 않고 경서의 주해서 정도로 취급한 것이다.

한 말을 보면 한대에 맹자의 학술사상은 경학의 아래에 놓여 있어 그의 철학적 성취가 아직 충분히 드러나지 않았음을 알 수 있다.

양한(兩漢) 이후에 유학은 점차 쇠미해 갔고, 중국철학의 풍류는 거의 도가와 불교로 넘어갔다. 당(唐) 중기에 한유가 등장하여 도통(道統)설을 내세우면서 유학의 성인학문 전승의 도통 중에 맹자가 자리 잡고 있음을 힘써 내세웠다. 그러나 비록 한유가 "공자가 죽은 후에 오로지 맹자만이 그 종(宗)을 얻었다. 따라서 성인의 도를 구하고자 하는 사람은 반드시 맹자의 학문으로부터 시작해야 할 것이다"[7]라고 하였지만, 그것은 전체 당대(唐代)의 학풍 중에서 단지 한유 한 사람의 주장이었을 뿐 학술계의 공감을 얻은 것은 아니었다. 북송의 정호와 정이 시대에 이르러 내성(內聖) 학문에 관한 강론이 더욱 정밀해지면서부터 맹자철학이 비로소 중시되고 발양되기 시작하였다.[8] 남송 이후 주희가 『논어』·『맹자』·『대학』·『중용』을 『사서』로 편찬하고 상세하게 집주(集註)하였다. 그리고 육구연은 자신의 학문이 누구에게서 수학한 것이 아니라 "홀로 맹자를 탐독하면서 스스로 얻었다"[9]고 하였고, 또 "나의 학문은 스스로 맹자 이후 하나의 밝음의 시작이라고 할 수 있다"[10]고 하였다. 이후에 맹자 사상의 위치에 대하여 이

---

6 焦循『孟子正義』, 16-17쪽. "孟子旣沒之後, 大道遂絀, 逮至亡秦, 焚滅經術, 坑戮儒生, 孟子徒黨盡矣. 其書號爲諸子, 故篇籍得不泯絕. 漢興, 除秦虐禁, 開延道德, 孝文皇帝欲廣遊學之路, 『論語』·『孝經』·『孟子』·『爾雅』皆置博士. 後罷傳記博士, 獨立五經而已. 訖今諸經通義, 得引孟子以明事, 謂之博文."

7 朱熹『四書章句集註』, 臺灣 鵝湖出版社, 1984, 198쪽. "自孔子沒, 獨孟軻之傳得其宗. 故求觀聖人之道者, 必自孟子始."

8 唐君毅『中國哲學原論』「原道篇」, 홍콩 新亞研究所, 1973, 211쪽.

9 『陸象山全集』, 臺灣 世界書局, 1974, 308쪽. "因讀孟子而自得之."

10 같은 책, 85쪽. "區區之學, 自謂孟子之後, 至是始一明也."

견이 사라지게 되었다. 성즉리(性卽理)를 주장하는 정주(程朱)의 이학이나, 심즉리(心卽理)를 주장하는 육왕(陸王)의 심학이나, 『맹자』는 그들이 이론을 정립할 때 근거로 삼은 가장 중요한 경전 중의 하나가 되었다. 그리고 맹자 삼변학문에 의해 건립된 의리 분별도 송명 이래 유학자들이 공동적으로 견지한 이해의 틀로 자리 잡았다. 특히 '사람과 금수의 차이에 관한 논변' 과 연계된 심성론은 송명이학자들이 가장 심력을 기울인 주제였으며, 맹자의 성선설은 유학자들이 똑같이 마음속으로 간직한 기본 입장이었다.

그러나 비록 맹자의 심성학문이 송명 시대 사상의 주류로서 자리 잡았지만, 맹자의 '민중이 귀하고 군주는 가볍다' (民貴君輕)의 주장은 오히려 명 태조인 주원장에게 수용되지 못하여, 그의 사상을 서술한 『맹자』에서 문구가 삭제당하는 수모를 당했을 뿐만 아니라 심지어 맹자의 신위(神位)마저도 성묘(聖廟)에서 쫓겨날 위기에 처하기도 하였다.[11] 인성론에 근거한 맹자의 정치철학은 여진족의 청조 건국으로 인한 민족적 수모로 말미암아 점차 재야의 사림들에 의해서만 중시되기 시작하였다. 황종희의 『명이대방록(明夷待訪錄)』도 이러한 배경에서 완성된 작품이다.[12] 청말 서양의 물결이 동양을 점령하게 되자, 중국 전제왕조 정권의 부패와 서양 민주정치의 진보성에 직면한 당시의 강유위(康有爲)[13]와 신해혁명의 지도자인 손문(孫文) 등과 같은 사람은 맹자의 '민귀설' 을 추존하였다. 이때 맹자는 또다시 '중국민본민주의 정치사상의 종사(宗師)' 로 다시 자리 잡게 되었다.[14] 이 때문에

11 容肇祖『容肇祖集』, 山東 齊魯書社, 1989, 170-173쪽.

12 『명이대방록(明夷待訪錄)』은 『황종희 전집(黃宗羲全集)』에 수록되어 있다.

13 康有爲『孟子微』, 臺灣 商務印書館, 1968.

14 唐君毅『中國哲學原論』「原道篇」, 211쪽.

당군의 선생은 일찍이 "맹자의 학문은 중국역사상 세 차례의 변화를 겪었는데, 첫째는 서한시대 오경을 보좌하는 전기의 학문(傳記之學)이고, 다음은 송명이학으로서 맹자의 심성학문을 공자의 인도(仁道)를 계승한 대종(大宗)으로 추존한 것이며, 마지막은 청조 말기와 중화민국 초기에 중국민주사상의 선도자로 추앙된 것이다"[15]라고 하였다. 맹자가 중국문화의 장기간 흐름 속에서 시종 활력을 유지하고, 갈수록 후대 중국인들에게 추앙을 받는 이유는 도대체 무엇인가? 이 문제는 반드시 맹자학문의 내용과 정신을 확실하게 파악해야만 답안을 찾을 수 있다.

채인후(蔡仁厚) 선생은 『공맹순철학(孔孟荀哲學)』에서 맹자철학의 최대 공헌으로 다음 세 가지를 들었다. 첫째는 심성학문의 의리 규모를 건립한 것이고, 둘째는 인정왕도(仁政王道) 정치 이상을 홍양(弘揚)한 것이며, 셋째는 인간과 금수의 차이(人禽之辨)·의로움과 이익의 차이(義理之辨)·오랑캐와 문화민족의 차이(夷夏之辨)에 관한 논변을 제창한 것이다.[16] 사실 요점을 말하자면, 맹자의 사상이 장기간의 시험을 경과하여 양송(兩宋) 이후 유가사상의 주류로 성장할 수 있었던 관건은 바로 맹자가 내세운 '인간과 금수의 차이에 관한 논변'·'왕도정치와 패도정치의 차이에 관한 논변'·'의로움과 이익에 관한 논변'이 공자가 제시한 인도(仁道) 정신과 위대한 의리 규모를 충분하게 전개하였을 뿐만 아니라, 모든 인류의 가치 심령이 일단 각성하면 반드시 탐색해야만 하는 문제를 건드렸기 때문이다. 바꾸어 말하면, 인간이 이 세계에 살아 있는 동안 '무엇이 진정한 사람인

---

15 같은 책, 212쪽.

16 蔡仁厚 『孔孟荀哲學』, 臺灣 學生書局, 1984, 187쪽.

가'·'사람이 존엄할 수 있는 까닭은 무엇인가'·'어떻게 수많은 가치세계 중에서 올바른 선택을 할 것인가'·'이상적인 인간정치는 마땅히 어떻게 해야 하는가'의 문제를 묻지 않을 수 없다. 맹자는 2천 년 이전에 삼변의식으로부터 발전된 인성론과 가치론 그리고 왕도정치론을 근본으로 하여 충분하고도 진귀한 문화 정신을 드러내 우리들로 하여금 위와 같은 문제에 대하여 다시 한 번 뒤돌아보고 탐색할 수 있게 하였다.

그러므로 중국역사에서 맹자 학술의 지위를 시대와 함께 논하면, 그의 삼변학문은 비록 2천 년 전의 고대 사상이지만 시공의 제한을 받지 않는 영원성의 지혜를 많이 함축하고 있음을 알 수 있다. 바꾸어 말하면 설사 20세기 1990년대의 오늘날도 전체 중국문화의 환경에는 전에 없었던 변화가 발생하였지만 단지 가치를 지향하는 심령이 단절되지 않고 향상하여 맹자의 영감과 예견을 흡수할 수 있다면 이는 현대인의 가장 현명하고 지혜로운 선택이 될 것이다.

제2절 : 연구의 취지와 방법

맹자의 학술이 현대인의 심령에서 무엇을 계발하고, 현대인을 어떻게 인도해 줄 것인가? 이는 분명 우리가 절박하게 알아야 하고 이해해야 할 문제이다. 그러나 정확한 운용은 반드시 적당한 이해를 기초로 해야 한다. 따라서 이 연구를 진행하면서 직접 현대 문명에서 맹자 삼변학문의 의의와 가치를 드러내는 것보다는 먼저 맹자 사상 자체의 객관적 이해를 충실하게 할 수 있는 준비성의 것을 제시하는 것이 나을 것이다.

사실상 나의 연구는 절박성에서 비롯되었다. 최근 10여 년 이래 인문학자와 사회학자를 불문하고 수많은 학자들이 유학사상 연구에 투입되었고, 그중에 맹자를 연구하는 학자도 많다.[17] 서양의 학술 이론과 방법론의 영향을 지나치게 받은 일부 현대학자들은 서로 다른 이론 가설과 방법으로써 맹자 사상에 대한 다른 면모를 드러내기도 한다. 이러한 상황은 철학계도 마찬가지이다. 연구자의 학문 수양 배경 차이로 말미암아 동일한 『맹자』에 대해서도 왕왕 서로 다른 해석이 나오기도 한다. 따라서 현재 맹자철학에 대한 연구는 상당히 혼란스러운 상황이라고 할 수 있다.

그렇다면 우리는 맹자 삼변학문을 어떻게 이해해야 하는가? 만일 우리가 원칙적으로 맹자 사상이 내부적으로 일치성과 전체성을 갖추고 있다고 확신하고, 또 맹자의 사상과 그가 처한 전통 그리고 시대 환경이 서로 밀접하게 관련을 맺고 있다면 『맹자』라는 문헌을 해독할 때 따를 만한 어떤 규범적인 원칙이 없는 것도 아니다. 따라서 필자는 맹자 사상의 핵심 관념을 분석하는 것을 주로 삼지만, 단장취의(斷章取義)를 피하기 위하여 모든 분석을 문헌의 맥락으로 환원시켜 설명할 것을 요구할 뿐만 아니라, 또 전체 맹자 사상의 이해를 맹자가 계승한 전통과 그가 직면한 시대적 환경 중에서 파악할 것을 요구한다. 바꾸어 말하면 맹자 사상에 충실할 수 있는 객관적인 이해를 수립하겠다는 것이다.[18] 따라서 필자는 한편으로는 맹자 사상의 논리적 정체

---

17 유학 연구에 관심을 보인 대표적인 사회과학자 중에 심리학 방면에 유명한 황광국(黃光國) 선생이 있고, 사회학 방면에는 장덕승(張德勝) 선생이 있다. 황광국의 『儒家思想與東亞現代化』(臺灣 巨流出版社, 1988)를 참고하기 바란다.

18 필자가 말하는 객관이해는 경전의 전체성을 중시하지 않고 단장취의(斷章取義)하는 것과 역사전통을 무시하면서 글자만 보고서 대충 뜻을 파악하는 주관해석과 상대적인 표현이다.

성(整體性)을 강조할 것이고, 다른 한편으로는 사상사적 연구에서 수립한 각종 결론을 절대 소홀히 취급하지 않으면서 맹자 삼변학문의 설명을 진실하고도 구체적으로 드러낼 것을 기약하겠다.

그러므로 이 연구는 성격상 '역사적 성찰'인 동시에 '현대적 해석'이라고 할 수 있다. '사람과 금수의 차이에 관한 논변'과 '왕도정치와 패도정치의 차이에 관한 논변' 및 '의로움과 이익의 차이에 관한 논변'의 순서에 따라 서술하겠다. 그러나 약간 특별한 것은 각 장마다 주도성 문제(Leading Question)를 두는 것이다. 이 주도성 문제는 일반적으로 현대학자들이 맹자 사상을 연구하면서 발생한 쟁의성의 과제이다. 바꾸어 말하면 역사 성찰이라는 현대 의미를 드러내기 위하여 현대학자들의 연구 성과를 출발점으로 삼겠다. 이렇게 함으로써 그들 사이의 논쟁을 어느 정도 해소할 수도 있을 것이고, 또 이로부터 맹자 삼변학문도 현대인들이 수용할 수 있는 해석계통을 수립할 수 있을 것이다.

그러므로 이 연구의 기본 틀은 다음과 같은 구상에 기초하여 결정하였다. 제2장은 '맹자 사상 형성의 시대적 배경 그리고 삼변학문과의 철학적 관련'이다. 주요 내용은 사상사 배경에 관한 연구이다. 제3장은 '사람과 금수의 차이에 관한 논변'의 상편이다. 이 장의 주요 내용은 맹자가 '본선론자(本善論者)인가' 아니면 '향선론자(向善論者)인가'에 관한 것이다. 제4장은 '사람과 금수의 차이에 관한 논변'의 하편이다. 나는 이곳에서 맹자의 심 개념을 분석하여 맹자의 성선설을 기초로 '사람의 불선한 행위' 문제를 해석하겠다. 제5장 '왕도정치와 패도정치의 차이에 관한 논변'의 중점은 맹자의 민본사상과 근대 서양의 민주 이념의 차이에 관한 것이다. 제6장의 '의로움과 이익에 관한 논변'에서는 '맹자철학에 과연 공리주의적 성향이 있는가'의 문제를 주지(主旨)로 삼았다. 제7장의 결론에서는 맹자 삼변학문의 현대적 의미를 서술하였다.

서론을 종결하면서, 나는 맹자의 사상이 중국역사에서 갈수록 추앙받는 주요 원인은 삼변의 학문에 시공의 제한을 받지 않는 철학적 지혜가 포함되어 있기 때문이라고 확신한다. 그렇다면 어떻게 이러한 맹자의 심령과 통찰을 현대인들에게 다시 한 번 새롭게 소개하여 인생의 참고 자료로 삼게 할 것인가? 관건은 먼저 맹자 사상에 대한 객관적 이해를 수립할 수 있느냐에 달려 있다. 따라서 필자는 이 연구에서 비록 방법론상 비교적 보수적인 방법을 채택하더라도 맹자의 핵심 개념을 문헌과 역사의 맥락에 환원시킨 후에 스스로 명확한 의미가 드러나게 할 것이다. 이렇게 함으로써 현대학자들이 맹자를 연구하면서 발생하는 쟁의를 해소할 수 있고, 또 인성론에 관심을 가진 모든 사람과 현대 문명의 방향인 현대인에게 맹자 사상에 충실할 수 있는 사고계통을 제공할 수도 있다. 이러한 본래의 구상이 실제로 실현될 수 있도록 여러 학자들의 올바른 가르침을 바란다.

제 2 장

맹자 사상 형성의 시대적 배경 그리고 삼변학문과의 철학적 관련

철학사상은 아무런 배경 없이 허공에서 출현되는 것이 아니다.[1] 이 말은 맹자철학을 천명(闡明)하는 데 매우 적절하게 적용할 수 있는 원칙이다. 비록 맹자의 '사람과 금수의 차이 · 왕도정치와 패도정치의 차이 · 의로움과 이익의 차이에 관한 논변'을 구분하는 관념적 근거를 공자의 『논어』에서도 찾을 수 있지만, 실제로 맹자가 전개한 삼변학문은 그가 전국(戰國)시대라는 난세에서 다시 한 번 문화이상을 수립하기 위하여 자각적으로 내세운 정신이고 원대한 의리 규모임이 분명하다. 『사기』「열전」의 "천하가 모두 합종연횡 성책에 의존하면서 전쟁을 가장 좋은 수단으로 삼고 있을 때, 맹자만이 도리어 요임금의 당과 순임금의 우의 정치를 찬술하였으니, 가는 곳마다 위정자들과 뜻이 맞지 않았다"[2]는 말은 바로 맹자가 당시 사회에서 어떻게 자신이 추구하는 이상주의를 견지해 나갔는지를 잘 설명해 주고 있다. 맹자는 당시 전체 시대와의 파열을 두려워하지 않았다. 따라서 우리가 맹자 삼변학문을 분석하기 이전에 먼저 맹자철학을 구체적인 역사 상

---

1 胡適 『中國古代哲學史』, 臺灣 商務印書館, 1986, 49쪽.

2 司馬遷 『史記』「卷74」, 臺灣 鼎文書局, 1979, 2343쪽. "天下方務於合從連衡, 以攻伐爲賢. 而孟軻乃述唐虞三代之德, 是以所如者不合."

황 속으로 환원시키고, 당시 정치 문화에 대한 맹자의 비평과 그가 스스로 기대하고 긍정하였던 시대적 사명 그리고 역사적 임무를 통과하여 대체적으로 맹자 심령세계의 방향과 규모를 그려 보고서, 이를 다음 연구의 기초로 삼아야 할 것이다.

제1절 : 맹자 사상의 시대적 배경에 대한 고찰

맹자의 생졸 연대에 관해서는 아직 학술계의 정론이 없다.[3] 전목(錢穆) 선생은 “사람을 알고 세상을 논하면서 중시하는 것은 그가 세상에서 성취한 사업이지 그 사람의 생졸과 나이 등에 관해서는 자세하게 살피지 않는다”[4]고 하였다. 따라서 설사 맹자의 생졸 연대를 확정할 수 없을지라도, 우리는 『맹자』라는 문헌에 실린 맹자와 당시 열국제후들의 대화를 근거로 맹자의 시대를 추론하여 계산할 수 있다.

대략 말하자면[5] 맹자가 활동한 시대는 제(齊) 위왕(威王) 24년(기원전 336년) 이전 이어야 한다. 즉 처음 제나라를 여행하면서 “모든 사람들이 불효자라고 칭한”[6] 광장(匡章)과 교제한 시기 이전이어야

3 羅根澤 『諸子考索』, 九龍 學林書店, 1977, 319-329쪽.

4 錢穆 『先秦諸子繫年』, 臺灣 東大圖書公司, 1986, 188쪽.

5 맹자가 열국을 주유한 순서에 대해서 학자들의 견해는 일치하지 않는다. 나는 『선진제자계년(先秦諸子繫年)』에 기록된 전목 선생의 고증을 근본으로 하여 서술하겠다.

6 『孟子』「離婁下」. 역주: 광장(匡章)은 제나라의 장군이었다. 광장의 어머니가 아버지에게 죄를 짓자 아버지가 어머니의 잘못을 용서하지 않고 죽였다. 광장은 아버지에게 죽은 어머니를 용서해 주고 후하게 장사지내 줄 것을 간언하였다. 아버지가 끝내 거절하자 아버지 곁을 떠났으며, 후에 아버지가 죽자 자기도 처자와 떨어져 혼자 살았다. 이 고사는 부모와 자식 간에는 서로 선악으로 질책할 수 없는 것인데, 광장이 아버지의 지나친 행위를 질책하고, 정도를 실행할 것을 요구하면서

한다. 그 후 맹자는 송(宋)과 설(薛) 그리고 추(鄒)와 노(魯)[7]를 주유하였고, 등(滕)나라에 있을 때는 한 차례 등문공의 정치 참모로도 활동한 적이 있다.[8] 아마 등나라가 너무 작아 큰일을 하기에 부족하다고 여겨 양혜왕 15년(기원전 320년)에 맹자는 또다시 바쁘게 위(魏)나라로 가서 양혜왕[9]과 '의로움과 이익에 관한 논변'을 벌인 것 같다. 양혜왕이 죽고, 아들인 양왕(襄王)이 즉위하자 맹자는 "바라보니 임금 같지 않다"[10]고 여겨 다시 제나라로 돌아왔다. 그때 제선왕이 즉위하였고, 제선왕의 품은 뜻이 예사롭지 않자 "백성을 보호하면서 왕노릇을 해야 한다"[11]는 말로써 그를 깨우쳐 주려고 하였다. 그러나 안타깝게도 제선왕은 시종 "예모는 아직 쇠하지 않았으나 그 말이 시행되지 못했다."[12] 그렇기 때문에 맹자는 두 번째의 제나라 방문에서 비록 스

부자간에 서로 의견 충돌이 발생한 것이 바로 광장의 잘못, 즉 불효라는 점을 설명한 것이다. 온 나라 사람이 광장을 불효자라고 한 것은 바로 이 점 때문이다. 그러나 광장은 자신이 아비지를 질책한 불효를 저지른 것에 대한 죄과를 처자의 봉양을 물리치고 혼자 사는 것으로 대신 표현하였다. 이는 광장만이 할 수 있는 일이었다. 광장에 대한 맹자의 긍정은 바로 이 점이다.

7 맹자가 일찍이 송(宋)과 설(薛) 그리고 추(鄒)와 노(魯)를 여행하였다는 기록은 『孟子』「滕文公下」 6 · 8장 그리고 「公孫丑下」 3장 및 「梁惠王下」 12 · 16장을 통해 알 수 있다.

8 『孟子』「滕文公上」 1 · 2 · 3장.

9 역주: 양혜왕은 위(魏)나라 군주이다. 수도가 대량(大梁)이었기 때문에 양혜왕이라고 칭한 것이다.

10 『孟子』「梁惠王上」, "望之不似人君."

11 같은 책, "保民而王."

12 『孟子』「告子下」 "禮貌未衰, 言不行也." 역주: 맹자는 「告子下」에서 '나아가는 이유'(就三)와 '떠나는 이유'(去三)를 제시하였는데, "예모는 아직 쇠하지 않았으나, 그 말이 시행되지 못했다"는 것이 떠나는 이유 중의 하나이다. 즉 비록 제선왕이 맹자에게 경의를 표하여 예를 갖추어 대접하였지만, 맹자가 제시한 정치의 도리를 구체적인 정치에 시행하지 않았다는 의미이다.

승의 예로 존중을 받았고, "삼경의 지위에 올랐으나"[13] 결국에는 "그 신하의 자리를 내놓고서 돌아와"[14] 휴(休)에 머물렀다.[15] 학자들은 이 시기를 제선왕 8년(기원전 312년) 좌우라고 고증한다. 이 시기에 이르러 이미 노쇠해진 맹자는 "물러나 만장(萬章)의 무리와 함께 시서를 서술하고, 공자의 뜻을 찬술하면서 『맹자』 7편을 지었다."[16] 그 후 맹자의 행적에 관한 기록이 없다. 따라서 맹자의 열국(列國) 주유(周遊)의 내용을 종합하여 볼 때 맹자 일생의 사업과 사상의 발전은 마땅히 제위왕에서 제선왕의 시기라고 확정해야 한다. 즉 기원전 380년에서 310년 사이라고 해야 한다.[17]

그렇다면 제위왕에서 제선왕 사이라는 이 시기가 맹자 삼변학문의 형성과 어떤 상관관계를 갖고 있는가? 이 문제에 대답하기 이전에 우리는 이 시기가 중국고대사에서 차지하고 있는 특수한 위치와 의미를 분명하게 파악해야만 한다.

전목(錢穆)이 저술한 『국사대강(國史大綱)』[18]의 분기(分期)에 의하면, 기원전 380년에서 기원전 310년 시기는 전국시대 신군국(新軍國) 성립 후로서, 열강들이 서로 투쟁을 시작한 단계이다. 다시 말하면 진(晉)나라가 위(魏) · 한(漢) · 조(趙)의 세 나라로 나눠지고, 전성자(田成子)가 제나라 제후의 자리를 찬탈한 후에 양혜왕과 제선왕이 서로 전국의 패자를 다투던 시기였다. 이 시기에 관하여 전목은 다음과 같

13 『孟子』「告子下」, "位列三卿."

14 『孟子』「公孫丑下」, "致爲臣而歸."

15 같은 책, "去齊居休."

16 『史記』「卷74」, "退而與萬章之徒序詩書, 述仲尼之意, 作孟子七篇."

17 역주: 맹자가 제위왕 24년에 처음 제나라를 방문하였기 때문에 저자는 맹자의 나이를 감안할 때 기원전 380년에서 310년 사이라고 추정한 것이다.

18 錢穆 『國史大綱』「上册」, 臺灣 商務印書館, 1980, 51-55쪽.

이 요점을 설명하였다.

춘추 이전의 종법(宗法) 봉건으로부터 전국시대의 신군국으로의 전이는 서로 상응하여 일어난 것이며, 정치사회 각 방면에 급격한 변동을 가져왔다. 첫째, 군현제가 확장되어 정부 직할의 군현이 귀족세습의 채지(采地)[19]를 대체하였다. … 귀족 특권계급이 서로 분할하여 지배하는 봉건이 점차 관료통치의 정부로 변해 갔다. 군현제도에 따라서 나타난 첫 번째의 것이 귀족세경과 유사(游士)[20]세력의 교체이고, 다음이 군인과 민중이 점차 분리되어 식록(食祿)[21]이라는 새로운 제도가 생긴 것이다. … 둘째, 정전제(井田制)의 폐기이다. 분봉귀족의 채지가 점차 없어지고 국가의 직속 토지가 점차 확대되자 이전의 귀족 토지를 나누어 경작하는 소규모의 정지(井之)는 큰 규모의 농전(農田)으로 해방되지 않을 수 없었다. 정전제도 파괴의 또 다른 원인으로서 세수(稅收) 방법의 개변을 들 수 있다. 셋째, 농민군대가 흥기하자 귀족은 채지를 소유한 대지주임과 동시에 무장 군인집단이었다. … 귀족계급이 점차 사치스러워지고 안일해지며, 국제 전쟁도 점차 확대되어 격렬해지자 농민군대의 편제는 새로운 수요로서 등장하게 되었다. 전차를 이용한 전쟁이 점차 보병 위주의 전쟁으로 바뀐 것은 귀족군대가 농민군대로 교체된 것을 나타낸 일종의 표기이다. 삼진(三晋)[22]과 전씨(田氏)[23]의 대부 세력이 제후의 자리를 찬탈하자 구 귀족

19 역주: 식읍(食邑) 혹은 채읍(采邑).

20 역주: 맹자와 같은 유세객.

21 역주: 일정한 급여.

22 역주: 진(晉)나라는 춘추말기에 한(韓)과 조(趙) 및 위(魏)나라로 분할되었다. 한씨와 조씨 및 위씨를 진의 삼가라고 칭하기도 하고, 삼진(三晉)이라고도 한다. 이 세 나라 중 위나라의 세력이 가장 강하였다.

23 역주: 전성자(田成子)를 가리킨다. 제환공 이후 제나라는 쇠락하였고, 호족들의 내

> 세력은 그 지위를 잃게 되었으며, 점차 전쟁의 공적으로 관직을 얻는 제도가 설립되었다. … 이전에는 귀족들이 전사를 임용하였지만, 현재는 전사가 바로 귀족이 된 것이다. 농민군대의 모집과 훈련 그리고 정전제의 폐기는 신군국이 부강을 도모하는 두 가지 대표적인 사항이었다. 이것이 종법 봉건귀족의 붕괴를 촉진하였다. 넷째, 상공업이 활발한 대도시의 발전이다. … 다섯째, 산과 호수 등 금지 지역 해방이다. … 여섯째, 화폐의 사용이다. … 종합적으로 말하자면 춘추에서 전국으로의 전이는 중국역사상 변동이 가장 극렬한 시기였다.[24]

나는 전국시대의 변동에 대한 전목 선생의 견해는 매우 정확하다고 생각한다. 전목 선생의 견해 중에서 정전제도에 관한 것에는 이견이 없지만, 그 외의 사항에 대해서는 아직 약간의 쟁론이 남아 있다. 그러나 대체적으로 전국시대의 농촌 경제는 확실히 거대한 변화를 겪었으며, 특히 농민 군대의 조성은 서주(西周) 이래 농촌장원 사회의 구조를 철저하게 와해시켰다. 이러한 것들은 논쟁이 필요 없는 역사적 사실이다. 그러나 이러한 급격한 변동은 시대의 추이에서 도대체 어떤 의미를 갖는가? 고염무(顧炎武) 선생은 이에 관하여 매우 적절한 기록을 남겼다.

> 좌전(左傳)[25]의 시대가 끝나고 전국시대에 이르기까지 133년이 흘렀다. 이에 관한 역사적 기록이 빠져 고대역사를 연구하는 학자들이 이 시기에

분이 심하였다. 전성자는 당시의 호족 세력을 누르고, 제나라 군주를 국외로 추방하고서 제나라의 실질적인 군주가 되었다.

24 錢穆『國史大綱』「上册」, 57-65쪽.

25 역주: 춘추시대를 의미한다.

> 대하여 어둡다. 춘추시대에는 예(禮)와 신(信)을 아직 중시하였지만, 전국시대의 칠국(七國)들은 예와 신을 절대로 언급하지 않았다. 춘추시대에는 주나라 왕실을 여전히 존중하였지만, 칠국시대에는 절대로 주 왕실에 대하여 언급하지 않았다. 춘추시대에는 아직 제사를 엄숙히 지내고 신을 불러 모시는 것을 중시하였는데, 칠국시대에는 이러한 일들이 없었다. 춘추시대에는 아직 종성(宗姓)과 씨족을 논하였지만, 칠국시대에는 이러한 일들이 없었다. 춘추시대에는 여전히 연회를 열어 시를 짓기도 하였지만, 칠국시대에는 이러한 일들을 듣지 못했다. 춘추시대에는 여전히 부고와 책서(策書)[26]가 있었지만, 칠국시대에는 이러한 일이 없었다. 국가 간에도 외교관계를 맺지 않았으며, 지식인들도 섬기는 주인이 없었다. 이러한 것은 133년 동안 변한 것이다. 역사적 사료가 빠졌지만 후대의 학자들은 그것을 미루어 짐작할 수 있다. 진시황이 천하를 합병하기 전에 문무의 도리는 이미 다 없어졌다.[27]

맹자가 활동하였던 시대는 기본적으로 신군국주의가 성행한 시대였다. 당시 정치와 사회 및 경세 각 방면 모두 부강만을 최고의 목표로 삼는 군국주의의 추진에서 모든 것이 해체되고 새롭게 조직되는 변화를 겪었다. 이 시대의 변화는 하(夏) · 상(商) · 주(周) 삼대에서 굳어졌던 봉건체제를 없앴다는 것 외에 아무런 긍정적인 의미를 갖지 못한다. 모종삼(牟宗三) 선생은 역사철학적 관점에서 전국시대의 정신적 취향(趣向)을 다음과 같이 반성하였다.

---

26 역주: 천자의 사령장.

27 顧炎武『日知錄』「卷17」, 臺灣 明倫出版社, 1970, 105쪽.

> 전국시기의 정신은 순전히 하나의 물량(物量) 정신이고, 그것을 기초로 한 군국주의는 아무런 정면적 의미를 갖지 못한 것으로서, 단지 물질적인 힘만으로 전쟁에 종사하는 것에 불과했다. 이른바 물질적인 힘(物力)이라는 것은 단지 외적인 물질 도구의 물력만을 의미한 것이 아니다. 공동체로부터 일탈되어 주대(周代) 문화의 이상을 없애 버렸기 때문에 주대 문화에서 배양한 문화생명을 잃어버렸다. 단지 남은 것은 원시물질생명의 거침과 포악함뿐이었다. 이것을 일러 물력이라고 한다.[28]

> 물량의 정신을 다한다는 것은 원시적인 물질생명의 거침과 발양에 따른다는 것이다. 그래서 전국시대의 기풍은 대단히 간결했고 군더더기가 없었다. 이익을 말할 때는 이익만을 말하고, 듣고 싶지 않은 것은 듣지 않았다. 오랑캐 옷을 입어야 하면 곧 오랑캐 옷을 입었다. 용맹을 좋아하고, 재화를 좋아하며, 아름다운 여인을 좋아하는 것을 꾸밈없이 표현하였다.[29]

모종삼 선생의 말에 비춰 볼 때, 전국시대는 주대의 문화이상을 상실한 채 오로지 전쟁에만 종사하면서 모든 제후국들이 부강한 권력만을 추구하는 야심만을 왕성하게 드러낸 시대였음을 알 수 있다. 따라서 이러한 군국주의가 수반한 정치와 경제 그리고 사회적 변동을 중국역사의 전반적인 사관에서 보면 큰 의미를 갖고 있다고 할 수 있다. 그러나 철학과 문화의 관점에서 보면, 그 시대는 하나의 구 정치체제 질서의 해체와 새로운 인간질서가 아직 정립되지 못하고 단지 소수의

---

28 牟宗三『歷史哲學』, 臺灣 樂天出版社, 1973, 105쪽.
29 같은 책, 106쪽.

특권을 가진 사람과 정치에 참여한 자들만이 자신들의 정욕생명을 드러냈을 뿐 절대다수의 중국인들의 생명 존엄성은 오히려 무시된 위기의 시대라고 할 수 있다. 맹자는 문화이상을 견지하고, 인성의 존엄성을 간직하면서 왕도인정(王道仁政)을 주장함으로써 당시의 군주를 어리석게 바라보는 유학자였다. "가는 곳마다 그 군주들과 뜻이 맞지 않았다"는 말은 바로 당시의 시대적 배경에서 시대를 설명해 줄 수 있는 유일한 증거이다.

그렇다면 맹자 삼변학문과 전국시대의 추세는 도대체 어떤 관련이 있는가? 또 맹자는 그 시대를 어떻게 바라보았는가? 그가 추구한 시대적 사명은 또 무엇인가? 이 문제는 다음 절에서 설명하겠다.

제2절 : 맹자의 시대적 사명과 철학적 과제

전국시대의 군국주의가 수반한 변동에 대한 맹자의 평가는 사학가의 관찰과 반성보다도 훨씬 구체적이고 진실하며 더욱 냉혹하다. 맹자는 그 전국시대를 직접 "이는 짐승을 몰아다가 사람을 잡아먹게 하고"(率獸食人), "토지를 끌어다가 사람의 고기를 먹게 하는"(率土地食人肉) 시대라고 평하였다.

> (맹자가) 말하였다. "주방에는 기름진 고기가 있고, 마굿간에는 살찐 말이 있는데, 백성들은 굶주린 기색이 있고, 들판에는 굶어 죽은 시체가 있다면, 이는 짐승을 몰아다가 사람을 잡아먹게 하는 것이다. 짐승들끼리 서로 잡아먹는 것조차도 사람들은 싫어하는데, 백성의 부모가 되어서 짐승을 몰아다가 사람을 잡아먹게 하는 것을 없앨 수 없다면 백성의 부모라고 할 만한 점이 어디 있는가?"

曰："庖有肥肉，廏有肥馬，民有飢色，野有餓莩，此率獸而食人也！獸相食，且人惡之，爲民父母行政，不免於率獸而食人，惡在其爲民父母也？"「梁惠王上」

지금 백성들의 생산 활동을 마련한다는 것이 위로는 부모를 넉넉하게 섬길 수 없고, 아래로는 처자를 넉넉히 먹여 살릴 수 없다. 풍년에는 줄곧 몸이 괴롭고, 흉년에는 죽음을 면하지 못한다. 이렇게 해서는 죽음을 모면하기도 아마 힘이 충분하지 않을텐데, 어찌 한가한 틈이 있어 예의를 수양하겠는가?

今也，制民之産，仰不足以事父母，俯不足以畜妻子．樂歲終身苦，凶年不免於死亡．此惟救死而恐不贍，奚暇治禮義哉？「梁惠王上」

땅을 쟁탈하느라고 싸우면서 사람을 들판에 가득히 죽이고, 성을 빼앗느라 싸우면서 사람을 성에 가득히 죽이는 것은 토지를 끌어다가 사람의 고기를 먹게 하는 것이니, 그 죄는 죽음으로도 모자란다. 그러므로 자주 전쟁을 일으키는 자[30]는 가장 무거운 형벌에 처하고, 제후들을 연합시키는 자[31]는 그다음의 형벌을 받게 하며, 황무지를 개간하고 토지를 나누어 주어 (세금을 잘 거두어들이는) 자[32]는 또 그다음의 형벌에 처해야 한다.

爭地以戰，殺人盈野，爭城以戰，殺人盈城，此所謂率土地而食人肉，罪不容於死．故善戰者服上刑，連諸侯者次之，辟草萊，任土地者次之．「離婁上」

---

30 역주: 손빈(孫臏)과 방연(龐涓) 그리고 오기(吳起) 등과 같은 병가의 무리들이 이에 해당한다.

31 역주: 당시의 소진(蘇秦)과 장의(張儀) 등의 종횡가들을 지칭한다. 그들은 연횡설과 합종설을 근거로 각국의 제후를 연합시켜 자주 전쟁을 일으켰다.

32 역주: 상앙(商鞅)과 이리(李悝)의 토지정책을 비난한 것이다.

지금 군주를 섬기는 사람들이 말하기를, "나는 군주를 위하여 토지를 개간할 수 있으며, 창고를 채울 수 있다. (이러한 사람을) 지금 시대에서는 훌륭한 신하라고 하지만, 고대에는 도둑이라고 하였다. 군주가 도를 그리워하지 않아 인에 뜻을 두지 않는데도, 그를 풍요롭게 하려고 하니 이는 걸왕을 풍요롭게 하는 것이다. 나는 군주를 위하여 동맹국과 맹약을 맺게 하여 전쟁을 하면 반드시 승리하게 할 수 있다. (이러한 사람을) 지금 시대에서는 훌륭한 신하라고 하지만 고대에는 도둑이라고 하였다. 군주가 도를 그리워하지 않아 인에 뜻을 두지 않는데도 그를 위하여 억지로 전쟁을 일으키려고 하니 이는 걸왕을 도와주는 것이다. 지금의 도에 따라 지금의 풍속을 바꿀 수 없다면 비록 천하를 준다고 할지라도 하루아침도 간직하지 못할 것이다."

今之事君者, 皆曰：我能爲君辟土地, 充府庫. 今之所謂良臣, 古之所謂民賊也. 君不鄕道, 不志於仁, 而求富之, 是富桀也. 我能爲君約與國, 戰必克. 今之所謂良臣, 古之所謂民賊也. 君不鄕道, 不志於仁, 而求爲之强戰, 是輔桀也. 由今之道, 無變今之俗, 雖與之天下, 不能一朝居也. 「告子下」

문헌에 기록된 통계를 보면, 중국역사가 기원전 5세기로 진입한 후로 매 30년 동안 전국 군웅 간의 전쟁 횟수(기원전 373-340년을 제외하고)는 60차례를 넘었다. 맹자는 양혜왕 전후 10년 동안(기원전 323-314년) 더욱 극심하게 발생한 28차례의 전쟁을 보았다.[33] 도대체 당시의 중국에서는 무엇 때문에 전쟁이 매년 끊이지 않고 발생하였단 말인가? 앞의 문헌에 기록된 것처럼 '토지를 개간하여 창고를 채우고' '동맹국과 맹약을 맺어 전쟁에서 승리하려고 하는' 제후들의 지

33 黃俊傑『孟學思想史論』「卷1」, 臺灣 東大圖書公司, 1991, 117쪽.

나친 욕심(大欲) 때문일까? 그들 외에 군주의 악행에 영합하고, 또 스스로 걸왕과 같은 사람을 풍요롭게 하고 보좌하기를 자원하는 지식인(士)들은 그것에 책임이 없다는 말인가? 이 때문에 맹자는 백성의 생존을 위하는 입장에서 한편으로는 '짐승을 몰아다가 사람을 먹이고' '토지를 끌어다가 사람 고기를 먹이는' 당시의 군주를 질책하였으며, 다른 한편으로는 군주의 악행에 영합하는 당시의 지식인들을 "자주 전쟁을 일으키는 자는 가장 무거운 형벌에 처하고, 제후들을 연합시키는 자는 그다음의 형벌을 받게 하며, 황무지를 개간하고 토지를 나누어 주어 (세금을 잘 거두어들이는) 자는 또 그다음의 형벌에 처해야 한다"고 엄하게 훈계한 것이다. 그러나 문제는 전국시대의 제후와 대부 그리고 지식인들이 왜 이처럼 아무런 주저함과 두려움도 없이 백성들을 수재와 화마의 고통으로 밀어 넣었단 말인가? 맹자는 전국시대의 혼란상을 통렬하게 질책한 것 외에 다음과 같은 대책을 제시하였다.

> 맹자가 말하였다. "오패는 삼왕의 죄인이다. 지금의 제후는 오패의 죄인이다. 지금의 대부는 지금 제후의 죄인이다. 천자가 제후에게 가는 것을 순수(巡狩)[34]라고 하고, 제후가 입조하여 천자를 보는 것을 술직(述職)[35]이라고 한다. 봄에는 밭 가는 것을 살펴 부족한 것을 보충해 주고, 가을에는 수확하는 것을 살펴 모자라는 것을 도와준다. 천자가 제후의 땅에 들어가 보고서, 토지가 개척되어 있고, 밭과 들판이 정리되어 있으며, 노인을 봉양하고 현자를 존중하며, 뛰어난 인물들이 관직의 자리에 있으면 상

34 역주: 천자가 제후의 봉지를 돌아보는 것을 뜻한다. 천자는 사냥을 하면서 제후의 봉지를 돌아보았는데, 이는 군사를 이끌고 천자의 위엄을 보여 주기 위함이다.

35 역주: 술직(述職)은 제후가 천자를 알현하고서 업무를 보고하는 것을 뜻한다.

을 주는데, 땅을 상으로 준다. 제후의 땅에 들어가 보고서, 토지가 황무하고, 노인을 봉양하지 않으며 현자를 등용하지 않고 잘난 체하고 불량한 자가 관직의 자리에 있으면 나무란다. 제후가 한 번 입조하지 않으면 그 작위를 깎아 내리고, 두 번 입조하지 않으면 그 땅을 줄이며, 세 번 입조하지 않으면 육사(六師)[36]를 그곳으로 이동시킨다. 그렇기 때문에 천자는 죄를 내릴 뿐 정벌하지 않는다.[37] 제후는 정벌하지 죄를 묻지 않는다.[38] 오패들은 제후를 끌어다가 제후를 정벌한 사람들이다. 때문에 오패는 삼왕의 죄인인 것이다. 오패 중에는 제환공의 위세가 가장 성했다. 규구의 회맹에서는 희생을 묶어 놓고서 그 위에 맹약을 쓴 것을 올려놓고서는 삽혈(歃血)[39]을 하지 않았다. 그 맹약의 첫째 조항은 '불효한 자를 죽이고, 세자를 바꾸지 않으며, 첩을 정실로 삼지 말라는 것이다.' 두 번째 조항은 '현자를 존중하고 인재를 양육하여 덕이 있는 사람을 드러내는 것이다.' 세 번째 조항은 '노인을 공경하고 어린아이를 사랑하며 빈객과 여행하는 자를 소홀하게 하지 말라는 것이다.' 넷째 조항은 '사(士)에게는 관직을 세습시키지 말고, 관직은 겸무시키지 말며, 사(士)를 취할 때는 반드시 능력 있는 사람을 얻어야 하고, 대부를 독단으로 죽이지 말라는 것이다.' 다

36 역주: 육사(六師)는 천자가 다스리는 왕기(王畿)에 주둔시키는 근위부대이다. 육사는 육군(六軍)으로서 천자는 육군을 거느리고, 제후는 삼군을 거느린다.

37 역주: 천자는 제후의 윗자리이기 때문에 군사를 동원하여 죄를 물을 뿐, 제후와 같은 위치에서 전쟁하지 않는다는 뜻이다. 이곳에서 토(討)는 윗자리에 있는 사람이 죄를 물으려고 하는 사람과 동격의 사람들을 동원해 그를 치게 하는 것이다. 즉 다른 제후의 군대를 동원하여 그 제후의 죄를 묻는 것이다.

38 역주: 제후들은 서로 동격이기 때문에 서로 정벌만 할 뿐 천자처럼 제후를 토(討)하지 않는다는 뜻이다.

39 역주: 제후들이 회맹할 때는 맹약의 신성성을 강조하기 위하여 희생된 동물의 피를 입가에 바르는 의식을 하였다. 그것을 삽혈이라고 한다. 그러나 규구의 회맹에서는 제환공의 위세 때문에 맹약을 하였기 때문에 삽혈 의식을 생략하였다.

섯째 조항은 '제방을 굽히지 말고, 양곡 매입을 막지 않아야 하며, 땅을 주는 상을 주고서도 보고하지 않는 일이 없도록 하는 것이다.' 그리고는 우리 동맹한 사람들은 동맹을 맺은 후에 서로 사이좋게 지내야 한다고 하였다. 지금의 제후들은 이 다섯 가지의 금지 조항을 위반하고 있다. 그래서 지금의 제후는 오패의 죄인이라고 한 것이다. 군주의 악을 조장하는 것은 그 죄가 작지만, 군주의 죄에 영합하는 것은 그 죄가 크다. 지금의 대부들은 군주의 악에 영합한다. 그러기 때문에 지금의 대부는 지금 제후의 죄인이라고 한 것이다."

孟子曰：五覇者，三王之罪人也．今之諸侯，五覇之罪人也．今之大夫，今之諸侯之罪人也．天子適諸侯曰巡狩，諸侯朝於天子曰述職．春省耕而補不足，秋省斂而助不給．入其疆，土地辟，田野治，養老尊賢，俊傑在位，則有慶．慶以地．入其疆，土地荒蕪，遺老失賢，掊克在位，則有讓．一不朝，則貶其爵．再不朝，則削其地．三不朝，則六師移之．是故天子討而不伐，諸侯伐而不討．五覇者，摟諸侯以伐諸侯者也．故曰：'五覇者，三王之罪人也.' 五覇，桓公爲盛．葵丘之會，諸侯束牲載書而不歃血．初命曰：'誅不孝，無易樹子，無以妾爲妻.' 再命曰：'尊賢育才，以彰有德.' 三命曰：'敬老慈幼，無忘賓旅.' 四命曰：'士無世官，官事無攝．取士必得，無專殺大夫.' 五命曰：'無曲防，無遏糴，無有封而不告.' 曰：'凡我同盟之人，既盟之後，言歸于好.' 今之諸侯，皆犯此五禁，故曰：'今之諸侯，五覇之罪人也.' 長君之惡，其罪小．逢君之惡，其罪大．今之大夫，皆逢君之惡，故曰：'今之大夫，今之諸侯之罪人也.'「告子下」

게다가 왕자가 출현하지 않은 지가 지금보다 오래된 적이 없다. 백성들이 학정에 시달리는 것이 지금보다 심한 적은 없었다. 굶주린 자에게는 먹을 것을 마련해 주기가 쉽고, 목마른 자에게는 마실 것을 마련해 주기가 쉽다. 공자가 말하였다. '덕이 퍼져 나가는 것은 말을 갈아타고서 명령을 전하는 것보다 빠르다.' 지금의 시대에서 만승의 나라가 인정을 실시하면 백성들이 기뻐하기를 마치 거꾸로 매달린 것에서 풀려난 것처럼 여길 것이다. 그러므로 하는 일은 옛사람의 반절만 하고서도 그 공은 두 배가 될 것이니, 지금만이 그렇게 할 수 있는 시기이다.

且王者之不作, 未有疏於此時者也. 民之憔悴於虐政, 未有甚於此時者也. 飢者易爲食, 渴者易爲飮. 孔子曰 : '德之流行, 速於置郵而傳命.' 當今之時, 萬乘之國行仁政, 民之悅之, 猶解倒懸也. 故事半古之人, 功必倍之, 惟此時爲然.「公孫丑上」

맹자가 양나라의 양왕을 만나 보고 나와서 말하였다. "그를 바라보니 군주 같지 않았다. 그의 앞에 가까이 나가도 두려워할 만한 데가 보이지 않았다. 그가 갑자기 '천하는 어떻게 정해지겠습니까' 라고 묻기에, '하나로 정해질 것이다' 라고 대답하였다. '누가 천하를 하나로 정하겠습니까' 라고 묻기에 '사람 죽이기를 좋아하지 않는 사람이 하나로 정할 것이다' 라고 대답하였다. '누가 그를 도울 수 있을까요', 하기에 '천하에 돕지 않는 사람이 없을 것이다' 라고 대답하였다. '왕께서는 서 곡식의 싹을 압니까? 칠팔 월 사이에 날이 가물면 싹은 마른다. 하늘에 구름이 일어나 비를 내리면 싹은 순식간에 힘차게 자라난다. 이렇게 되면 누가 막을 수 있겠습니까? 지금 온 천하의 사람 기르는 자들 가운데는 아직 사람 죽이기를 좋아하지 않는 사람이 없습니다. 만일 사람 죽이기를 좋아하지 않는 사람이 생기면 천하의 백성들은 목을 길게 빼고서 바라보게 될 것이다. 진실로 이와 같이 한다면 백성들이 그에게 돌아가는 것은 마치 물이 아래로 흘러가는 것과 같은 것인데, 누가 그것을 막을 수 있겠습니까?"

孟子見梁襄王, 出語人曰 : "望之不似人君, 就之而不見所畏焉, 卒然問曰 : '天下惡乎定?' 吾對曰 : '定於一.' '孰能一之?' 對曰 : '不嗜殺人者能一之.' '孰能與之?' 對曰: '天下莫不與也.' 王知夫苗乎? 七八月之間旱, 則苗槁矣. 天油然作雲, 沛然下雨, 則苗浡然興之矣. 其如是, 孰能禦之. 今夫天下之人牧未有不嗜殺人者也. 如有不嗜殺人者, 則天下之民皆引領而望之矣. 誠如是也, 民歸之, 由水之就下, 沛然孰能禦之." 「梁惠王上」

전국시대의 고난에 대한 맹자의 반성은 이미 당시의 변질되어 버린 패도정치를 지향하고 있다. "오패는 삼왕의 죄인이고", "지금의 제후는 오패의 죄인이다"라는 말은 전국시대 군국주의의 다툼이 비단 전통의 왕도정치 이상을 위배한 것일 뿐만 아니라 제환공이 규구의 회맹에서 유지하려고 하였던 약간의 왕도정치의 여지(-五禁)마저도 고려하지 않은 것임을 분명하게 표현하고 있다. 즉 "위로는 군주가 도로써 하늘의 뜻을 헤아리는 일을 하지 않고, 아래로는 백성들이 법도를 지키는 일을 하지 않는"[40] 상황에서 전국시대 패자들 간의 쟁패는 토지를 확대하고 세금을 거두어들이는 것 외에는 아무런 가치가 없는데, 하물며 백성들의 복지와 생존의 기본 권리를 고려하겠는가? 그렇기 때문에 전국시대라는 혼란의 시기에 태어난 맹자는 모든 혼란의 근원이 변질되어 버린 당시의 패도정치에 있다고 생각하여 공자가 제환공과 관중의 패업에 대하여 긍정적 태도를 취했던 것과 달리 "중니의 제자들 중에는 환공과 문공의 일에 대하여 이야기한 사람이 없었다"[41]고 한 것이다. 이처럼 '왕도정치를 존중하고 패도정치를 배척하는 입장'은 당시의 학정에 초췌해져 버린 백성들에게 전통의 왕도정치 정신을 실현시킬 수 있는 새로운 대 통일의 희망을 주기 위함이지

40 『孟子』「離婁上」, "上無道揆也, 下無法守也."

41 『孟子』「梁惠王上」, "仲尼之徒無道桓文之事者也."

결코 백성들을 끊임없이 전쟁만을 지향하는 패도의 정치로 몰아넣기 위함이 아니다. 다시 말하면 맹자가 극력 주장한 '왕도와 패도의 구별'은 전국시대의 혼란에 초점을 두고서 유가의 이상주의와 현실의 수요를 통합하여 내놓은 하나의 처방인 것이다.

공도자가 말하였다. "선생님을 잘 모르는 사람[42]들은 선생님께서 논변을 좋아한다고 하는데, 왜 그렇게 말하는지 감히 여쭙겠습니다?" 맹자가 말하였다. "내가 어찌 논쟁을 좋아해서겠는가? 나는 부득이 그런 것이다! 천하에 사람이 태어난 지가 오래되었고, 치세가 한차례 오고 나면 난세가 한차례 왔다. 요임금 때에는 물이 역류하여 중국에 (물이) 범람하자, 뱀과 용이 사람이 사는 곳에 우글거렸고, 백성들은 정착할 곳이 없어 아래쪽에 있는 사람은 (새처럼) 둥지를 틀어 살았고, 위쪽에 있는 사람은 굴을 뚫어 살았다. 『서경』에서 '홍수가 나의 경각심을 불러일으킨다'고 하였다. 홍수(洚水)는 곧 홍수(洪水)이다. 우로 하여금 치수를 하게 하였다. 우는 땅을 파서 홍수를 바다로 흐르게 하였고, 뱀과 용을 몰아다가 늪으로 쫓아냈다. 물이 양 언덕 사이로 흐르게 되었는데, 장강과 회수 그리고 황하와 한수가 바로 그것이다. 홍수의 범람으로부터 멀리 빠져나왔고, 새와 짐승이 사람을 해치는 일이 없어진 후에 사람들은 평지로 내려와 살게 되었다. 요임금과 순임금이 죽자 성인의 도는 쇠퇴하였고, 폭군이 연이어 출현하자 민가를 헐어 연못을 만들었기 때문이 백성들은 편히 쉴 수 없었다. (백성들의) 밭을 갈아엎고서 (임금의) 사냥터를 만들어 백성들로 하여금 옷과 음식을 얻지 못하게 하였다. 사사로운 학설과 포학한 행동이

---

42 역주: 외인(外人)을 외부 사람이라고 번역할 수 있으나, 실제로 맹자를 잘 이해하지 못한 사람이다. 따라서 '선생님을 모르는 사람'이라고 번역하는 것이 옳다.

또 나타났고, 사냥터와 연못 그리고 늪이 많아지자 새와 짐승이 몰려왔다. 주왕의 시대에 이르자 천하는 또 크게 혼란해졌다. 주공이 무왕을 도와 주를 죽이고, 엄나라를 정벌하여 3년 만에 그 임금을 죽이고, 비렴을 바다 끝으로 몰아내어 죽였다. 멸망시킨 나라가 50국에 달했고, 호랑이와 표범 그리고 외뿔소와 코끼리를 멀리 몰아내자 천하가 크게 기뻐하였다. 『서경』에서 '위대하게 드러나는구나! 문왕의 계책은 (하늘의 뜻을) 올바르게 계승한 것이구나! 무왕의 빛나는 업적은 우리들 후인을 도와 길을 열어 주어 모두 올바른 길을 가게 하고 모자람이 없게 해 주었다' 고 하였다. 세상이 쇠하고 정도가 희미해지자 사사로운 학설과 포악한 행동이 또 일어났다. 임금을 시해한 신하가 나타나고, 아버지를 죽이는 아들이 생겨났다. 공자는 (이러한 사태를) 걱정하여 『춘추』를 지었다. 『춘추』는 천자가 해야 할 일을 다룬 책이다. 그렇기 때문에 공자는 '나를 알려면 오로지 『춘추』를 통해서 알 수 있다. 나를 죄 주는 것도 오로지 『춘추』일 것이다' 고 하였다. 성왕이 다시 출현하지 않으니 제후들이 방자하고 처사들이 함부로 의론을 내세워 천하에 양주와 묵적의 언론이 가득 차게 되었다. 천하의 언론은 양주에게 돌아가지 않으면 묵자에게 돌아갔다. 양주는 위아주의(爲我主義)만을 내세우니, 이는 군주를 부정하는 것이다. 묵자는 겸애주의만을 내세우니, 이는 부모를 부정하는 것이다. 부모를 부정하고 군주를 부정하니 이는 금수와 같다. 공명의는 '주방에는 기름진 고기가 있고, 마굿간에는 살찐 말이 있는데, 백성들은 굶주린 기색이 있고, 들판에는 굶어 죽은 시체가 있다면, 이는 짐승을 몰아다가 사람을 잡아먹이는 것이다' 고 하였다. 양주와 묵자의 의론이 없어지지 않으면 공자의 도는 드러나지 않을 것이다. 이는 사사로운 학설이 백성을 속이고, 인의를 막아 버렸기 때문이다. 인의가 꽉 막히게 되면 짐승을 몰아다가 사람을 잡아먹게 하다가 (나중에는) 사람들끼리 서로 잡아먹게 될 것이다. 나는 이

점을 두려워하여 선왕의 도를 굳게 지키고 양주와 묵자의 학설을 배척하며, 방탕한 말을 추방하고 사사로운 학설이 다시 나오지 못하게 하려고 한다. (사사로운 학설이) 마음에 작용하게 되면 일을 해치게 된다. 일에 작용하게 되면 정치를 해치게 된다. (그렇기 때문에) 성인이 다시 나타난다고 할지라도 내 말을 고치지 않을 것이다. 옛날에 우는 홍수를 다스려 천하가 평안해졌다. 주공은 이적의 무리를 회유하여 귀순시키고, 맹수를 몰아내자 백성들이 편안한 생활을 하였다. 공자가 춘추를 짓자 난신적자들이 두려워하게 되었다. 『시경』에서 '이적을 치고, 형서를 징계하자 나를 감히 대적할 자가 없다' 고 하였다. 부모를 부정하고 군주를 부정하는 사람은 주공의 정벌 대상이었다. 나도 백성의 마음을 올바르게 잡고 사사로운 학설을 잠재우며, 한쪽으로 치우친 행동을 막고, 방탕한 말을 추방함으로써 위 세 명의 성인 정신을 계승하려고 한다. 내가 어찌 논쟁을 좋아해서겠는가? 나는 부득이 그럴 수밖에 없었기 때문이다. 말로 양주와 묵적을 막아 낼 수 있는 사람은 성인을 따르는 사람이다."

公都子曰："外人皆稱夫子好辯, 敢問何也?" 孟子曰："予豈好辯哉? 予不得已也! 天下之生久矣, 一治一亂. 當堯之時, 水逆行, 氾濫於中國, 蛇龍居之, 民無所定, 下者爲巢, 上者爲營窟. 書曰：'洚水警余', 洚水者, 洪水也. 使禹治之. 禹掘地而注之海, 驅蛇龍而放之菹. 水由地中行, 江·淮·河·漢是也. 險阻既遠, 鳥獸之害人者消, 然後人得平土而居之. 堯舜既沒, 聖人之道衰, 暴君代作, 壞宮室以爲汚池, 民無所安息. 棄田以爲園囿, 使民不得衣食. 邪說暴行又作, 園囿·汚池·沛澤多而禽獸至. 及紂之身, 天下又大亂. 周公相武王誅紂, 伐奄三年討其君, 驅飛廉於海隅而戮之. 滅國者五十, 驅虎豹犀象而遠之, 天下大悅. 書曰：'丕顯哉! 文王謨 丕承哉! 武王烈, 佑啓我後人, 咸以正無缺.' 世衰道微, 邪說暴行有作. 臣弑其君者有之, 子弑其父者有之. 孔子懼, 作春秋. 春秋, 天子之事也. 是故孔子曰：'知我者, 其惟春秋乎! 罪我者, 其惟春秋乎!' 聖王不作,諸侯放恣, 處士橫議, 楊朱 · 墨翟之言盈天下. 天下之言, 不歸楊則歸墨. 楊氏爲我, 是無君也. 墨氏兼愛, 是無父也. 無父無君, 是禽獸也! 公明儀曰 : '庖有肥肉, 廏有肥馬. 民有飢色, 野有餓莩. 此率獸而食人也!' 楊墨之道不息, 孔子之道不著. 是邪說誣民, 充塞仁義也. 仁義充塞, 則率獸食人人將相食. 吾爲此懼, 閑先聖之道, 距楊墨, 放淫辭, 邪說者不得作. 作於其心, 害於其事. 作於其事, 害於其政. 聖人復起, 不易吾言矣. 昔者禹抑洪水, 而天下平. 周公兼夷狄, 驅猛獸, 而百姓寧. 孔子成春秋, 而亂臣賊子懼. 詩云 : '戎狄是膺, 荊舒是懲, 則莫我敢承.' 無父無君, 是周公所膺也. 我亦欲正人心, 息邪說, 距詖行, 放淫辭, 以承三聖者. 豈好辯哉? 予不得已也. 能言距楊墨者, 聖人之徒也."「滕文公下」

위의 내용을 살펴보면, 시대에 대한 맹자의 판단을 분명하게 발견할 수 있다. "짐승을 몰아다가 사람을 먹인다"라는 전국시대의 참상을 조성한 원인을 역사와 정치의 측면에서 보면, "성왕이 다시 출현하지 않으니 제후들이 방자하고 처사들이 함부로 의론을 내세웠다"는 것으로 인식할 수 있다. 그러나 맹자는 사상과 문화의 측면에서 "천하의 언론은 양주에게 돌아가지 않으면 묵자에게 돌아갔다"는 것이 진정한 원인이라고 생각하였다. 또한 "나도 백성의 마음을 올바르게 잡고 사사로운 학설을 잠재우며, 한쪽으로 치우친 행동을 막고, 방탕한 말을 추방함으로써 위 세 명의 성인 정신을 계승하려고 한다"는 말로써 양주와 묵적의 학설을 배척하고 극복해야 함을 역사적 사명으로 삼았으며, 제일 중요한 과제로 삼은 것이다. 그렇다면 맹자는 왜 이처럼 엄하게 양주와 묵적의 학설을 비판한 것일까? 양묵(楊墨)의 도와 "성왕이 다시 출현하지 않으니 제후들이 방자하였다"는 전국시대의 상황은 도대체 어떤 관련이 있는가? 또 맹자의 삼변학문과 그가 스스로 기대하고 긍정하였던 역사적 사명은 어떤 관련이 있는가? 이러한 문제들을 심층적으로 분석해 보겠다.

사상사적인 연구에서 볼 때, 맹자가 양주와 묵적의 사상을 배척한 사실은 지금까지 학자들의 의문이었다. 왜냐하면 "전국시대에는 유학과 묵학이 가장 번성한 학설이었다"[43]는 한비자의 주장에서도 알 수 있듯이 묵가학설이 그 시기에 상당히 광범위하게 영향을 미치었다는 점은 더 이상 논쟁이 필요 없는 사실이지만, 양주에 관해서는 문헌적 사료가 매우 적다. 또 『순자』「비십이자(非十二子)」와 『장자』「천하(天下)」편과 같은 선진시대 각 학파 사상을 평론한 중요 문헌에서도 묵가에 대한 평론은 모두 있지만 오로지 양주에 대해서만은 언급이 없다. 따라서 "천하의 언론은 양주에게 돌아가지 않으면 묵자에게 돌아갔다"는 맹자의 표현은 너무나 양주의 학설을 과대 포장하였다는 혐의가 있다. 이에 대하여 전목 선생은 다음과 같이 논평하였다.

> 유학과 묵학이 가장 번성한 학술이었다는 것은 선진시대의 공언(公言)이다. 양주와 묵적이 서로 세력 균형을 이루었다는 것은 맹자 한 사람의 말일 뿐 당시의 실정을 표현한 것이 아니다. … 양주와 묵적을 병칭(竝稱)한 것은 맹자가 양주의 학술을 존중해서가 아니라 묵자의 학설을 경시하기 때문이다. … 또한 맹자의 말은 또 다른 목적을 가지고 있다. 맹자는 묵씨의 학설이 인(仁)을 가로막았으며, 양씨의 학설은 의(義)에 미치지 못하였다고 생각하였기 때문에 양주와 묵적의 학설이 천하에 함부로 유행하여 인의의 학설을 막았다고 한 것이다. 대개 사람의 마음은 개인의 사사로운 이익에 힘쓰지 않으면, 타인을 위하여 힘을 쓰기 마련이다. 그러나 이러한 것들은 모두 인의의 도에 부합하기는 부족하다. 무릇 천하의 타인

---

43 陳奇猷 校注『韓非子集釋』, 臺灣 河洛圖書公司, 1974년, 1080쪽.

을 위하여 힘쓰는 자는 모두 맹자가 말한 묵씨의 학설을 따르는 사람이라고 하지만, 그것이 정말로 묵학을 따르는 자인지는 확실치 않다. 무릇 개인의 사사로운 이익에 힘쓰는 자는 모두 맹자가 말한 양주의 학술을 따르는 사람이라고 하지만, 그것이 정말로 양주의 학술을 따르는 자인지는 확실치 않다. 맹자가 말한 양주와 묵적의 학설이 천하에 꽉 찼다는 것은 매우 편향된 주장으로 당시 학술 분야의 진상이 아니다.[44]

전목 선생의 주장처럼, 맹자가 양주와 묵적의 학설을 배척한 중점은 양주의 학설이 묵적의 학설과 서로 병론(竝論)되기에 충분하다는 점에 있는 것이 아니라, 양주의 위아주의(爲我主義)를 통하여 당시 사회에 유행하고 있는 일종의 개인주의와 공적인 '의'(義)의 가치를 경시하는 사조를 반영하기 위함에 있다. 이러한 사조는 인성의 존엄성을 보호하기 위하여 드러낸 인의의 도를 매우 심각하게 방해하고 있었다. 다시 말하면 맹자가 양주의 학설을 배척한 것은 양주 개인에 대한 것보다는 전국시대에 보편적으로 흐르고 있던 공리(功利) 사조로부터 비롯된 것이라고 해야 할 것이다. 왜냐하면 맹자가 보기에 "한 오라기의 털을 뽑아 천하가 이롭게 된다고 할지라도 하지 않겠다"[45]는 자리(自利)적인 주장은 비단 가정과 국가의 윤리도덕적인 의무와 책임을 부정할 뿐만 아니라 인류의 생명을 금수의 상태로 타락시키기 때문이다. 또한 오로지 이익만을 제일로 표방하는 사고방식은 백성의 생존은 돌보지 않고 오로지 개인의 이욕만을 위한 전국시대 제후들의 군국주의를 조장하는 것과 다름이 없다. 이것이 바로 당시 고난을 초

44 錢穆 『先秦諸子繫年』, 246쪽.

45 『孟子』「盡心上」, "拔一毛以利天下不爲也."

래한 진정한 원인이다.

그러나 "천하의 이익을 위하여 정강이에 난 한 오라기의 털도 뽑지 않겠다"[46]는 양주의 학설이 개인의 이익만을 위한 것이라는 혐의가 있다고 할지라도 왜 맹자는 묵자의 "겸애(兼愛)로써 별애(別愛)[47]를 바꾸려는"(兼以易別)[48]의 공리(公利) 사상마저 공격의 대상을 삼았을까? 이 점에 대하여 의혹을 갖는 사람이 있을 것이다. 맹자는 "묵자의 겸애는 부모를 부정하는 것이다"(墨氏兼愛, 是無父也)라고 하였는데, 이는 그가 묵자의 '사랑에는 차등이 없다'(愛無差等)는 주장은 '자기 부모 보기를 길 가는 사람과 같이 한다'[49]는 혐의를 벗어날 수 없어 "하늘이 만물을 생성함에 있어 한 가지 근본에 따른다"[50]는 원칙에 위배된다고 생각하였기 때문이다. 맹자는 묵자의 겸애설이 공자의 인교(仁教)와 합치되지 않기 때문에 반드시 이 점에 대하여 분명하게 구별하고자 한 것이다. 그러나 묵가의 의리 성격에 대하여 좀 더 깊게 반성해 보면 묵자의 겸애 관념과 유가의 '민저 부모형제를 사랑하고, 그 사랑을 미루어 타인을 사랑한다'(親親仁民)는 인애(仁愛)만이 서로 부합하지 않는 것이 아니라, 묵가철학에서 남겨 놓은 기타 가치 관념, 예를 들면 충 · 효 · 신 · 의 등도 모두 공리적 관점에서 새롭게 해석한 것으로 내적인 도덕성을 긍정하는 유가철학과 현격한 차이가 있음을 알 수 있다. 맹자가 묵자 사상을 배척한 것은, 한편으로는 묵가

46 高誘 注『淮南子注』, 臺灣 世界書局, 1969, 218쪽.

47 역주: 차등적인 사랑. 묵자는 유학의 '親親仁民愛物'의 인애(仁愛)를 별애(別愛)라고 생각하였다.

48 孫詒讓 校注『墨子閒詁』, 臺灣 華正書局, 1987, 106쪽.

49 朱熹『四書章句集注』, 265쪽. "視其父母本無異於路人."

50 『孟子』「滕文公上」, "天之生物也, 使之一本."

의 겸애사상이 인륜의 질서에 위배되기 때문이고, 다른 한편으로는 묵가의 공리주의적 성격이 유가철학에서 보존하려는 인성의 존엄성을 엄중히 위협하기 때문이다. 이 점에 관하여 황준걸 선생은 다음과 같이 분석하였다.

> 공맹의 '의'와 묵자의 '의'는 비록 모두 적당 혹은 적당성으로 해석할 수 있으나, 공맹 그중에서도 특히 맹자에서 '의'는 자아로부터 비롯된 것이다. 맹자는 사람에게는 자유의지가 있어 내적인 가치의식이 외적인 현상을 판단할 수 있다고 생각하였다. 그러나 묵자의 '의'는 외적인 정치 혹은 종교적인 권위에 의거한 것이다. 묵자는 사람의 가치의식은 밖으로부터 습득하여 들어온 것이라고 생각하였다. 이렇게 보면 공맹과 묵자 모두 똑같이 공리를 펼칠 것을 주장하였지만, 이러한 표면적인 근사점 외에 '의'의 근원에서 엄격한 차이를 보이고 있다. 묵자는 자유의지를 긍정하지 않았으며, 외적인 구조가 사람의 의지를 결정한다고 생각하였다. 맹자는 백가쟁명(百家爭鳴)하는 전국시대에 태어나 유가와 묵가가 '의'의 근원에서 근본적인 차이가 있음을 한눈에 발견하였기 때문에 묵가를 이처럼 극렬하게 비판한 것이다. 여기에는 맹자 나름대로 심각한 이유가 있었던 것이다.[51]

비록 묵자가 겸애를 따르고 별애(別愛)에 반대하였으며, 또 공리를 중시하였지만, 그의 공의(公義) 이론에는 결정론적인 사고 경향이 있기 때문에, 근본적으로 사람이 가치를 실현하는 데 자주성이 있음을 부정한 것이다. 따라서 맹자는 도덕자율론의 입장에서 양주와 묵자

---

51 黃俊傑『孟學思想史論』「卷1」, 131쪽.

학술의 상대적인 차이를 잠시 제쳐 두고서 모두 인성을 말살하고 오로지 공리만을 추구하는 사설(邪說)이라고 엄중하게 배척한 것이다.

앞에서 서술한 것처럼 맹자가 양주와 묵자의 학설을 극력 배척한 것은 사실 인간과 금수의 차이를 엄격하게 분별하고, 의(義)와 리(利)의 분별을 올바르게 하고자 함이다. 왜냐하면 "사사로운 학설이 마음에 작용하게 되면 일을 해치게 된다. 일에 작용하게 되면 정치를 해치게 된다"는 관점에서 볼 때, 전국시대의 군주들이 이처럼 아무런 기탄없이 전쟁에 종사하고, 백성들을 마치 들풀처럼 인식하게 된 까닭도 바로 당시의 전체적인 시대사조를 주도하는 가치 관념이 오로지 이익만을 추구하고 인간존엄성의 소재와 의리(義利)의 차별을 알지 못했기 때문이다. 바꾸어 말하면, 맹자의 반성 속에는 주 왕실의 천자 권위가 쇠락하고 왕명이 실행되지 않은 것은 춘추시대부터 시작된 정치의 사실이지만, 춘추오패로부터 시작하여 "지금의 제후는 오패의 죄인이다"·"지금의 대부는 지금 제후의 죄인이다"라고 표현한 것에는 전국시대는 아무런 문화이상도 없고, 도덕규범도 철저하게 해체된 시대였다는 의미가 포함되어 있다. 따라서 맹자는 "금수를 몰아다가 사람을 먹이는" 시대적 광풍을 올바르게 돌리자면, 정치 방면에서 왕도를 존중하고 패도를 천시하여 왕도정치를 다시 한 번 일으키는 것 외에 사상과 문화적으로 온 힘을 다하여 인성의 타락을 초래하고, 인륜을 와해시킬 수 있는 공리사조를 배격하여 공자의 인의 사상을 부흥시켜야 한다고 생각한 것이다. 맹자는 「내가 어찌 논쟁을 좋아해서겠는가(子豈好辯哉)」 장에서 "나도 백성의 마음을 올바르게 잡고 사사로운 학설을 잠재우며, 한쪽으로 치우친 행동을 막고, 방탕한 말을 추방함으로써 위 세 명의 성인 정신을 계승하려고 한다"고 하였다. 이를 표면적으로 보면 양주와 묵자의 학설을 비평하는 것이 주 임무인 것 같지만, 좀 더 깊이 들어가 분석해 보면, 여러 의미가 복합적으로 그 속에 포함되어 있음을 알 수 있다. 첫째, '사람과 금수의 차이에 관한 논변' 을 통하여 어떻게 인간의 존엄성을 회복하고 가치의 근원을 안치시킬 것인가? 둘째, '의로움과 이익의 차이에 관한 논변' 을 통하여 어떻게 가치 관념의 혼란을 분명하게 해소할 것인가? 셋째, '왕도정치와 패도정치의 차이에 관한 논변' 을 통하여 어떻게 혼란한 정치상황을 극복하고 인정의 정치 이상을 수립할 것인가? 다시 말하면 맹자가 스스로 긍정하고 요청하였던 시대적 사명은 사실 삼변학문의 전개를 통하여 전국시대의 혼란을 극복하고 진정으로 생명을 존중하고 인성의 이상적 가치세계를 수립하는 것이었다. 맹자철학은 기본적으로 인성을 가장 중시하는 가치 사고이다.

제3절 : 맹자의 심령세계

주희는 「맹자서설(孟子序說)」에서 정이(程頤-伊川)의 말을 인용하여 다음과 같이 말하였다.

> 학자는 그 시대의 의의를 깨달아야 한다. 시대의 의의를 깨닫지 못한 사람은 학문을 논하기에 부족하다. 안자가 누추한 골목에서도 스스로 즐거워할 수 있었던 것은 공자가 있었기 때문이다. 맹자의 시대에는 세상에 공자와 같은 사람이 없었기 때문에 어찌 스스로 도의 실현을 자임하지 않을 수 있었겠는가?[52]

---

52 朱熹『四書章句集注』, 199쪽. "學者全要識時. 若不識時, 不足以言學, 顏子陋巷自樂, 以有孔子在焉. 若孟子之時, 世旣無人, 安可不以道自任."

앞 절의 분석에서 우리는 맹자 삼변학문의 건립이 시대의 요구인 시대정신의 깨달음으로부터 이루어진 것임을 분명하게 알 수 있었다. 왜냐하면 만일 전국시대에 일어난 혼란과 재난의 주요 원인이 인간 본성의 존엄성 추락과 가치 관념의 혼란이라면 그것을 극복하는 방법 역시 새롭게 인성의 존엄성을 긍정하고, 의로움과 이익 그리고 왕도정치와 패도정치의 차이를 올바르게 구별하는 곳에서 찾아야만 한다. 바꾸어 말하면 인성으로부터 나온 이상적 가치의 공리적 사고가 아니라면, 양주의 "본성을 진실하게 보존하고 외물에 의하여 형체가 구속당하지 않는다"[53]는 학설과 묵자의 천지(天志)에 의거한 "서로 사랑하고, 서로 이익을 함께한다"[54]는 주장 모두 시대의 진정한 요구를 이해하지 못한 것일 뿐만 아니라, 오히려 전국시대 군주들을 조장하여 병사들을 굶주리게 하고 무도(武道)를 더럽히는 사설일 것이며, 무엇이 그 시대에 필요한 것인지를 깨닫지 못한 음탕하고 방자한 말에 불과할 것이다. 맹자는 공도자의 물음에 "내가 어찌 논쟁을 좋아해서겠는가? 나는 부득이 그럴 수밖에 없었기 때문이다"라고 대답하였다. 이 말은 맹자의 삼변학문이 공자의 유가사상을 계승하고, 전국시대라는 혼란의 시기에 직면하여 공자의 학문을 일보 진전시켜 전개하고 완성하는 것임을 충분히 반영하고 있다.

그러나 문제는 맹자의 어떤 심령이 맹자로 하여금 그의 시대를 이렇게 인식하게 하였는가? 즉 맹자는 어떠한 관점에서 그가 처한 시대와 그 자신의 지위를 파악하였는가?

왕방웅(王邦雄) 선생은 맹자의 정치 문화사상을 분석하면서, 맹자

53 高誘 註『淮南子註』, 218쪽. "全性保眞, 不以物累形."

54 孫詒讓『墨子閒詁』, 96쪽. "兼相愛, 交相利."

의 심령세계를 다음과 같이 설명하였다.

> 맹자의 '의로움과 이익의 차이에 관한 논변'에서는 가치를 긍정하고, '왕도정치와 패도정치의 차이에 관한 논변'에서는 이상을 개발하였다. 이러한 맹자의 정치문화 사업이야말로 시대의 문제에 대한 분투일 뿐만 아니라, 역사의 전통에 대한 분투라고도 할 수 있다. 시대의 문제에 분투하는 삶은 두 방면으로 나누어 설명할 수 있다. 하나는 양혜왕과 제선왕과 같은 패주를 인정왕도의 정치로 회귀시켜 난국을 종결하는 것이다. 다른 하나는 양주와 묵자 그리고 허행(許行)[55] 등의 사상을 물리쳐 공자의 도를 세상에 실현하는 것이다. 전자는 정치사업이고, 후자는 문화사업이다. 이 양자를 통합하여 정치문화의 외왕학(外王學)이라고 한다. 맹자 정치문화의 가치 이상은 인성론을 근본으로 한다. 또 맹자는 역사 문화의 진행에서 요·순·우·탕·문·무·주공의 성왕 전통을 하나의 맥으로 꿰뚫었다. 요순의 선양, 탕왕과 무왕의 혁명, 문왕의 왕도정치, 우임금의 치수사업, 주공의 이민족 통합 등을 인정왕도 정치의 전범으로 삼았다. 성왕의 전통은 주공에 이르러 끝나고 인격의 성(聖)과 지위의 왕(王)이 서로 분리되었다. 그러나 공자는 『춘추』를 지어 안으로는 내성인격을 세우고, 밖으로는 외왕의 문화사업을 실현하였다. 맹자는 이러한 공자의 가치이상을 근거로 양묵(楊墨)과 허행의 이단사설(異端邪說)에 적극적으로 대항하였다.[56]

왕방웅 선생의 분석을 통하여 우리는 맹자의 삼변학문 건립이 시대

55 역주: 맹자의 말에 의하면 허행은 농가(農家)학파에 속한 학자이다.

56 王邦雄『孟子義理疏解』, 臺灣 鵝湖出版社, 1983, 251쪽.

문제에 대한 분투일 뿐만 아니라 역사전통에 대한 분투였음을 알 수 있다. 즉 맹자가 '사람과 금수' 그리고 '의로움과 이익' 및 '왕도정치와 패도정치'의 차별을 내세운 원인은, 한편으로는 시대의 환경에 대한 도전이고, 다른 하나는 성왕 전통이 형성한 역사의식에 근거한 것으로, 이 점이 더욱 중대한 의미를 갖는다고 할 수 있다.

> 맹자가 말하였다. "요순 때부터 탕왕까지는 오백 년의 시간 차이가 난다. 우와 고요 같은 사람은 직접 보고서 (요순의 정치를) 알았고, 탕왕 같은 사람은 듣고서 알았다. 탕왕 때부터 문왕까지는 오백 년의 시간 차이가 난다. 이윤과 내주 같은 사람은 직접 보고서 (탕왕의 정치를) 알았고, 문왕 같은 사람은 듣고서 알았다. 문왕 때부터 공자까지는 오백 년의 시간 차이가 난다. 태공망과 산의생 같은 사람은 직접 보고서 (문왕의 정치를) 알았고, 공자는 듣고서 알았다. 공자에서 지금까지는 백여 년의 차이가 난다. 성인이 살던 세대가 이처럼 멀지 않고, 성인이 살았던 곳이 이처럼 가깝지만, 그를 아는 사람이 없으니 앞으로도 없을 것이다!"
>
> 孟子曰: "由堯·舜至於湯, 五百有餘歲. 若禹·皐陶則見而知之, 若湯則聞而知之. 由湯至於文王, 五百有餘歲. 若伊尹·萊朱則見而知之, 若文王則聞而知之. 由文王至於孔子, 五百有餘歲. 若太公望·散宜生則見而知之, 若孔子則聞而知之. 由孔子而來至於今, 百有餘歲. 去聖人之世, 若此其未遠也, 近聖人之居, 若此其甚也, 然而無有乎爾, 則亦無有乎爾!"「盡心下」

> 맹자가 제나라를 떠나자, 충우가 도중에 물었다. "선생께서는 불쾌한 기색이 있는 것 같다. 전일에 제가 선생께 들은 말인데, '군자는 하늘을 원망하지 않고, 사람을 나무라지 않는다'고 하였다." (맹자가) 말하였다. "그때도 한 시기였고, 지금도 한 시기이다. 5백 년 안에 반드시 왕자가 출

현하고, 그 기간에 반드시 이름을 떨치는 사람이 있다. 주 왕조 이래로 7백 년이 되었다. 그 수를 기준으로 보면 왕자가 출현할 시기가 지났지만, 그 시기를 근거로 보면 왕자가 출현할 수 있다. 무릇 하늘이 천하가 평화롭게 다스려지기를 바라지 않은 것 같다. 만일 하늘이 천하가 다스려지기를 바란다면 지금의 세상에서 나를 빼고서 누가 그 일을 감당하겠는가? 내가 어찌 불쾌해하겠는가?"

孟子去齊, 充虞路問曰："夫子若有不豫色然. 前日虞聞諸夫子曰, '君子不怨天, 不尤人.'" 曰："彼一時, 此一時也. 五百年必有王者興, 其間必有名世者. 由周而來七百有餘世矣. 以其數則過矣, 以其時考之則可矣. 夫天未欲平治天下也. 如欲平治天下, 當今之世, 舍我其誰也? 吾何爲不豫哉?"「公孫丑下」

유학의 전통 중에서 보면, 맹자야말로 가장 강렬한 역사적 사명의식을 가진 사람일 것이다. 『맹자』 전편(全篇)을 자세히 살펴보면, 맹자가 역대 성왕들의 아름다운 말과 행위를 인용한 편폭(篇幅)이 거의 1/2에 달한다. 당시의 군주들에게 왕도인정의 이상을 밝힐 때도 성왕의 아름다운 말과 행위를 인용하였으며, 학생들에게 '사람과 금수의 차이'를 설명할 때도 고대 성왕의 행적을 인용하여 자신의 논점을 지지하였다. 맹자는 왜 "말끝마다 요순을 들어 말하였는가?"[57] 고대 성왕은 맹자의 마음속에서 어떤 특별한 의미를 차지하고 있는가? 논술적으로 설득력을 증대시킬 수 있다는 것 외에 가장 합리적인 해석은 맹자가 말한 "천하에 사람이 태어난 지는 오래되었고, 치세가 한차례 오고 나면 난세가 한차례 왔다"는 구절에서 찾을 수 있을 것이다. 맹자는 이미 인류의 생존 과정은 절대로 평탄이 아닌 가시밭길과 같다

57 『孟子』「滕文公上」, "言必稱堯舜."

는 점을 잘 알고 있었다. 대자연의 재해만 있는 것이 아니라 인류 스스로 몽매하여 자초한 야만성도 있다. 이 야만성은 금수와 다를 바 없다. 이러한 상황에서 성왕이 출현하지 않는다면 가시덤불을 헤치고 나아가 인간의 본성이 서로 다른 역사 단계에서 각성하여 한 차례 또 한 차례 시대의 한계와 어두움을 깨뜨려야만 한다. 그렇지 않으면 인류는 문명이라는 것을 가질 수 없고, 인성의 존엄도 확보할 수 없다. 다시 말하면 맹자의 반성 속에서 요 · 순 · 우 · 탕 · 문 · 무 · 주공 그리고 공자는 단지 어떤 한 시대에 존재하였던 인물과 업적으로만 존재하는 것이 아니라, 완전한 인성의 대표로서, 또한 인류 생존과 문명의 위기를 극복할 수 있는 진실한 보증으로 자리 잡고 있다. 만일 성왕들이 각각의 시대에서 분투하지 않았다면, 인류의 미래는 없었을 것이고, 생명의 활동 역시 단지 다시 시작하는 중복의 의미만을 가질 것이다. 역사 또한 의미가 없을 것이고, 가치 역시 없을 것이다. 대지는 생동감 없는 고요한 침묵에 불과할 것이다. 그렇기 때문에 맹자가 자주 역대 성왕을 인용한 것은 옛사람에 의탁하여 스스로를 높이고자 한 것이 아니라, 도덕의식의 각성을 통하여 맹자 스스로 사신으로 하여금 부단히 성왕과 선철들의 사업과 이상을 실현하게 하고, 인간 본성의 존엄성을 지키는 사람으로서 역사의 실증이 되고자 한 것이다.

앞에서 소개한 「내가 어찌 논쟁을 좋아해서겠는가(予豈好辯哉)」 장의 문헌으로 돌아가 보자. 맹자는 "요임금 때에는 물이 역류하여 중국에 (물이) 범람하였다"에서 "나도 백성의 마음을 올바르게 잡고 사사로운 학설을 잠재우며, 한쪽으로 치우친 행동을 막고, 방탕한 말을 추방함으로써 위 세 명의 성인 정신을 계승하려고 한다"까지, 한편으로는 인류문명의 역사 진행에서 고대 성왕들이 어떻게 인류 생명 존엄성을 보존하였는가를 기록하고 있고, 다른 한편으로는 성왕의 시대와 맹자 당시의 시대를 비교하여 인의의 도에 대한 양주와 묵자 학설의 파괴 행위가 이미 인류 문명을 '짐승을 몰아다가 사람을 먹이고' 또 '사람들끼리 서로 잡아먹는' 상황에 이르게 하였음을 엄하게 비평하고 있다. 이러한 서술방식은 맹자의 시대 인식을 충분히 반영하고 있는데, 이는 사실 인성을 근본으로 하는 역사의식으로부터 비롯된 것이다. 바꾸어 말하면 "주방에는 기름진 고기가 있고, 마굿간에는 살찐 말이 있는데, 백성들은 굶주린 기색이 있고, 들판에는 굶어 죽은 시체가 있다"는 것이 전국시대의 사회 진상이라면, 이러한 현상으로부터 "나는 이 점을 두려워하여 선왕의 도를 굳게 지키고 양주와 묵자의 학설을 배척하며, 방탕한 말을 추방하고 사사로운 학설이 다시 나오지 못하게 하려고 한다"는 판단이 나오게 된 것이다. 맹자의 일신(一身)에 꽉 차 있는 강렬한 도덕의식과 역사의식이 그로 하여금 인성의 존엄성을 보존해야 한다는 사명감을 갖게 하였고, 그 입장에서 선왕과 선철(先哲)을 본받지 않을 수 없게 하였으며, 또 당시의 시대와 격투를 벌이게 한 것이다.

앞에서 서술한 것이 사실이라면, 우리는 맹자가 삼변학문으로써 전국시대의 광풍을 잠재우려는 심령의 배경은 사실 공자로부터 이어져 오는 선진유가의 인문정신과 역사의식이었다고 단정할 수 있다. 이러한 인문정신은 맹자의 관념 중에서 "모든 사람이 요순과 같은 성인이 될 수 있다"[58]는 말과 '성선설'의 긍정에 잘 반영되어 있다. 도덕심성으로써 천도와 창생의 의미 그리고 가치의 근원을 체현(體現)하였기 때문에 설령 역사가 다시 한 번 위기에 처한다고 할지라도 단지 인성의 존엄성이라는 영명만을 잘 간직하고 있으면 성인 전통의 불꽃

58 『孟子』「告子下」, "人皆可以爲堯舜."

은 인류에게 광명의 세계를 가져다줄 것이다. 전화(戰火)가 끊이지 않는 전국시대에 태어난 맹자가 삼변학문을 수립한 것은 바로 그 시대에서 가장 진실하게 살았다는 증거이다. 그러나 그 이론 배후인 심령세계는 이미 시공의 한계를 초월하여 인성의 빛과 열기를 모든 인류에게 전달해 주고 있다.

제 3 장

사람과 금수의 차이에 관한 논변(人禽之辨)-상(上)

-맹자 인성론의 제출과 기본 논점-

중국철학발전사에서 인성론에 관한 탐색이야말로 지금까지 줄곧 핵심적이면서도 주도적인 위치를 차지해 오고 있는 철학적 과제이다. 학자들의 연구에 따르면, 인성 개념이 중국철학자들의 관심 과제로 등장한 것은 맹자 이전이다.[1] 그러나 맹자가 성선설을 제출한 것은 중국인성론사에서 새로운 국면을 연 것이며, 그 영향 또한 심원(深遠)하였다는 점은 의심할 여지가 없다.[2] 중국철학발전사에서 인성론에 관한 학설은 상당히 많이 출현하였다. 비단 맹자 성선설에 대한 다양한 학술적 입장뿐만 아니라, 순자의 성악설과 동중서(董仲舒)의 '성에는 선도 있고, 악도 있다'는 성유선유악설(性有善有惡說) 그리고 왕충(王忠)의 성삼품설(性三品說) 등의 이론이 출현하였다.[3] 또 맹자 사상 자체에 대한 이해에 대해서도 송명이학자들의 관점은 서로 달랐다. 지금 나는 여러 가지 곁가지 문제를 피하기 위하여 잠시 맹자 인성론과 기타 인성론의 학술적 입장에 관해서는 논의하지 않으려고 한

---

1 徐復觀 『中國人性論史』「先秦篇」, 臺灣 商務印書館, 1969.

2 牟宗三 『圓善論』, 臺灣 學生書局, 1985, 22쪽.

3 張岱年 『中國倫理思想研究』, 臺灣 貫雅文化事業公司, 1991, 80쪽.

다. 또 송명이학의 두 줄기인 성즉리와 심즉리 계통의 성선설에 대한 이해 차이를 되도록 피하기 위하여 모든 것을 『맹자』만을 주요 근거로 삼아 해석하고 분석하겠다. '사람과 금수의 차이에 관한 논변'에 관한 연구는 두 장(3장과 4장)으로 나누어 전개하였다. 제3장에서는 중점을 맹자가 주장한 성선설의 사고 맥락에 두고서 '맹자가 말한 성선'의 진상을 밝히겠다. 제4장에서는 이로부터 한 걸음 더 나아가 '사람들의 불선한 행위에 대한 맹자의 해석'을 반성하고, 또 맹자 성선설이 갖고 있는 형이상학적 의미를 천명하겠다.

제1절 : 맹자가 말한 '성선'에 관한 쟁론

인간의 본성은 정말 선한 것인가? 이 문제는 지금까지 줄곧 쟁론의 대상이 되어 왔다. 그러나 그 결과가 어떻든 중국철학사에서 맹자가 성선설을 주장하였다는 것은 의심할 수 없는 사실이다. 비록 『맹자』 7편 중에 '본성은 선하다'(性善)는 것을 명백하게 표현한 구절은 「등문공상」 편의 "맹자는 본성은 선하다고 말하면서, 말끝마다 요순을 들어 말하였다"[4]에서의 '성선'(性善)과 「고자상」에서 공도자가 당시 맹자의 성선설과 다른 세 종류의 인성론[5]을 언급하면서 "지금 본성은 선하다고 하였는데, 그렇다면 (제가 앞에서 열거한 본성에 관한 세 가지 견해는) 모두 그르다는 말씀입니까"[6]에서 말한 '성선' 두 곳뿐이다. 그러나 맹자가 '인의내재'(仁義內在)와 "사단지심은 나에게 본

4 "孟子道性善, 言必稱堯舜."

5 역주: 공도자가 예로 들은 세 가지 성론(性論)은 '性無善無惡'과 '可以爲善, 可以爲不善' 및 '有性善, 有性不善'이다.

6 "今日性善, 然則彼皆非與."

래부터 갖추어진 것이다"[7]를 누차 강조한 것을 보면, 그가 '모든 사람이 도덕가치를 실현할 수 있는 능력을 충분히 갖추고 있다는 것에 대하여 긍정하고 있음'을 확신할 수 있다. 도덕가치 실현의 능력이 바로 성선의 의미이다. 민간에서 유행한 『삼자경(三字經)』의 '성은 본래 선하다'(性本善)가 바로 이 뜻이다. 사실 유학의 전통, 그중에서도 특히 송명이학 이후, 비록 이학과 심학의 구별이 분명하고 심과 성의 관계에 대해서도 쟁론이 발생하였지만, 맹자의 성선설에 대해서는 대체적으로 크게 이견이 발생하지 않았다. 맹자가 성선을 주장하였다는 것은 이미 전통문화에 대한 중국인들의 기본 인식 중의 하나로 정립되었다.

그러나 주군진(周群振) 선생이 『유학탐원(儒學探源)』에서 밝힌 것처럼, '맹자 성선론의 입장은 당시에 유행한 각종 인성에 대한 이론(異論)을 올바르게 잡기 위하여 나온 것이지만, 맹자 자신은 자신의 성선 개념에 대하여 명확한 정의를 내리지 않았다. 따라서 만일 후학자들이 맹자의 실제 언설(言說)의 맥락에 따르지 않고 단지 특별한 내용도 없는 명시의 개념과 몇 구절의 문상만을 가지고서 성선설을 해석하면 곡해를 면하기 어려울 것이다.'[8] 현재[9] 대만에서 맹자의 성선론에 대한 새로운 쟁론이 발생하였는데, 그 쟁론의 핵심은 바로 맹자가 주장한 성선이 '인성이 본래 선하다(性本善論)의 의미인가' 아니면 '인성은 선을 지향한다(性向善論)의 의미인가'[10]에 관한 것이다.

---

7 『孟子』「告子上」, "四端之心, 我固有之也."

8 周群振 『儒學探源』, 臺灣 鵝湖出版社, 1984, 149쪽.

9 역주: 현재라는 말은 1980년대 중후반에 대만대학 부패영(傅佩榮) 교수가 향선론(向善論)을 제창한 시기이다.

10 역주: 이후에는 간략하게 본선론(本善論)과 향선론(向善論)으로 표기하겠다.

'인성은 선을 지향한다'는 '향선론'(向善論)은 대만의 부패영(傅佩榮) 교수가 최근 몇 년 동안 적극적으로 내세운 이론이다. 최근 부 교수가 발표한 논문인「존재와 가치」[11]에는 다음 두 가지 내용이 소개되어 있다. 하나는 성선론을 배척한 이유이고, 다른 하나는 향선론을 적극적으로 주장한 근거이다.

부 교수는 성선설의 세 가지 해석 계통에 대하여 각각 다른 비평을 내놓았다. 첫째, 만일 성선설의 입장이 '한편으로는 본성이 천지를 근원으로 한 것으로, 천지에는 호생지덕(好生之德)이 있기 때문에 인성도 자연스럽게 선하다고 주장하는 것이며, 다른 한편으로는 사람의 악을 인욕(人欲) 혹은 이른바 기질지성(氣質之性)으로 돌린다면' 부 교수는 "이러한 주장의 치명적인 결함은 바로 사실과 가치를 혼동하는 것으로, '인성이라는 사실'과 '선이라는 가치'를 같은 범주로 보는 것이라고 주장한다. '사실'은 태어남과 동시에 갖추고 있는 것이고, '가치'는 반드시 개인의 자각과 자유선택을 거친 후에 비로소 드러난 것이다. 이로부터 더 나아가 말하면, 천지의 생화 현상은 단지 자연계의 균형 작용일 뿐 선과는 무관하다. 동시에 인욕이 악의 근원이라면 이것 역시 인성을 근거로 삼은 것이 아니란 말인가? 이러한 인성을 그래도 선하다고 말할 수 있겠는가"라고 반박한다.[12]

둘째, 만일 '인성은 본래 선하다'는 것이 사람의 가치의식이 자각심에 내재되어 있다는 의미이고, 사람이 선천적으로 자각능력을 갖추고 있다는 의미이며, 이것으로 말미암아 가치의식을 배양하여 선행을 드러낼 수 있다는 것이라면, 부패영 교수는 다음과 같이 비평한다.

---

11 傅佩榮「存在與價值之關係問題」, 臺灣 國立臺灣大學哲學系, 1991.

12 같은 글, 6쪽.

"자각심이 드러낸 가치의식 자체는 결코 선이 아니다. 단지 선악에 대한 분별과 판단일 뿐이며, 이로 말미암아 선행을 일으킬 수도 있고, 악행을 일으킬 수도 있다."[13] 그렇기 때문에 부 교수는 이것 역시 동의할 수 없다고 하였다.

셋째, 만일 '인성은 본래 선하다'는 것을 감각계(感覺界)와 지사계(智思界)로 구분하는 칸트철학 체계를 빌려 말하자면, 습심(習心)과 본심(本心)으로 나눌 수 있을 것이다. 본심은 사람의 도덕자율성을 지칭하는 것이며, 심지어 '심의 자발적 선성'을 긍정하는 것이라고도 할 수 있을 것이다. 이처럼 심선(心善)을 근거로 성선(性善)을 말하는 것에 대해 부 교수는 다음처럼 말한다. '설령 선성을 긍정한다고 할지라도, 그것을 표현하지 못할 가능성도 있기 때문에 다음과 같은 난제를 피하기 어려울 것이다. 그것은 바로 표현되지 못한 선도 선이라고 말할 수 있겠는가?'[14]

이상 부패영 교수의 논점을 종합해 보면, 그가 '성은 본래 선하다'는 주장에 대하여 반대한 주요 원인을 다음과 같이 요약할 수 있을 것이다.

1. '인성은 본래 선하다'는 주장은 사실과 가치의 범주를 혼동하고 있는 것으로서 이러한 인성 개념은 근본적으로 문제점을 안고 있다.
2. 양지(良知)를 자각심이 드러낸 가치의식 자체라고 할 수는 있지만, 그것은 선과 악을 판단하는 것에 불과할 뿐 선 그 자체는 아니다.
3. 만일 인성이 선하다면 왜 표현되지 않을 수도 있을까? 또 어떤 사람은

13 같은 글, 6쪽.

14 같은 글, 6쪽.

왜 불선한 행위를 하기도 하는가?

부패영 교수가 제시한 세 가지 논증의 유효성은 그가 주장한 인성과 선의 개념에 대한 이해를 근거로 이루어진 것이다. 문제는 부패영 교수가 '인성과 선의 개념을 어떻게 이해하였는가'에 있다. 또 그가 말한 '인성은 선을 지향한다'는 것은 어떤 의미인가? 그는 다음과 같이 주장하였다.

사람이 우주만물과 다른 점은 사람에게 자유선택의 능력이 있어, 본능적인 자연규율에 필연적으로 지배되지는 않는다는 점에 있다. 자유는 아무 내용 없는 개념이 아니다. 지(知)와 정(情) 및 의(意)의 조건을 배합해야만 비로소 운용할 수 있는 것이다. 사람과 만물에 차별이 있다면, 우리는 만물의 본성을 정의하는 방식으로써 인성을 정의해서는 안 된다는 것이다. 우리가 '만물이라는 것은 무엇이다(是什麽)'라고 정의할 때, '무엇이다'(是什麽)의 방식으로써 인성을 정의해서는 안 되고, 단지 '무엇을 할 수 있는가'로써 정의해야 한다는 것을 반드시 깨달아야 한다. '무엇을 할 수 있다'는 자유와 잠재능력을 모두 포함하고 있다. 따라서 사람에 있어서, 오로지 사람에 있어서만, 혹자는 좀 더 범위를 확장하여 지(知)와 정(情) 및 의(意)의 작용을 갖춘 모든 주체에 대하여 마땅히 '무엇을 할 수 있다'로써 인성을 정의해야 한다. 이것도 '지향성으로써 성을 말하는 것'(以向說性)이다. 만일 지향성으로써 성을 말하지 않으면 사람의 자유와 잠재능력을 모두 아우를 수 없다.[15]

15 같은 글, 4-5쪽.

이 인용문을 보면, 부패영 교수가 강조한 '지향성으로써 성을 말하는 것'은 인간을 자유롭게 선택할 수 있는 잠재적 능력을 가진 존재로 인식하는 것임을 알 수 있다. 그러나 '인성이 지향하는 것은 무엇인가?' 부 교수가 지(知)와 정(情) 그리고 의(意)로 나눈 것을 근거로 보면, 인성이 지향하는 것은 진과 선 그리고 미임을 알 수 있다.[16] 그러나 다른 곳에서 부 교수는 오로지 향선만이 인성을 가장 잘 설명해 준다고 말한다. "왜냐하면 그것은 자유의지로부터 나온 것일 뿐만 아니라 직접 행동을 결정하고, 그 행동의 효과는 또 다른 주체와 직접 관계하기 때문이다. 더욱 중요한 것은 이러한 자유의지가 선택한 행동을 하나의 주체가 할 수 있으며, 또 책임을 질 수 있기 때문이다. 따라서 사람마다 모두 평등한 입장에 설 수 있기 때문에 회피할 수 있는 여지가 없다. 바꾸어 말하면, 이것이 바로 '향선으로써 선을 말한 것'이고, 도덕가치의 높음과 낮음으로써 인간의 학설을 판단하는 것이다."[17] 이 말 속에 부 교수의 '인성향선론'이 의미가 모두 함축되어 있다고 해도 과언이 아니다.

> 선은 사람의 행위에 대한 일종의 평가이다. 평가의 표준은 행위의 동기만도 아니고, 또 행위의 결과만도 아니다. 반드시 행위의 동기와 결과 및 목적을 모두 고려해야 한다. … 무릇 행동의 목적은 또 다른 사람에게 미치는데, 즉 또 다른 주체가 있어야만 비로소 선의 문제가 출현한다. … 선의 정의는 '사람과 사람 사이의 적당관계의 실현이다.' … '이렇게 선을 정의하면, 선은 당연히 태어나면서부터 갖춘 것이 아니기 때문에 인성은 본

16 같은 글, 5쪽.

17 같은 글, 5쪽.

래 선하다고 말해서는 안 되고, 단지 인성은 선을 지향한다고 말해야 한다.' '지향한다'(向)는 것은 또 어떤 의미인가? 첫째, 그것은 인간 생명이 동태적이라는 것을 대표한다. 즉 부단히 행동하는 과정에서 성장한다. 그 중에는 단지 경향 혹은 추세만이 있을 뿐이다. 둘째, 이 경향은 사람이 자유롭게 선택할 수 있는 능력에서 구체적으로 표현된다. 즉 사람은 자유가 있어, 이 경향에 따를 수도 있고, 그것에 반대로 할 수도 있다. 셋째, 이 경향은 방향에 따라서 발현하며, 무엇을 인도하는 작용을 갖추고 있다. 따라서 사람은 비록 자유가 있다고 할지라도 일정한 방향성이 없는 것이 아니다. 그 방향은 선을 향하여 나간다. 간단하게 말하자면, 선을 행하면 마음이 편안하고, 악을 행하면 마음이 불안하다. 마음의 편안함과 불안함은 자연스러운 반응인데, 이는 인성의 지향성을 증명해 주고 있다.[18]

선에 대한 부패영 교수의 정의를 보면, 그가 왜 맹자의 인성론을 '향선'으로만 이해할 수 있고, '본선'으로 이해해서는 안 된다고 했는지 그 이유를 매우 분명하게 알 수 있다. 또한 더 나아가 '본선론'이 가치와 사실을 혼동하고 있는 이유와, 기껏해야 선과 악을 판단할 수 있는 가치의식에 불과하다는 비평의 의미를 대략 짐작할 수 있을 것 같다. 그러나 우리가 약간의 불안감을 지울 수 없는 이유는 부 교수의 인성에 대한 이해와 선의 정의가 과연 맹자가 말한 성선의 진상을 충분히 드러내 줄 수 있는가에 의문이 들기 때문이다.

어떤 선입견도 가지지 않고서 논하면, 부 교수의 '인성향선론'은 사유가 분명하고, 논리 전개도 정연하다. 특히 선에 대한 정의는 분명 서양윤리학을 배경으로 삼은 것이다.[19] 이러한 부 교수의 이해를 유학

18 같은 글, 7쪽.

의 경전에 환원시켜 증명해 줄 수 있는가는 이미 중요한 문제가 아니다. 우리는 학자들의 창의적인 사고를 존중하지 않을 이유가 없다. 그러나 어떻든 맹자는 중국에서 가장 중요한 철학심령의 하나이고, 그의 성선설은 이미 후대 학자들의 공통적인 과제가 되었다. 부 교수는 '인성본선론'은 그르다고 배척하면서, '인성향선론'이 옳다고 극력 주장하였다. 이처럼 일반적인 이해 방법은 맹자의 성선론 사상을 이해할 때 우리들로 하여금 약간의 쟁의성이 있는 개념에 대하여 그 의미를 분명하게 밝혀 드러내지 않을 수 없게 한다. 따라서 뒤에서는 다음과 같은 순서에 따라서 전개하겠다. 즉, 도대체 맹자는 어떻게 인성을 이해하였는가? 맹자가 주장한 성선의 의미는 무엇인가? 맹자는 또 사람의 불선한 행동을 어떻게 해석하였는가? 그리고 맹자의 인성론에서 하늘과 인간은 어떤 관계로 이루어졌는가? 이러한 순서로 전개하는 목적은 더욱 완전한 문헌 분석을 통하여 맹자 성선론의 배경과 목적 및 의의 그리고 그 이론에 함축된 의미를 다시 드러내 현대의 독자들로 하여금 '인성본선'과 '인성향선'의 충돌에서 올바른 선택을 하기 위함에 있다.

제2절 : 맹자 인성론의 제출과 논변 대상

맹자는 어떤 배경에서 성선설을 주장하였는가?

주희는 『사서집주(四書集註)』에서 정이의 말을 인용하여 "맹자의

---

19 부패영 교수의 인성 개념의 이해와 '지(知)와 정(情) 및 의(意)' 삼분(三分) 이론은 토마스 아퀴나스(St. Thmas)가 주장한 '의지가 무엇을 선택하든지 관계없이 항상 선의 관점에서 선택한다'와 상당히 유사하다. F. C. Copleston *"Aquinas"* (Baltimore: Penguin Books, 1955) 186쪽을 참고하기 바람.

성선과 양기에 관한 논설은 모두 이전의 성인들이 아직 계발하지 않은 것이다"[20]라고 하면서 유학의 전통에서 맹자가 연 의리의 공헌과 지위를 강조하였다. 그러나 맹자가 스스로 여러 차례 "내 소원은 공자를 본받는 것이다"[21] · "나는 공자의 문도가 되지 못했고, 다른 사람들을 통하여 스스로 공자의 학문을 배웠다"[22] · "양주와 묵자의 의론이 없어지지 않으면 공자의 도는 드러나지 않을 것이다. 이는 사사로운 학설이 백성을 속이고, 인의를 막아 버렸기 때문이다. … 나는 이 점을 두려워하여 선왕의 도를 굳게 지키고 양주와 묵자의 학설을 배척하며, 방탕한 말을 추방하고 사사로운 학설이 다시 나오지 못하게 하려고 한다"[23]고 하였다. 우리는 이것으로부터 맹자가 아마 자신의 학문에 대하여 스스로 전대의 성현들이 아직 계발하지 못한 것을 드러냈다고 생각하지 않고, 오히려 자신의 성선설은 공자 인의의 도를 수호하는 것이고, 또 이론상 필연적으로 있어야 할 하나의 긍정이라고 생각하였음을 발견할 수 있다.

『논어』에는 '성'(性) 자가 두 차례 출현한다.

> 공자가 말하였다. "본성은 서로 비슷하고, 습관은 서로 다르다."
>
> 子曰："性相近也, 習相遠也."「陽貨」

> 자공이 말하였다. "선생의 문장은 얻어 들을 수 있으나, 선생께서 말한 성

---

20 朱熹『四書章句集註』, 199쪽.

21 『孟子』「公孫丑上」, "乃所願, 則學孔子也."

22 『孟子』「離婁下」, "予未能爲孔子徒也, 予私淑諸人也."

23 『孟子』「滕文公下」, "楊墨之道不息, 孔子之道不著. 是邪說誣民, 充塞仁義也. … 吾爲此懼, 閑先聖之道, 距楊墨, 放淫辭, 邪說者不得作."

과 천도는 얻어 들을 수 없었다."

子貢曰："夫子之文章, 可得而聞也. 夫子之言性與天道, 不可得而聞也."「公冶長」

첫 번째 구절의 '성상근'(性相近)에 대하여 주희는 정이의 말을 인용하여 "이것은 기질지성을 말한 것이지, 본연지성을 말한 것이 아니다. 만일 본연지성을 말한 것이라면, 성이 곧 리이고, 리는 선하지 않음이 없다. 맹자가 말한 성선이 바로 이 성이다. 그런데 어찌 서로 비슷하다고 할 수 있겠는가"[24]라고 하였다. 주희는 인성에 대한 공자와 맹자의 이해가 서로 다르다고 생각한 것 같다. 그러나 채인후(蔡仁厚) 선생의 견해는 주희와 다르다.

단어에 포함된 의미에서 볼 때 '상근'(相近)과 '상동'(相同)은 서로 다르다. 그러나 옛사람들은 단어를 선택할 때 이처럼 엄격한 태도를 취하지 않았을 것이다.『맹자』「고자」편에서 "밤낮으로 양심이 자라나고, 이른 아침의 맑은 기운이 일어나 (선을) 좋아하고 (악을) 싫어하는 것이 다른 사람과 비슷한 점이 적지 않겠지만"(其日夜之所息, 平旦之氣, 其好惡與人相近也者幾希)에 나오는 '상근'에 대해서 주희는 "선을 좋아함과 악을 싫어함이 다른 사람과 비슷하다는 것은 사람의 마음이 같기(同然) 때문임을 말

24 역주: "此言氣質之性, 非言性之本也. 若言本, 則性卽是理, 理無不善, 孟子之言性善是也. 何相近之有哉?" 주자철학에서 性理는 동일성의 원칙이고, 氣(氣質之性)는 차별성의 원칙이다. 그러나 비록 氣가 차별성의 원칙이라고 할지라도 사람의 氣는 만물의 氣 중에서 가장 빼어난 것이기 때문에 서로 유사하다. 따라서 주자는 '相近'은 동일성의 원칙인 性理에 대해서는 표현할 수 없는 것이고, 氣質之性에 대하여 표현할 수 있는 말이라고 주장한 것이다.

> 한 것이다"라고 주해하였다. 즉 양심으로부터 발현된 좋아함과 싫어함은 사람들마다 서로 같다는 의미이다. 주희는 이곳에서 '상동'으로써 '상근'을 해석하였다. 그렇다면 공자가 말한 '성상근'과 맹자가 말한 '상근'은 그 의미가 마땅히 같아야 할 것이다. 이렇게 볼 때 '성상근'의 성을 기질지성으로 볼 수는 없고, 마땅히 사람들마다 서로 동일한 의리지성(義理之性-本然之性)으로 보아야 한다.[25]

공자와 맹자가 말한 성을 서로 다른 층의 존재로 보는 정이의 관점을 반드시 받아들여야 할 충분한 이유는 없다. 고정림(顧亭林)은 "선생의 문장은 얻어 들을 수 있으나, 선생께서 말한 성과 천도는 얻어 들을 수 없었다"에 대하여 "성과 천도는 자공이 얻어 들을 수 없었다"[26]고 하였기 때문에 인성론은 근본적으로 공자가 관심을 갖지 않은 문제라고 생각하였다. 그러나 이러한 이해는 문헌에 충실하지 않은 해석임이 분명하다. 왜냐하면 자공은 단지 "얻어 들을 수 없었다"라고만 했을 뿐, 결코 공자가 성과 천도를 언급하지 않았다고 말한 적이 없기 때문이다. 사실 이 문장은 공자가 성과 천도에 관심을 갖지 않았다고 하는 억지 해석보다는 차라리 '성과 천도가 이미 공자 제자들이 관심을 갖는 주요 과제로 부상하였지만, 단지 공자가 이 문제에 대하여 적극적으로 강론하여 그 의미를 드러내지 않았을 뿐이다'라고 해석하는 것이 낫다. 문제는 왜 공자가 성덕지교(成德之敎)의 인성론에 적극적인 관심을 보이지 않았는가에 있다. 이 문제에 대하여 대련장(戴璉璋) 선생은 "공자가 성과 천도에 대하여 해설하지 않은 까닭은,

25 蔡仁厚『孔孟荀哲學』, 105쪽.

26 顧炎武「與友人論學書」,『中國歷代哲學文選』「淸代近代篇」, 臺灣 木鐸出版社, 1974, 47-48쪽.

아마 공자가 성과 천도는 반드시 극기복례의 실천을 통해서만 깨달을 수 있을 뿐 언사를 이용한 설명으로써는 절실한 깨달음을 얻을 수 없는 대상이라고 여겼기 때문일 것이다"[27]라고 주장하였다. 바꾸어 말하면, 공자가 인성론을 중시하지 않은 것이 아니라 단지 '인'의 실천을 통하여 도덕생명을 올바르게 정립하는 것을 더욱 중시하였기 때문에 객관적인 분석 성격인 인성론을 완전히 주관생명인 '인'에 넣고서 실현하려고 한 것이다. 따라서 비록 『논어』에 공자가 성을 논한 곳이 많지 않지만, 그것만을 근거로 공자의 성덕지교와 인성론은 무관하다고 단언해서는 안 될 것이다. 오히려 우리는 마땅히 공자의 성덕지교 중에서 인성론의 의미를 찾아내어, 이것으로부터 맹자 인성론과 공자 사상 간의 전승관계를 분석해야만 할 것이다.

> 공자가 말하였다. "인이 어디 멀리 있는가? 내가 인을 실천하고자 하면 그 인은 바로 드러난다."
>
> 子曰 : "仁遠乎哉? 我欲仁, 斯仁至矣." 「述而」

> 인은 자기로 말미암아 실천하는 것이지, 남으로부터 말미암아 실천하는 것이겠는가?
>
> 爲仁由己, 而由人乎哉? 「顔淵」

서복관 선생은 『중국인성론사(中國人性論史)』에서 중국문화에서 공자의 지위에 대하여 다음과 같이 말하였다. "공자는 내재적인 인격세계를 개척하여 인류가 무한적으로 융합하고 향상할 수 있는 기틀을

---

27 戴璉璋 『易傳之形成及其思想』, 臺灣 文津出版社, 1989, 43쪽.

열었다."[28] 서복관 선생이 말한 '내재적 인격세계'는 '불안불인하여 참을 수 없이 넘쳐 나오는'(不安不忍, 憤悱不容已) 인심(仁心)으로 말미암아 자유 · 자주 · 자각 · 자율적으로 한 걸음 한 걸음 창조해 온 세계를 가리킨다. 다시 말하면 '인'은 공자의 철학에서 비단 각종 덕목 중의 하나 그리고 모든 덕목의 총칭일 뿐만 아니라 모든 덕행을 성취할 수 있는 근거이다. 즉 일념의 자각을 통하여 모든 행위를 자유롭게 주재할 수 있는 도덕심이다. 따라서 공자의 성덕지교에서 '인'으로서 도덕의 근원을 삼고, 가치의 근원을 삼은 것 안에 이미 맹자가 말한 '인의내재'의 의미가 함축되어 있다고 보아야 한다. 차이가 있다면 공자가 인성이라는 개념을 사용하여 더욱 명확하게 표현하지 않았다는 점뿐이다.

앞의 내용을 근거로, 우리는 성선설이 비록 맹자에 의해서 드러났지만 맹자가 오히려 "이 세상에 사람이 태어난 이래로 공자만 한 사람은 아직 없었다"[29]고 하면서 자기의 사상과 학설 모두를 공자 가르침의 계도로 돌린 이유를 어렵지 않게 알 수 있다. 왜냐하면 맹자의 관념 중에 이른바 "이전 성인의 도리를 지킨다"[30]는 것은 바로 공자가 제창한 인의의 도를 수호한다는 것이고, 또 인의의 도를 지키려면 반드시 공자가 말한 "인은 자기로 말미암아 실천하는 것이다"를 진정으로 긍정해야 하며, '인의내재'와 "인의예지는 밖으로부터 나를 녹여 오는 것이 아니다"[31]를 견지해야 하기 때문이다. 이것과 성선설을 긍정하는 것은 내용적으로 완전히 일치한다.

---

28 徐復觀『中國人性論史』「先秦篇」, 69쪽.

29 『孟子』「公孫丑上」, "自生民以來未有盛於孔子."

30 『孟子』「滕文公下」, "閑先聖之道."

31 『孟子』「告子上」, "仁義禮智, 非由外鑠我也."

그러나 맹자의 성선설이 공자 인도(仁道)의 계승이라고 할지라도 유학의 전통에서 성선설이 차지하고 있는 중요성을 낮게 평가해서는 안 된다. 왜냐하면 유학은 전국시대의 대표적인 학술사상이고, 또 당시 인성론의 논쟁 중에서 공자의 인교(仁教)를 지키면서 발언한 것은 오로지 맹자의 성선설뿐이었기 때문이다.

왕충(王充)의 『논형(論衡)』「본성(本性)」 편에 기재된 "주나라 석학들은 인성에는 선과 악이 있다고 생각하였다. … 선악은 어떻게 배양하는가에 달려 있는 것이다. 그래서 세자가 『양서(養書)』 한 편을 지었다. 복자천 · 칠조개 · 공손이자의 무리들도 인정과 인성을 논하면서 세자와 서로 드나들었다"[32]는 내용을 보면, 인성론은 공자 사후 점차 선진제자들의 공통적인 관심 과제로 등장하였음을 알 수 있다. 공자의 제자 중에 복자천 · 칠조개 그리고 재전제자(再傳弟子)인 공손이자 등도 인성과 인정에 대하여 논술하였지만, 아쉽게도 그들의 문헌을 고증할 길이 없다. 맹자는 사숙제자(私淑弟子)의 신분으로서 "천하의 언론은 양주에게 돌아가지 않으면 묵적에게로 돌아갔다"는 시대에서 분기하였기 때문에 특수한 시대적 의의가 있음이 확실하다.

「고자상」 편에 다음과 같은 내용이 기록되어 있다.

> 공도자가 말하였다. "고자는 '성은 선함도 없고, 선하지 않음도 없다' 고 하였다. 어떤 사람은 '성은 선으로도 될 수 있고, 선하지 않음으로도 될 수 있다. 그러기 때문에 문왕과 무왕의 (선정이) 일어나면 백성들이 선을 좋아하였고, 유왕과 여왕의 (폭정이) 일어나면 백성들은 포악해졌다' 고

32 "周人世碩以爲人性有善有惡 … 善惡在所養焉. 故世子作養書一篇. 宓子賤 · 漆雕開 · 公孫尼子之徒, 亦論情性, 與世子相出入."

한다. 어떤 사람은 '성이 선한 사람도 있고, 성이 선하지 않은 사람도 있기 때문에 요를 임금으로 두고 있으면서도 상과 같은 사람이 있었고, 고수를 아비로 두고 있으면서도 순과 같은 사람이 있으며, 주를 형의 아들로 두고 있고, 임금으로 두고 있으면서도 미자계와 왕자 비간이 있었다' 고 한다. 지금 (맹자께서) '사람의 본성은 선하다' 고 하시니, 그렇다면 저들이 말한 것은 모두 틀린 것입니까?"

公都子曰："告子曰：'性無善無不善也.' 或曰：'性可以爲善, 可以爲不善. 是故文武興, 則民好善. 幽厲興, 則民好暴.' 或曰：'有性善, 有性不善, 是故以堯爲君而有象,[33] 以瞽瞍[34]爲父而有舜, 以紂[35]爲兄之子, 且以爲君, 而有微子啓王子比干.'[36] 今曰：'性善', 然則彼皆非與."「告子上」

이 문장을 보면, 당시에 인성론에 의견이 분분하였음을 알 수 있다. 그렇지 않다면 공도자가 인성의 다양한 견해에 대하여 곤혹스러워하지 않았을 것이다. 특히 '성은 선함도 없고, 선하지 않음도 없다' 는 고자의 입장은 맹자와 대립하면서 맹자가 수호하려고 했던 공자의 인의(仁義)의 도덕이상을 심각하게 위협하기도 하였다. 우리는 맹자와 고자 사이의 논변을 보면서, 맹자와 고자의 논변은 비단 인성에 대한

---

33 역주: 순임금의 이복동생이다. 아버지인 고수와 함께 효성과 우애가 지극한 순임금을 항상 해치려고 하였다.

34 역주: 순임금의 아버지이다. 후처와 그 소생에 미혹당해 전처의 아들인 순임금을 죽이려고 한 악인의 표상이다.

35 역주: 은(殷) 왕조의 마지막 왕이다. 하(夏) 왕조의 마지막 왕인 걸(桀)과 더불어 폭군의 대명사이다.

36 역주: 미자계는 주왕의 서형(庶兄)이고, 비간은 주왕의 숙부이다. 이곳에서는 비간을 중심으로 서술하였기 때문에 주왕을 '형의 아들이다' 라고 한 것이다. 미자계와 비간 모두 은 왕조의 마지막 현자였다. 여러 차례 주임금의 포악정치에 대하여 간하였으나, 결국 주왕에게 죽임을 당하였다.

이해의 차이일 뿐만 아니라, 더욱 중요한 것은 맹자가 고자의 '생지위성'(生之謂性)[37]의 관점을 정확히 이해하고 있으면서[38] 장차 "천하 사람들을 이끌고서 인에 화를 입힐 것이다"고 경고하였다는 점이다.

> 고자가 말하였다. "성은 버들가지와 같고, 의는 버들가지로 만든 그릇과 같다. 사람의 성으로써 인의를 행하는 것은 마치 버들가지로 그릇을 만드는 것과 같다." 맹자가 말하였다. "그대는 버들가지의 성질을 그대로 살려서 그릇을 만들 수 있다고 생각하는가? (아니면) 버들가지를 (도끼나 자귀로) 손상시킨 후에 그릇을 만들 수 있다고 생각하는가? 만일 버들가지를 손상시켜 그릇을 만들 것이라면, 사람도 손상시켜 인의를 행하게 할 것인가? 천하의 사람들을 끌어다가 인의를 해치게 하는 것은 필시 그대의 학설 때문일 것이다."
>
> 告子曰："性猶杞柳也，義猶桮棬也．以人性爲仁義，猶以杞柳爲桮棬．" 孟子曰："子能順杞柳之性，而以爲桮棬乎？將戕賊杞柳而後以爲桮棬也？如將戕賊杞柳而以爲桮棬，則亦將戕賊人以爲仁義與？率天下之人而禍仁義者，必子之言夫!"「告子上」

인용한 문장을 보면, 고자는 '생지위성'의 인성론 전통에 따라서 '인성은 개체 생명이 본래 갖추고 있는 자연적 자질이다'라고 주장하였음을 알 수 있다. 이러한 중성적이고 가치중립적인 인성론은 필연적으로 인의의 도덕가치를 후천적인 교육을 통하여 배양된 것으로 보는

---

37 역주: 태어나면서부터 갖추고 있는 각종의 본능을 인성으로 삼는 견해이다.

38 역주: 『맹자』에 기록된 맹자와 고자의 논변을 살펴보면, 맹자가 고자의 '생지위성'(生之謂性)의 관점을 이해하면서, 어느 일면을 긍정하고 있는 반면, 고자는 맹자의 입장을 시종 오해하고 있음을 어렵지 않게 발견할 수 있다.

것이기 때문에 인성이라는 존재의 존엄성을 창현할 수 없을 뿐만 아니라 오히려 인성에 상해를 입힐 수 있다. 문제는 중국의 오랜 전통 중에서 하늘은 만물 조화의 근원이고, 모든 사물의 성명(性命)이 근본으로 삼는 것으로서, 하늘은 성이 간직된 곳이고, 천명이 있는 곳이기 때문에 그것을 위배할 수 없을 뿐만 아니라, 특히 인간에게 있어서 천은 최고의 가치라는 점에 있다.[39] 만일 인성이 고자의 주장처럼 자연생명의 각종 기능과 활동이라면 인성을 위반하면서 인의를 실천하는 것은 천명을 배반하는 것일 뿐만 아니라 최고의 가치를 위반하는 것이기 때문에 사람들은 당연히 인의의 도덕을 봉행할 수 없다. 맹자는 이러한 재질적 의미의 인성론은 반드시 인의를 부정하는 결론에 도달할 것임을 간파하고서 고자의 인성론을 "천하의 사람들을 끌어다가 인의를 해치게 하는 것은 필시 그대의 학설 때문일 것이다"고 질책함과 동시에 인성 개념에 대한 올바른 이해를 통하여 '생지위성'의 전통을 수정하려고 하였다. 바꾸어 말하면 맹자가 '성과 천도'에 대하여 소극적 태도를 취한 공자와 달리 인성론에 대하여 적극적인 태도를 취한 까닭은 당시에 유행한 인성론에 대응하면서 공자 인의사상의 가치를 실추시키지 않기 위함이었다.

영국의 한학자인 그레이엄(A. C. Graham) 교수는 맹자가 인성론을 제출한 배경을 연구하면서 당시 반유학사조에 속했던 양주와 고자 그리고 『여씨춘추』에 기록된 양신가(養身家)인 자화자(子華子)[40] 등을

39 『左傳』「成公13년」에 다음과 같이 기록되어 있다. "유강공이 말하기를, '내 듣기로 백성이 천지의 중간에 태어난 것은 이른바 천명이다. 따라서 동작과 예의(禮義)의 위의(威儀)의 법칙이 있는 것은 천명이 결정한 것이다."(劉康公曰 : 吾聞之, 民受天地之中以生, 所謂命也. 是以有動作禮義威儀之則, 以定命也.) 이 구절은 천명이 아래로 내려와 인성(人性)이 되는 관념을 설명해 주고 있다.

특별히 강조하였다. 이들은 기본적으로 모두 인성 개념이 중국인들의 가치 사고에서 차지하고 있는 권위에 호소하면서 유학의 인의사상을 반대하였다. 양주를 예로 들어보면, 그가 '천하의 이익을 위하여 한 오라기의 털도 뽑지 않겠다'고 한 것은 '전성보진'(全性保眞)의 원칙에 의거한 것이다. 왜냐하면 중국인의 사고에 '본성은 하늘로부터 나온 것이다'(性出於天)라는 것이 있기 때문에 어떤 사람도 자신의 천성을 보존하겠다는 주장을 반대할 이유가 없고, 또 그의 천성에 위배하면서 인의를 실천하라는 요구는 더욱 할 수 없을 것이다. 따라서 맹자는 개연(慨然)하게 '양주와 묵적의 학술을 배척한다'는 것을 역사적 사명으로 삼고, 당시 인성론의 역류에 대면하여 성선의 주장을 정면으로 내세우면서 유학의 인의사상을 보존하려고 한 것이다.

앞에서 서술한 내용을 종합해 보면, 맹자의 인성론 제출은 이론적으로는 "인은 자기로 말미암아 실천하는 것이지, 남으로부터 말미암아 실천하는 것이겠는가"(爲仁由己, 而由人乎哉)[41]라는 공자의 성덕지교 이념을 계승한 것임을 알 수 있다. 이보다 더욱 중요한 것은 전국시대에 크게 성행한 제자학술 사상이 당시 인성론이라는 공통적인 과제를 놓고 유학과 부단한 논쟁을 통하여 인의를 배격하고 유학사상에 충격을 주려는 상황에서 맹자가 이러한 사상의 역류에 대면하여 유학의 도를 수호한다는 사명을 자임하였기 때문에 일신의 안위를 고려하지 않고 논변에 뛰어들었다는 점이다. 맹자와 고자의 논변을 자세히 살펴보면, 그들 논쟁의 초점이 표면적으로는 인성 개념의 이해에 집중된 것 같지만, 사실 문제의 초점은 '내적인 인성을 유학에서 긍정하

40 『呂氏春秋』「卷二. 仲春紀」, 臺灣 中華書局, 1968, 4쪽.

41 『論語』「顔淵」.

는 도덕가치인 인의의 근거로 삼을 수 있는가'에 있다. 바꾸어 말하자면 맹자와 고자를 비롯한 당시의 각종 인성론에 대한 입장은 비록 인성에 대한 이해가 다르고, 또 고수하고 있는 가치관도 다르지만, 그들은 모두 하나의 동일한 사고 배경을 갖고 있다는 것이다. 즉 인성은 하늘로부터 온 것이고, 최고의 가치이며, 모든 가치는 이것으로부터 비롯된다는 것이다. 그렇기 때문에 맹자는 인성론의 변론에 투신하여 먼저 '생지위성'이라는 전통적인 인성관을 수정하는 것을 과제로 삼고서, 내적인 도덕성의 관점에서 인성의 의미를 재정립하려고 한 것이다. 맹자가 주장한 성선은 그 의미상 '인의내재'와 완전히 같은 것이다.

제3절 : '심을 근거로 말한 성'(卽心言性)과 '생을 근거로 말한 성'(卽生言性)

엄격하게 논하자면, '생지위성'(生之謂性)[42]으로써 인성을 이해하는 고자의 주장은 중국인성론 전통에서 가장 오래된 학설일 뿐만 아니라 매우 활성적인 주장이다. 문자의 어원을 분석해 보면, '성(性)'자의 소리는 '생(生)'으로부터 온 것으로, '생(生)' 자로부터 파생된 것이다. 고서 상에는 이 두 문자가 자주 통용되었기 때문에 성에 대한 '생지위성'(生之謂性)의 규정은 고의(古義)에 부합한다.[43] 그뿐만 아

42 역주: 중국철학발전사에서 '생지위성'(生之謂性)의 인성론은 가장 오래된 주장이다. '생'(生)이라는 사실을 근거로써 본성을 규정한다. 이때의 '생'(生)은 태어남이라는 사실을 지칭하지 않고, '태어남'이라는 사실에 속해 있는 속성, 즉 후천적 훈련이나 학습을 경유하지 않고 본래적으로 갖추고 있는 본능을 의미한다. 이목구비의 감관 기능과 그것들의 기능이 이에 속한다. 맹자 계통의 인성론을 제외하고 고자와 순자 그리고 한(漢) 대의 동중서 등은 대부분 이 계통의 인성론을 내세운다.

니라 선진 이래로 '생지위성'의 관점으로 인성을 이해한 철학자는 고자 이외에도 많다. 예를 들어 순자는 「정명(正名)」 편에서 "태어나면서부터 그렇게 된 것을 성이라고 한다"[44]라고 하였고, 장자는 「경상초(庚桑楚)」에서 "성이라는 것은 타고난 자질이다"[45]라고 하였으며, 동중서는 『춘추번로(春秋繁露)』「심찰명호(深察名號)」에서 "성의 이름은 생에서 온 것이 아닌가? 태어나면서부터 자연스럽게 된 자질을 성이라고 한다. 성은 자질이다"[46]라고 하였다. 이것 외에도 다양한 주장이 있다. 그러나 맹자는 인성을 '생'으로부터 설명하지 않았다. 그는 '생지위성'의 관점으로는 사람이 사람일 수 있는 의미를 드러낼 수 없다고 생각하였다.

> 고자가 말하였다. "태어나면서부터 갖추고 있는 각종의 성질을 성이라고 한다." 맹자가 말하였다. "태어나면서부터 갖추고 있는 각종의 특성이 성이라는 것은 흰 것을 희다고 하는 것과 같은가?" (고자가) 말하였다. "그렇다." (맹자가 물었다), 흰 깃의 흰 것은 흰 눈의 흰 것과 같으며, 흰 눈의 흰 것과 흰 옥의 흰 것은 같은가? (고자가) 말하였다. "그렇다." (맹자가 물었다), "그렇다면 개의 본성은 소의 본성과 같고, 소의 본성은 사람의 본성과 같은가?"
>
> 告子曰:"生之謂性." 孟子曰:"生之謂性也, 猶白之謂白與." 曰:"然." "白羽之白也, 猶白雪之白. 白雪之白, 猶白玉之白與?" 曰:"然." "然則犬之性, 猶牛之性. 牛之性, 猶人之性與?" 「告子上」

---

43 唐君毅 『中國哲學原論』「原性論」, 9쪽.

44 "生之所以然者謂之性."

45 "性者, 生之質也."

46 "性之名非生與? 如其生之自然之資謂之性. 性者, 生之質也."

잠일성(岑溢成) 선생은 언어학적 방법으로 이 문장의 의미를 분석한 적이 있는데, 그의 연구 결과[47]에 의하면, '생지위성' 은 '생' 으로써 '성' 을 판단하는 것이다. 즉 '선천적으로 본래 갖추고 있는 것' 인가의 여부가 바로 성을 구분하는 표준인 것이다. 그러나 맹자는 이러한 원칙으로는 사람이 사람일 수 있는 까닭을 설명하기에 불충분하다고 생각하였다. 즉 흼이라는 표준에 부합하는 것이면 곧 흼이라고 긍정하는 원칙으로는 흰 깃과 흰 눈 그리고 흰 옥의 다름을 감별할 수 없다고 생각한 것이다. 따라서 '생지위성' 의 원칙만으로는 개의 본성과 소의 본성 그리고 사람 본성의 근본적인 차이를 식별할 수 없다. 다시 말하면 맹자의 관념에는 '생지위성' 은 단지 성을 말하는 하나의 형식적은 근거일 뿐이다. 만일 우리가 사람의 생명 속에서 사람과 금수의 근본적 차이를 식별하여 찾아낼 수 없다면, 이는 단지 '생지위성' 이라는 판단 원칙에 따른 것으로, "식색이 바로 성이다"[48]라는 관점을 수용하는 것과 마찬가지이다. 그렇다면 무엇을 근거로 사람이 사람으로서 존재할 수 있는 가치와 존엄성을 세울 수 있는가? 맹자는 유학의 도덕 이상주의를 옹호하려는 입장에서 중론이 분분한 인성론의 과제에 자신을 투신하여, 한편으로는 '생지위성' 이라는 전통적 관점의 한계와 부족함을 지적하고, 다른 한편으로는 내적인 도덕의식으로부터 사람이 사람으로 존재할 수 있는 참된 본성의 소재를 드러내고자 했던 것이다.

맹자가 말하였다. "사람이 금수와 다른 점은 지극히 적다. 일반 사람들은

47 岑溢成「生之謂性釋論」,『鵝湖學誌』「第1期」, 臺灣 文津出版社, 1988, 55-80쪽.

48 『孟子』「告子上」, "食色性也."

(금수와 다른 점을) 버렸고, 군자는 간직하였다. 순임금은 사물의 이치에 밝고, 인륜을 잘 살펴 알았는데, 이는 인의에 따라 행한 것이지, 억지로 인의를 행한 것이 아니다."

孟子曰："人之所以異於禽獸者幾希. 庶民去之, 君子存之. 舜明於庶物, 察於人倫, 由仁義行, 非行仁義也."「離婁下」

이 장도 맹자가 인간과 금수의 차이를 논한 중요한 문헌이다. 역대 학자들이 맹자의 인성론을 논할 때도 대부분 이 장을 인용하여 전개하였다. 비록 이 장에서 '성' 자와 '심' 자가 보이지는 않지만, 학자들은 모두 맹자가 이곳에서 말한 "사람이 금수와 다른 점은 지극히 적다"는 것은 그의 마음속 인성 개념을 표현하는 것이라고 여기고 있다. 문제는 맹자가 "사람이 금수와 다른 점은 지극히 적다"는 것을 통과하여 건립한 인성 개념은 도대체 어떤 의미 또는 어떤 형태의 인성이냐는 것이다. 객관적인 분류 원칙에 따른 '구조(結構)의 성'[49]인가? 아니면 주체의 실천 측면에서 말한 실현원리(principle of actualization)의 의미를 가진 '가치의 성'인가?[50] 부패영 교수는 「인성향선론(人性向善論)」이라는 논문에서 "하나의 사물을 분류하기 위해서는 반드시 그 본질을 알아야 하고, 또 '류'(類)에다 '종(種)의 차이'(difference of species)까지 알아야 한다. 우리는 아리스토텔레스로 말미암아 이러한 규칙을 숙지하고 있는데, 사실상 맹자도 유사한 관점을 가지고 있다. … 맹자는 사람의 본질은 마땅히 사람과 금수의 차이에서

49 역주: 구조(結構)의 성(性)은 형구지성(形軀之性)이라고 칭하기도 하는데, 가치중립적인 자연적 본성을 의미한다. 크게는 생지위성(生之謂性)의 계통에 속한다.

50 牟宗三『道德的理想主義』, 臺灣 東海大學, 1970, 124쪽.

탐색해야 한다고 생각하였다"[51]고 하였다. 부 교수는 맹자의 인성 개념을 객관 분류 원칙 하의 '정의적(定義的)인 성'으로 이해하고 있다. 이러한 성은 사람이 사람으로 형성될 수 있는 '형성의 원리'(principle of formation)이며, 서양의 전통철학에서 말하는 '본질'(essence)을 말한 것이다.[52] 그러나 우리는 맹자철학 중에 부패영 교수의 주장처럼 정말로 아리스토텔레스의 존재의 분류관과 논리적인 정의법이 있는지 의심하지 않을 수 없다. 『맹자』 전체 7편의 내용을 살펴보면, 우리는 맹자가 단지 강렬한 인문의식의 심령을 품고 있었다는 사실만을 발견할 수 있을 뿐이다. 그는 존재세계의 분류계통에 대하여 객관적 진술을 한 적이 없을 뿐만 아니라 어떤 논리적인 방법론 구축에도 별 관심이 없었던 것 같다. 그는 온 힘과 정신을 다하여 인성의 존엄성을 수호하고, 이상적인 인간사회 질서를 수립하고자 했을 뿐이다. 따라서 맹자가 '사람과 금수의 차이에 관한 논변'을 통하여 수립하려고 했던 인성 개념은 마땅히 모종삼 선생이 말한 일종의 '구체적인 실천 생활의 본원 혹은 동력'으로 이해하는 것이 옳다.

> 맹자는 "사람이 금수와 다른 점은 지극히 적다"고 하였는데, '지극히 적다'는 것은 완전히 도덕실천의 심령을 가리켜 말한 것이다. 이곳으로부터 말한 심성은 논리적인 정의 방법에 의해 표시된 인성과 당연히 다르다. '지극히 적다'는 것은 물론 금수와 다른 '차별점'이지만, 이 차별은 논리적 정의의 종차(種差)의 '차'(此)와 다르다. 논리적인 정의에서 인성은 반

---

51 傅佩榮「人性向善論」,『中國倫理教育哲學基礎國際學術研討會論文集』, 臺灣 輔仁大學出版社, 1985, 37쪽.

52 같은 글, 37쪽.

> 드시 두 개의 괄호가 필요하다. 형체 측면에서 말하는 동물성은 종(種)이고, 심령 측면에서 말한 이성은 차(差)이다. 이러한 '차'는 정의에서 '종'과 함께 이루어진 차이다. 맹자가 말한 '지극히 적다'는 것도 비록 심령 측면에서 드러난 것이기 때문에 '차'의 의미를 갖고 있지만, '종'과 함께 이루어진 논리적 정의의 '차'는 아니다. 맹자는 '지극히 적다'는 것으로써 인성을 삼았다. '차'는 정의로부터 드러나지만 인간의 존재가치를 실현하는 원리로서의 인성이다. 따라서 이러한 인성은 논리적 정의에서 표시하는 형성의 원리로서의 인성과 다르다. 형성의 원리로서의 인성은 '류'를 구분하는 것이지만, 인간의 존재가치를 실현하는 원리로서의 인성은 모든 사람이 자신의 입장에서 구체적인 실천생활의 본원 혹은 동력을 말한 것이다. 이는 '류'를 구분하는 것이 아니라 모든 사람의 주체를 말한 것이다. 맹자가 말한 '성'은 모든 사람의 주체, 즉 도덕실천의 주체이다.[53]

모종삼 선생의 분석을 통하여 맹자가 '지극히 적다'로써 표현한 인성이 비록 사람과 금수의 서로 다름을 강조한 것이지만, 결코 사람을 하나의 대상으로 삼아 객관적인 분류원칙을 근거로 내린 '정의적인 성' 혹은 '본질 의미의 성'이 아님을 알 수 있다. 오히려 맹자는 사람의 구체적이면서도 진실한 생활을 근거로 사람과 금수의 다름을 구별하려고 하였다. 따라서 맹자의 인성 개념은 사람의 가치실천 생활을 관통하는 동력 혹은 본원을 가리킨 것이며, 또 사람이 사람의 존재가치를 실현할 수 있는 실현의 원리이다. 당대(當代) 서양철학자인 하이데거의 구분을 빌려 말하자면, 맹자의 인성 개념은 중세기철학에서 '존재'(existentia)와 상대적인 '본질'(essentia)이 아니라 인생의 모

53 牟宗三『道德的理想主義』, 125쪽.

든 의의와 내용을 결정하면서 모든 상황에서 인간 각각의 자아실현과 관계를 갖는 실존(existence)[54]이라고 할 수 있다. 맹자 스스로 표현한 것을 가지고 말한다면 "인의에 따라 행한 것이지 억지로 인의를 행한 것이 아니다"(由仁義行, 非行仁義)의 도덕심령이 바로 인성인 것이다.

맹자와 고자의 가장 큰 차이점은 '심을 근거로 하여 말한 성'(卽心言性)과 '생을 근거로 하여 말한 성'(卽生言性)에 있다. 그렇다면 맹자가 말한 심은 어떤 특징과 내용을 갖고 있는가? '사람과 금수의 차이에 관한 논변'을 근거로 심을 이해하면, 최소한 세 가지 특성이 드러난다.

1. 맹자는 "순임금은 사물의 이치에 밝고, 인륜을 잘 살펴 알았다"에서 심으로써 "사람이 금수와 다른 점은 지극히 적다"의 '지극히 적다'를 삼고 있음을 드러내고 있다. 심은 존재계와 인륜사회의 가치질서를 분명하게 밝혀 살필 수 있는 기능을 갖추고 있다. 이곳에서 '서물'(庶物)은 객관적 인지 대상이 아니라 생활세계(Life-world) 중에서 사람의 실천 행동과 관련을 갖고 있는 사물을 가리킨다.[55]

---

54 M. Heidegger *"Being and Time"*, (New York: Harper and Row, 1962) 67쪽.

55 맹자의 심과 성의 개념에 대하여 당대 신유학자인 모종삼 · 당군의 선생은 왕왕 도덕주체성(Moral Subjectivity) 관점으로써 해석하였다. 이러한 해석은 분명 유가철학에서 중시하는 실천적 철리(哲理) 성격을 드러낼 수는 있지만, 이 점으로 말미암아 항상 객관성을 중시하지 않거나 혹은 협소한 주체주의라고 오해를 받기도 한다. 사실 맹자의 심 · 성은 도덕자아로서, 의향성(intentionality)을 갖추고 있다. 심성은 부단히 세계에 지향하여 의미 있는 구조를 드러낸다. 바꾸어 말하면 자아와 세계는 상호의존적인 것이어서 심성은 '세계 중의 존재'(Being-in-the-world)이다. 이러한 의미는 일찍이 유술선(劉述先) 선생이 왕양명(王陽明)과 황종희(黃宗羲)의 심학을 해설할 때 발휘한 적이 있다. 그는 맹자가 이곳에서 말한 "사물의 이치에 밝고, 인륜을 잘 살폈다"에도 이러한 의미가 포함되어 있다고 생각한다. 유술

2. "인의에 따라 행한 것이지, 억지로 인의를 행한 것이 아니다"라는 말은 '인의는 심령의 자각적 요구에 의해 실천한 가치 이상으로서, 그것이 바로 심령 자각 자신임을 설명한 것'이다. 즉 심령과 인의가 서로 다른 이자(二者)가 아니라 인의가 바로 심령인 것이다. 다시 말하면 인의는 사람에게 외적인 입법 약속이 아니라 오히려 심령 자신의 주요 내용인 것이다.
3. "일반 사람들은 (금수와 다른 점을) 버렸고, 군자는 간직하였다." 이 말을 엄격하게 논하자면, 심이야말로 바로 인간과 금수의 차이를 분별할 수 있는 '진실한 본성(眞性)'의 소재로서, 모든 사람의 생명 중에 보편적으로 갖추어져 있다는 의미이다. '버리다'(去之)와 '간직하다'(存之)는 '심의 명찰(明察) 기능과 인의의 실천을 간직할 수 있었는가' 또 '충분히 실현할 수 있었는가'에 관한 표현이지 결코 어떤 사람에게는 심이 갖추어져 있지 않음을 말한 것이 아니다. 다시 말하면 군자와 소인을 대비시킨 주요 목적은 사람이 사람일 수 있는 존엄과 가치는 반드시 심의 자각과 자주적인 실천으로써 세울 수 있음을 표명한 것에 있다.

앞에서 서술한 분석을 통하여 '심을 근거로 하여 말한 성론'(卽心言性)을 취한 맹자 입장의 최대 특질은 경험과 사실적인 관점에서 탈피하여 자연생활의 각종 기능과 욕망으로써 인성을 인식하지 않은 것에 있음을 알 수 있다. 맹자는 사람의 구체적이면서도 진실한 생명 활동에서, 이러한 모든 생명 활동을 관통하고 있는 배후, 즉 생리적 본능

선 선생의 견해는 『朱子哲學思想的發展與完成』「9章」(臺灣 學生書局, 1982)과 『黃宗羲心學的定位』「第4章」(臺灣 允晨文化公司, 1986)에 수록되어 있다.

에 의해 제한받지 않는 도덕의식(심)을 제시하였고, 인의에 대하여 자각적이고 자주적인 심의 실천성으로서 사람이 사람일 수 있는 진실한 본성의 소재를 긍정하였다. 다시 말하면 맹자는 비록 복잡하게 얽혀져 있는 생명 활동이라는 사실에 자신이 놓여 있지만, 결코 경험층의 활동에 머무르면서 이러한 활동을 주도하고 있는 생리적 구조 본능과 욕망 등 생물학적 의미의 선천성을 인간의 본성으로 규정하지 않은 것이다. 오히려 그는 선험적이고 당위적인 입장에서 "인의에 따라 행한 것이지, 억지로 인의를 행한 것이 아니다"라는 도덕의식과 심령으로써 인성을 이해하였고, 이것을 근거로 사람이 사람일 수 있는 존엄성을 수립한 것이다.

고자가 말하였다. "성은 빙글빙글 도는 여울물과 같다. 동쪽으로 터놓으면 동쪽으로 흐르고, 서쪽으로 터놓으면 서쪽으로 흐른다. 사람의 본성에 선함과 선하지 않음의 분별이 없는 것은 마치 (물 흐름에) 동과 서의 분별이 없는 것과 같다." 맹자가 말하였다. "물의 흐름에 동서의 구분이 없는 것은 사실이지만, 설마 상하의 구분마저 없겠는가? 인성의 선함은 마치 물이 아래로 흐르고자 하는 것과 같다. 사람은 선하지 않은 사람이 없으며, 물은 아래로 흐르지 않는 물이 없다. 이제 물을 손바닥으로 탁 쳐서 튀어 오르게 하면 사람의 이마를 넘어가게 할 수 있고, 밀어서 격하게 흘러가게 하면 산으로도 올라가게 할 수 있지만, 어찌 그것이 물의 본래 성질이겠는가? 외부의 힘 때문에 그렇게 된 것이다. 사람도 선하지 않은 짓을 하게 할 수 있는데, 그 본성 역시 물처럼 외부의 힘 때문에 그렇게 되는 것이다."

告子曰："性猶湍水也. 決諸東方則東流, 決諸西方則西流. 人性之無分於善不善也, 猶水之無分於東西也." 孟子曰："水信無分於東西, 無分於上下乎? 人性之善也，猶水之就下也．人無有不善，水無有不下．今夫水，搏而躍之，可使過顙，激而行之可使在山，是豈水之性哉！其勢則然也．人之可使爲不善，其性亦猶是也．"「告子上」

이 장의 인용문을 통하여 우리는 인성에 대한 맹자와 고자의 서로 다른 입장을 더욱 분명하게 이해할 수 있다. 고자는 "성은 빙글빙글 도는 여울물과 같다"는 비유로써 "사람의 본성에 선함과 선하지 않음의 분별이 없는 것은 마치 (물 흐름에) 동과 서의 분별이 없는 것과 같다"고 하였다. 그러나 맹자는 다른 각도에서 "물은 아래로 흐르지 않음이 없다"는 비유로써 "사람은 선하지 않은 사람이 없다"를 설명하였다. 맹자와 고자의 논변은 논리 비평적인 관점에서 보면, 진대제 선생의 관점처럼 '쌍방 모두 과도하게 논증 역량에 의지하였지만, 결코 그리 강하지 않은 유비추리'[56]인 것 같다. 그러나 맹자의 "이제 물을 손바닥으로 탁 쳐서 튀어 오르게 하면 사람의 이마를 넘어가게 할 수 있고, 밀어서 격하게 흘러가게 하면 산으로도 올라가게 할 수 있지만, 어찌 그것이 물의 본래 성질이겠는가"라는 말을 수의 깊게 살펴보면, 맹자가 이미 고자의 '단수'(湍水)의 비유를 이해하고서 고자의 사유방식을 수정하고 있음을 발견할 수 있다. 맹자는 근본적으로 경험적인 물 흐름의 변화로써 물을 이해하지 않고 한 층 더 올라가 직접 '물의 본성'으로써 '물은 아래로 흐르지 않음이 없다'고 하였다. 맹자는 이 점을 매우 분명하게 파악한 것이다. 만일 '생지위성'이라는 입장을 수용한다면 처음부터 끝까지 경험적인 사고의 테두리를 벗어나지 못할 것이고, 그렇게 되면 인성의 내용에는 단지 생물학적 의미의 본

56 陳大齊『孟子的名理思想及其辯說實況』, 臺灣 商務印書館, 1968, 136쪽.

능과 욕망만이 남게 되어 선악의 문제는 후천적인 환경으로써 해석해야 되고, 심지어 가치문제마저도 이러한 경험적 사고에 의지할 수밖에 없게 된다. 문제는 가치경험은 인성 중의 가장 보편적인 경험인데, 우리는 이러한 가치의 결단과 도덕 충돌의 경험을 본능과 욕망에 환원시켜 해석할 수 없다는 점에 있다. 따라서 맹자는 인성을 경험과 사실의 관점에서 이해하지 않고 자각심을 근거로 성을 규정한 것이다. 즉 맹자는 인성 개념을 선험층으로 끌어올리고서, 인성을 사람의 도덕생활과 가치경험적인 초월적 진리(transcendental truth)로 이해하였으며, 또 인성을 개별적 경험으로써 부정할 수 없으며, 모든 도덕생활과 가치경험적 의미를 짊어지고서 해석해야 하는 형이상의 개념으로 이해하였다.[57] 맹자는 이 장 마지막에서 "사람도 선하지 않은 짓을 하게 할 수 있는데, 그 본성 역시 물처럼 외부의 힘 때문에 그렇게 되는 것이다"라고 하였다. 사실 경험상에서 사람이 선을 실천하고, 불선을 실천하는 것과 인성이 선하다는 것을 긍정하는 것은 마땅히 두 측면에서 이해해야 한다. 이것도 맹자가 '자각심을 근거로 하여 말한 성론'이 갖고 있는 특성 중의 하나이다.

부패영 교수는 "人性之善也, 猶水之就下也. 人無有不善, 水無有不

---

57 자각심을 근거로 긍정한 맹자의 인성론은 자연과학에서처럼 경험적인 사실로써 충분히 검증할 수 있는 대상이 아니다. 부위훈(傅偉勳) 선생이 「儒家心性論的現代課題」에서 말한 것처럼, 그것은 일종의 '도리'에 속한 것으로 그 특질은 견식이 독특하고 의미가 심원한 고차원적인 관점에서 다시 새롭게 발현해야 하고, 이해하여야 하며 동시에 현재 눈앞에 있는 인간이라는 존재 가치를 창현할 수 있는 각종의 의미들을 상세하게 드러내야 한다. 그것은 경험적 사실의 충분한 검증 혹은 반검증(sufficient confirmation or disconfirmation)이 불필요하지만, 그렇다고 경험사실을 절대 위반해서도 안 되고, 말살해서도 안 된다. 『從西方哲學到禪佛教』, 臺灣東大圖書公司, 1986, 228쪽.

下." 구절을 인용하여 향선론에 대하여 다음과 같이 설명하였다. "아래(下)는 물의 지향(向)이지 물의 본성이 아니다. 선도 사람의 지향(向)이지 사람의 본성이 아니다." 이는 아마 '자각심을 근거로 한 맹자의 성론'의 성격을 잘 이해하지 못한 데서 나온 오해인 것 같다. 우리는 이 문장의 위아래 문맥을 어떻게 분석하여도 '아래로의 흐름은 물의 지향이지 물의 본성이 아니고, 선은 사람의 지향이지 사람의 본성이 아니다'라는 결론을 도출할 수 없다.[58] 오히려 우리는 맹자가 '생을 근거로 하여 말한 성론'을 반대하고 '자각심을 근거로 하여 말한 성론'을 긍정한 관점을 통하여 맹자의 인성론이 공자의 "인은 자기로 말미암아 실천하는 것이다"(爲仁由己)를 계승하면서 인간의 가치경험과 도덕생활 측면에서 건립한 선험적이고 실존성격의 이론임을 알 수 있다. 이 문제가 더욱 분명하게 밝혀지려면, '맹자가 말한 성선의 확실한 의미가 무엇인가'와 '어떻게 성선설을 증명하였는가'의 과제가 해결되어야 한다.

제4절 : '내약기정, 칙가이위신의, 내소위선야'
(乃若其情, 則可以爲善矣, 乃所謂善也)[59]

모종삼 선생은『원선론(圓善論)』에서 다음과 같이 주장하였다.

> 그렇다면 맹자는 왜 '성은 생이다'(性者生也)라는 종래의 해석을 초월하여 일반적인 성론을 따르지 않을 수 있었는가? 맹자는 무엇에 의거하여

58 傅佩榮「存在與價值之關係問題」, 10쪽.

59 역주: 이 구절에 관한 여러 해석이 있기 때문에 해석하지 않고 원문을 제목으로 삼았다.

그렇게 할 수 있었는가? 맹자가 그러한 통견(洞見)[60]을 계발할 수 있었던 근거는 바로 공자가 제시한 '인'이다. 맹자는 공자의 학문으로 말미암아 새로운 인성론을 연 것이다. 따라서 인성론이 맹자 시대에 이르러 돌변하였는데, 이 돌변은 일종의 창조성의 돌변이고, 새로운 장을 연 것이라고 할 수 있다. 맹자가 연 새로운 장은 평면적으로 또 다른 단초를 연 것이 아니라 감성층과 사실층으로부터 초월적인 당위층으로 진입한 것이다.[61]

당시 혹은 전체 중국인성론사의 입장에서 볼 때, 맹자가 '생을 근거로 하여 말한 인성론' 전통을 돌파한 것은 하나의 새로운 국면을 연 것이라고 할 수 있다. 이러한 상황에서 맹자의 제자인 공도자가 받았을 곤혹감은 미루어 짐작할 수 있을 것 같다.

공도자가 말하였다. "고자는 '성은 선함도 없고, 선하지 않음도 없다' 고 하였다. 어떤 사람은 '성은 선으로도 될 수 있고, 선하지 않음으로도 될 수 있다. 그러기 때문에 문왕과 무왕의 (선정이) 일어나면 백성들이 선을 좋아하였고, 유왕과 여왕의 (폭정이) 일어나면 백성들은 포악해졌다' 고 하였다. 어떤 사람은 '성이 선한 사람도 있고, 성이 선하지 않은 사람도 있기 때문에 요를 임금으로 두고 있으면서도 상과 같은 사람이 있었고, 고수를 아비로 두고 있으면서도 순과 같은 사람이 있으며, 주를 형의 아들로 두고 있고, 임금으로 두고 있으면서도 미자계와 왕자 비간이 있었다' 고 한다. 지금 (맹자께서) '사람의 본성은 선하다' 고 하시니, 그렇다면 저들이 말한 것은 모두 틀린 것입니까?" 맹자가 말하였다. "성의 정을 따

60 역주: 통견(洞見)의 의미는 '간파하다' · '꿰뚫어 보다' 등이다.

61 牟宗三 『圓善論』, 22쪽.

르면 선을 실현할 수 있다. 이것이 내가 말한 선이다. 선하지 않는 것을 행하는 것으로 말하면 타고난 재질의 죄가 아니다. 측은해하는 마음은 사람이면 누구나 갖고 있다. 부끄러워하는 마음은 사람이면 누구나 갖고 있다. 공경하는 마음은 사람이면 누구나 갖고 있다. 시비를 가리는 마음은 사람이면 누구나 갖고 있다. 측은해하는 마음은 인이다. 부끄러워하는 마음은 의이다. 공경하는 마음은 예이다. 시비를 가리는 마음은 지이다. 인의예지는 밖에서부터 나를 녹여 들어온 것이 아니고, 나에게 본래부터 있는 것인데, 그것을 깨닫지 못했을 뿐이다. 그러므로 '구하려고 노력하면 얻고, 놓아 버리면 잃게 된다. 혹 (얻어 간직한 사람과 놓아 잃어버린 사람의) 차이가 서로 두 배가 되기도 하고, 다섯 배가 되기도 하여 계산할 수 없는 지경에 이르기도 하는데, 이는 그 스스로 재질을 다 발휘하지 못했기 때문이다'라고 하였다. 『시경』에서 '하늘이 많은 사람을 낳으니, 사물이 있으면 법칙이 있다. 사람들은 불변의 본성을 지니고 있으니 항상 아름다운 덕을 좋아한다'고 하였다. 공자가 말하였다. '이 시를 지은 사람은 도를 알고 있을 것이다!' 그렇기 때문에 사물이 있으면 법칙이 있고, 사람들은 불변의 본성을 지니고 있어 항상 아름다운 덕을 좋아하는 것이다."

公都子曰："告子曰：'性無善無不善也.' 或曰：'性可以爲善, 可以爲不善. 是故文武興, 則民好善. 幽厲興, 則民好暴.' 或曰：'有性善, 有性不善, 是故以堯爲君而有象, 以瞽瞍爲父而有舜, 以紂爲兄之子, 且以爲君, 而有微子啓王子比干.' 今曰：'性善', 然則彼皆非與." 孟子曰："乃若其情則可以爲善矣, 乃所謂善也. 若夫爲不善, 非才之罪也. 惻隱之心, 人皆有之. 羞惡之心, 人皆有之. 恭敬之心, 人皆有之. 是非之心, 人皆有之. 惻隱之心仁也. 羞惡之心義也. 恭敬之心禮也. 是非之心智也. 仁義禮智, 非由外鑠我也, 我固有之也, 弗思耳矣. 故曰：求則得之, 舍則失之, 或相倍蓰而無算者, 不能盡其才者也. 詩曰：'天生蒸民, 有物有則. 民之秉夷(彝), 好是懿德.' 孔子曰 : '爲此詩者, 其知道乎!' 故有物必有則, 民之秉夷(彝)也, 故好是懿德."「告子上」

공도자의 의혹은 모두 어렵지 않게 이해할 수 있는 것들이다. 왜냐하면 맹자와 고자 그리고 기타 학자들이 제시한 인성 개념이 서로 다르고, 거기에 또 '선'이라는 개념이 왕왕 문맥에 따라서 변동하고 있기 때문에 공도자가 어디로부터 이해해야 할지 모르는 것을 탓할 수 없다. 증소욱(曾昭旭) 선생은 "선에 대한 맹자의 관념은 상당히 유동적인 것 같다. 그가 말한 선정(善政) · 선교(善教) · 선언(善言) · 선행(善行) 혹은 '선을 실천하고 불선을 한다' 등은 모두 현실적인 합당과 아름다움을 지칭한다. … 맹자는 희랍철학자들처럼 힘들여서 선에 포함되어 있는 정확한 의미를 계정하지 않았다. 따라서 이른바 선이라는 것은 결코 확정적인 내용을 갖는 개념도 아니고, 또 이상적인 경지도 아니다. 단지 각종 상황에 적절하게 내린 가르침이다"[62]고 하였다. 따라서 맹자는 공도자의 질문에 대답할 때, 한편으로는 다시 한 번 '자각심을 근거로 한 성론'의 인생관을 펼치고, 다른 한편으로는 성선의 '선' 자를 명확하게 해설해 주었다. 이 단락의 내용을 분명하게 표현하기 위하여 아래와 같이 나누어 서술해 보겠다.

1. "측은해하는 마음은 사람이면 누구나 갖고 있다. 부끄러워하는 마음은 사람이면 누구나 갖고 있다. 공경하는 마음은 사람이면 누구나 갖고 있다. 시비를 가리는 마음은 사람이면 누구나 갖고 있다. 측은해하는 마음은 인이다. 부끄러워하는 마음은 의이다. 공경하는 마음은 예이다.

62 曾昭旭『道德與道德實踐』, 臺灣 漢光文化公司, 1983, 96쪽.

시비를 가리는 마음은 지이다. 인의예지는 밖에서부터 나를 녹여 들어온 것이 아니고, 나에게 본래부터 있는 것인데, 그것을 깨닫지 못했을 뿐이다." 우리는 이 몇 단락의 문장으로부터 맹자가 말한 '자각심을 근거로 한 성론'의 기본 입장을 분명하게 발견할 수 있다. 맹자는 사람들마다 모두 갖추고 있는 측은 · 수오 · 공경 · 시비지심으로부터 인생의 생명활동 그리고 도덕경험의 배후를 관통하고 있는 가치의식(도덕심)을 제시하였다. 도덕의식에 선천적으로 갖추어져 있는 인의예지의 "이칙(理則)"[63]은 단지 나의 심령이 안으로 성찰하여 자각할 수 있으면, 필연적으로 도덕적 선행으로 발현된다. '본심을 자각하지 못하여(弗思)' 비록 '금수와의 차이가 멀지 않은 사람'(違禽獸不遠)일지라도, 그 사람의 '재질에 문제가 있는 것은 아니다'(非才之罪也). 즉 선행을 실천할 수 있는 양능(良能)의 재질에 어떤 결함이 있는 것이 아니다. 모종삼 선생의 분석,[64] 그리고 잠일성 선생의 문자학과 훈고학적 해석[65]에 의하면, 재(才)는 성과 동의어라고 확정할 수 있다. 따라서 이 단락에서 보면 맹자는 "인의예지는 밖에서부터 나를 녹여 들어온 것이 아니고, 나에게 본래부터 있는 것이다"라는 설명을 통하여 그의 인성 개념은 선험적이고 당연의 측면에서 이해해야 할 것으로, 고자 등이 말한 '생을 근거로 한 인성'과 서로 다른 것임을 나타내고 있다.

2. "성의 정을 따르면 선을 실현할 수 있다. 이것이 내가 말한 선이다."(乃

63 인의예지(仁義禮智)는 본심진성(本心眞性)의 선험적 내용이다. 본문에서는 그것을 이칙(理則)이라고 명명하였는데, 그 이유는 한편으로는 "天生蒸民, 有物有則"의 '則'을 따랐고, 다른 한편으로는 "心之所同然者何也? 謂理也, 義也"를 따랐기 때문이다. 인의예지는 보편적인 理이고, 규범성의 법칙이기 때문에 이것을 합하여 이칙(理則)이라고 한 것이다.

64 牟宗三『心體與性體』「3冊」, 臺灣 正中書局, 1973, 416-424쪽.

65 岑溢成「孟子告子篇之情與才論釋」, 臺灣『鵝湖月刊』「58 · 59號」, 1989, 4월 · 5월.

若其情, 則可以爲善矣, 乃所謂善也.) 이 단락은 맹자가 왜 선을 인성의 개념에 넣었는지를 분명하게 정리를 해 준 곳이다. 이 구절의 본래 의미는 다음과 같다. '인성의 정에 따라 말하자면, 모든 사람은 선행을 실천할 수 있는 능력을 갖추고 있다. 이것이 바로 내가 말한 성선의 선 의미이다.' 이 구절에는 두 개의 '선' 자가 출현한다. 첫 번째의 '가이위선의'(可以爲善矣)의 선은 구체적인 선행을 가리켜 말한 것이고, 두 번째의 '내소위선야'(乃所謂善也)의 선은 모든 사람이 선을 실천할 수 있는 능력을 가리켜 한 말로서, 인성 자신을 가리켜 한 말이다. 전자는 일(事)로서, 구체적인 선한 행위이고, 후자는 성으로서, 본체로서의 선이다. 전자는 후자를 기초로 삼고, 후자는 또 전자를 판단하는 표준이다.[66] 양자의 관계 및 의리 층차 상의 다름은 매우 분명하지만 일반 사람들은 경험적인 사고에 집착하여 맹자가 말한 '자각심을 근거로 한 성론'을 이해하지 못하였기 때문에 '선을 실천하거나, 불선을 실천하는' 경험적인 표상에 곤혹스러워한 것이다. 그렇다면 맹자가 선험적인 층차에서 성선을 긍정한 의도를 전혀 파악할 수 없을 것이다.

앞에서 논의한 분석에 의하면, 맹자의 인성론은 "인의예지는 내 마음을 근본으로 한다"(仁義禮智根於心)[67]는 것에 대한 긍정을 기초로 하여 건립되었음을 알 수 있다. 맹자는 이로부터 한 걸음 더 나아가 성선을 긍정하였는데, 이는 모든 사람에게 선을 실현할 수 있는 본심진성(本心眞性)이 갖추어져 있음을 제시하면서 자신의 심성이 모든 도덕적 선행을 실현하는 근원임을 밝힌 것이다. 그렇다면 맹자는 무엇

66 牟宗三 『心體與性體』「2冊」, 462쪽.
67 『孟子』「盡心上」.

을 근거로 "인의예지는 밖에서부터 나를 녹여 들어온 것이 아니고, 나에게 본래부터 있는 것"이라고 긍정하였는가? 만일 사람들이 불선한 행위를 하게 된 원인이 '재질을 다 발휘하지 못한 것'에 있고, 또 '깨닫지 못한 것'에 있다면 우리는 무슨 이유로 '재질을 다 발휘할 수 없기도 하고' 또 '그것을 깨닫지 못하기도 하는가?' 첫 번째의 질문은 '맹자 성선론이 성립될 수 있는가'의 문제와 관련된 것이다. 두 번째 질문은 맹자 성선론 해석의 효력, 즉 맹자 성선론이 '얼마나 강한 설득력을 갖고 있는가'의 문제이다. 이곳에서는 첫 번째 문제를 처리하고, 두 번째 문제는 다음 장에서 논의하겠다.

> 맹자가 말하였다. "사람마다 남에게 차마 잔혹하게 굴지 못하는 마음이 있다. 선왕들은 남에게 차마 잔혹하게 굴지 못하는 마음을 지니고 있었기 때문에 민중들에게 차마 잔혹하게 굴지 못하는 정치를 할 수 있었다. 남에게 차마 잔혹하게 굴지 못하는 마음으로써 민중들에게 차마 잔혹하게 굴지 못하는 정치를 하면 천하를 다스리는 것은 마치 손바닥에 올려놓고서 움직이는 것처럼 쉬울 것이나. 사람마다 모두 남에게 차마 잔혹하게 굴지 못하는 마음이 있다고 하는 까닭은 다음과 같다. 지금 어린아이가 우물에 빠지려는 상황을 문득 보게 되면, 다들 깜짝 놀라고 측은해하는 마음이 드는데, 그것은 그 어린아이의 부모와 친교를 맺으려고 하기 때문도 아니고, 동네 사람들과 친구들로부터 칭찬을 받으려고 하기 때문도 아니며, 우물에 빠지려는 아이를 보고도 구해 주지 않았다는 나쁜 평판을 듣기 싫어서도 아니다. 이로써 살펴본다면, 측은해하는 마음이 없는 사람은 진정한 사람이라고 할 수 없고, 부끄러워하는 마음이 없는 사람은 진정한 사람이라고 할 수 없으며, 사양하는 마음이 없는 사람은 진정한 사람이라고 할 수 없고, 올바름과 그름을 분별하는 마음이 없는 사람은 진

정한 사람이라고 할 수 없다. 측은해하는 마음은 '인'의 단서이고, 부끄러워하는 마음은 '의'의 단서이며, 사양하는 마음은 '예'의 단서이고, 올바름과 그름을 분별하는 마음은 '지'의 단서이다. 사람이 이 사단의 마음을 갖고 있는 것은 사지를 갖고 있는 것과 같다. 이 사단의 마음을 갖고 있으면서 (도덕을) 실천할 수 없다고 스스로 말하는 것은 자기를 해치는 사람이다. 자기 임금은 (선정을) 할 수 없다고 스스로 말하는 것은 자기 임금을 해치는 사람이다. 무릇 사단의 마음을 갖추고 있는 사람이면 모두 그것을 확충시킬 줄 안다. (사단의 마음은) 마치 불이 처음 타오르는 것과 같고, 샘이 처음 솟아나는 것과 같다. 진실로 그것을 확충시킬 수 있으면, 사해 안의 모든 사람을 편안케 하기에 충분하다. 그러나 확충시키지 않으면 부모마저 섬기기에도 부족하다."

孟子曰: "人皆有不忍人之心. 先王有不忍人之心, 斯有不忍人之政矣. 以不忍人之心, 行不忍人之政, 治天下可運於掌上. 所以謂人皆有不忍人之心者, 今人乍見孺子將入於井, 皆有怵惕隱之心. 非所以內交於孺子之父母也, 非所以要譽於鄉黨朋友也, 非惡其聲而然也. 由是觀之, 無惻隱之心, 非人也. 無羞惡之心, 非人也. 無辭讓之心, 非人也. 無是非之心, 非仁也. 惻隱之心, 仁之端也. 羞惡之心, 義之端也. 辭讓之心, 禮之端也. 是非之心, 智之端也. 人之有是四端也, 猶其有四體也. 有是四端而自謂不能者, 自賊者也. 謂其君不能者, 賊其君者也. 凡有四端於我者, 知皆擴而充之矣. 若火之始然, 泉之始達. 苟能充之, 足以保四海. 苟不充之, 不足以事父母."「公孫丑上」

앞에서 인용한 문헌은 맹자가 성선을 증명하는 가장 주요한 논증으로 알려져 있다. 그러나 엄격하게 논해 보면, 맹자의 심성의 내용에 관한 폭로가 일종의 초월진리에 속한 것이라면, 경험사실적인 증거는 근본 취지와는 별 관련이 없게 된다. 따라서 맹자는 "어린아이가 우물에 빠지려는 상황"을 비유로 들어 그것을 하나의 논증으로 삼기보다는 차라리 계발성의 예시(a heuristic illustration)로 삼았다. 그 목적은 독자들로 하여금 어떤 상황에 처하여 참여하게 함으로써 그 자신의 도덕의식 약동을 반성하게 하고, 그것으로부터 내재적인 도덕이칙(道德理則)을 깨닫게 하고자 한 것이다.

왜 '깜짝 놀라고 측은해하는 마음이 드는가?' 맹자가 '어린아이가 우물에 빠지려고 하는 상황'에서 제시한 '눈 깜짝할 사이'(乍見)를 보면, 먼저 '깜짝 놀라고 측은해하는 마음'의 발로는 어떤 준비도 없고, 예상도 없는 심리상태에서 자연스럽게 발생한 것이라고 확정할 수 있다. "그 어린아이의 부모와 친교를 맺으려고 하기 때문도 아니고, 동네 사람들과 친구들로부터 칭찬을 받으려고 하기 때문도 아니며, 우물에 빠지려는 아이를 보고도 구해 주지 않았다는 나쁜 평판을 듣기 싫어서도 아니다"는 것도 '깜짝 놀라고 측은해하는 마음'이 결코 어떤 이해의 고려나 외적인 세계에 대한 욕구로부터 나온 것이 아님을 명확하게 설명해 주고 있다. 따라서 우리들의 본심에 선천적으로 '인'이라는 이칙이 갖추어져 있나는 것이 유일한 합리적 해석이다. 이러한 '인심'의 끝없는 분출이 바로 우리로 하여금 '어린아이가 우물에 빠지려는 상황'에 직면하였을 때 '깜짝 놀라 측은해하는 마음'을 구체적으로 드러내게 한다. 다시 말하면 맹자의 반성 속에는 우리가 아무런 욕망의 위협이 없는 상황에서 '측은 · 수오 · 사양 · 시비지심'을 드러내고, 이것으로써 우리의 생명활동을 주재할 수 있다면 우리는 "인의예지는 내 마음을 근본으로 한다"(仁義禮智根於心)[68]는 것을 승인해야만 한다. 즉 우리의 본심본성 속에 모든 도덕가치를

68 『孟子』「盡心上」.

실현할 수 있는 동력이 갖추어져 있음을 승인해야 한다.

맹자가 말하였다. "물고기는 내가 먹고자 하는 것이다. 곰 발바닥 역시 내가 먹고자 하는 것이다. 이 두 가지를 동시에 얻을 수 없다면 물고기를 포기하고 곰 발바닥을 취한다. 사는 것도 내가 원하는 것이다. 의로움도 내가 원하는 것이다. 이 두 가지를 동시에 얻을 수 없다면 삶을 포기하고 의로움을 취한다. 사는 것도 내가 원하는 바이지만 사는 것보다 더욱 강하게 원하는 것이 있기 때문에 (살기 위하여) 구차한 짓을 하지 않는다. 죽는 것도 내가 싫어하는 바이지만 죽는 것보다 더욱 강하게 싫어하는 것이 있기 때문에 환난이 닥치더라도 피하지 않는다. 만일 사람이 원하는 것 중에 사는 것보다 더 강한 것이 없게 한다면 무릇 살 수 있는 방법이라면 무슨 방법인들 사용하지 않겠는가? 만일 사람이 싫어하는 것을 죽는 것보다 더 강한 것이 없게 한다면 환난을 피할 수 있는 짓이라면 무슨 짓인들 하지 않겠는가? 이 방법을 사용하면 살 수 있는데도 사용하지 않음이 있고, 이런 짓을 하면 환난을 피할 수 있는데도 하지 않음이 있다. 그렇기 때문에 원하는 것 중에 살고자 하는 것보다 더욱 강한 것이 있고, 싫어하는 것에 죽음보다 더욱 강한 것이 있다. 현명한 사람만이 그런 마음을 갖고 있는 것이 아니고, 사람이면 모두 갖고 있지만, 현명한 사람은 그 마음을 잃어버리지 않았을 뿐이다. 한 그릇의 밥과 한 그릇의 국을 얻으면 살고, 얻지 못하면 죽는 경우라도 (예의를 갖추지 않고) '옛다' 하고 주면 길가는 사람도 받지 않고, 발로 툭 차서 주면 거지도 달갑게 여기지 않는다."

孟子曰："魚，我所欲也．熊掌，亦我所欲也．二者不可得兼，舍魚而取熊掌者也．生，亦我所欲也．義，亦我所欲也．二者不可得兼，舍生而取義者也．生亦我所欲，所欲有甚於生者，故不爲苟得也．死亦我所惡，所惡有甚於死者，故患有所不辟也．如使人之所欲莫甚於生，則凡可以得生者，何不用也？使人之所惡莫甚於死

> 者, 則凡可以辟患者, 何不爲也? 由是則生而有不用也. 由是則可以辟患而有不爲也. 是故, 所欲有甚於生者, 所惡有甚於死者, 非獨賢者有是心也. 人皆有之, 賢者能勿喪耳. 一簞食, 一豆羹, 得之則生, 弗得則死. 嘑爾而與之, 行道之人弗受. 蹴爾而與之, 乞人不屑也."「告子上」

맹자에 있어서 우리들의 생활에서 가치의식을 주도하는 것은 선천적으로 갖추고 있는 인의예지의 이칙(理則)이라는 점은 다시 논의할 필요가 없는 사실이다. 맹자는 일찍이 "어린아이도 그 부모를 사랑해야 함을 모르지 않고, 자라서는 그 형을 공경해야 함을 모르지 않는다"[69]고 한 적이 있다. 즉 아직 심지(心智)가 미성숙한 어린아이도 인의 마음을 자연스럽게 표현한다는 의미이다. 맹자는 묵자의 도를 따르는 이지(夷之)와의 대화 중에서 "먼 옛날에 자기 부모님을 매장하지 않은 사람이 있었는데, 자기 부모님이 죽자 들어다가 골짜기에 버렸다. 훗날 그곳을 지나다가 보니 여우와 너구리가 자기 부모님의 시체를 뜯어먹고 파리와 모기가 시체를 빨아먹고 있었다. 그의 이마에 진땀이 솟고 눈을 뜨고서는 그 광경을 바라볼 수 없었다. 남 때문에 진땀이 나는 것이 아니고, 속마음으로부터 우러나와 얼굴에까지 나타난 것이다"[70]고 한 적이 있다. 이는 옛사람의 부모에 대한 장례의식도 마음속에서 무조건적으로 우러나온 자아의 요구에 의하여 건립되었음을 설명한 것이다. 다시 말하면 맹자는 우리의 도덕심령이 외부세계의 유혹을 받지 않고, 육체생명의 사사로운 욕망의 협잡이 없다면 심령에 내재되어 있는 인의예지의 도덕이칙은 자연스럽게 드러날 것이

---

69 『孟子』「盡心上」, "孩提之童, 無不知愛其親也. 及其長也, 無不知敬其兄也."

70 『孟子』「滕文公上」, "蓋上世嘗有不葬其親者. 其親死則擧而委之於壑. 他日過之, 狐狸食之, 蠅蚋姑嘬之, 其顙有泚, 睨而不視. 夫泚也, 非爲人泚, 中心達於面目."

고, 심지어 "윤택한 모양으로 얼굴에 나타나고, 등에 넘쳐흐르며, 사체에 베풀어지니, 사체는 말해 주지 않아도 깨달아 나가게 된다"[71]고 하였다. 즉 모든 생명이 빛과 열을 드러내는 도덕실체로 변화되는 것이다.

본심의 현현으로써 본성을 설명하는 맹자의 인성론 중에서 현대인들에게 가장 설득력을 갖는 학설은 아마 '목숨을 버려서 의로움을 성취한다'의 '사생취의'(捨生取義)일 것이다.[72] 맹자는 '사생취의' 논변에서 매우 엄숙하게 질문을 한다. 만일 생존은 모든 사람이 갈구하는 것이고, 사망은 모든 사람이 회피하고자 하는 것이라면, 왜 생사의 관두에서 '사생취의'를 하는 사람이 있는가? 이는 사람들의 본심과 본성에 인의예지의 요구가 있기 때문에 설령 죽더라도 인성의 이상과 존엄을 보존하려고 하기 때문이 아니겠는가? 맹자가 가설한 질문은 그 의리가 올바르면서도 문사 역시 매우 엄숙하다. 왜냐하면 생사의 관두, 즉 절벽에 서 있고, 칼날 위에 서 있는 것처럼 외부세계에 대하여 아무런 의지할 것도 없고 기댈 곳도 없는 상황, 다시 말하면 오로지 자기만 의지할 수 있고, 믿을 수 있는 상황에서도 의로움을 좇아 목숨을 버린다. 이러한 결정은 "인의예지는 내가 본래부터 갖추고 있는 것이다"라는 것 외에 달리 설명할 방법이 없다. 따라서 맹자는 "어린아이가 우물에 빠지려는 상황을 목격하면 깜짝 놀라 측은해하는 마음이 든다"는 것 외에 또 '생사의 관두에서 심성의 각성'이라는 경험적인 정서 경지[73]를 들어 우리들로 하여금 경험적 사고의 한계를 뛰어

---

71 『孟子』「盡心上」, "睟然見於面, 盎於背, 施於四體, 四體不言而喻."

72 부위훈(傅偉勳) 선생은 생사의 관두에서 심성의 깨달음에 관한 논변인 '사생취의'(捨生取義)야말로 철학이론상에서 가장 설득력과 강제성 및 보편성을 갖는다고 주장하였다. 『從西方哲學到禪佛教』, 237-245쪽.

넘어 본심의 약동 중에서 사람이 사람일 수 있는 본성을 체험하게 하였다.

앞에서 서술한 심성의 내용에 대한 맹자의 설명은 완벽하게 성공한 것인가? 사람마다 생각이 다를 것이다. 그렇지만 존재현상학(existential phenomenology)의 관점에서 보면, 맹자의 예시는 현상학 방법인 '환원'(reduction)과 '괄호'(bracket) 및 '본질직관'(essential insight) 정신[74]을 확실하게 드러냈으며, 본심과 본성의 선험적인 구조를 유효하게 밝혀 우리들로 하여금 인류의 생명활동과 도덕의식을 탐색하는 데 있어, '생을 근거로 한 본성론'과 다른 새로운 이해의 기초를 제공해 주고 있다. 그러나 공도자의 질문에서도 알 수 있듯이, 지금까지 일반사람들은 '자각심을 근거로 하여 말한 본성'이라는 선험적이고도 당연의 사유를 경험적 사고에 구속시켜 '사람들이 선을 실천하고, 불선을 실천하기도 한' 사실을 예로 들어 맹자의 성선론을 올바르게 이해하지 못하고 있다. 그러나 사실 맹자의 '자각심을 근거로 한 성론'의 성격을 파악할 수 있고, 맹자의 언설에 따라 단장취의하지 않으면 맹자의 성선설은 사람들이 불선을 한다는 사실에 어두운 천진한 견해라고 생각하지 않을 것이고, 또 '인성은 오로지 선을 지향할 뿐이다'(人性向善)라고 주장하지 않을 것이다. 맹자 성선론에 대한 일반사람들의 의문을 철저하고 분명하게 해소하기 위하여, 나는 다음 장에서 『맹자』에서 제공한 실마리를 근거로 성선과 '사람이 불선을 하는 것'의 관계를 설명하겠다.

---

73 傅偉勳 『從西方哲學到禪佛教』, 237-245쪽.

74 陳榮華 「孟子人性論之現象學解析」, 『輔仁大學哲學論叢』(16), 臺灣 輔仁大學出版社, 63-95쪽.

제 4 장

사람과 금수의 차이에 관한 논변(人禽之辨) - 하(下)

-'사람이 불선(不善)한 행위를 하게 된 원인에 대한 맹자의 입장'과 심 · 성 · 천의 관계-

사상사적인 관점에서 보면 맹자의 성선설은 공자의 "인의 실천은 나의 자각을 통하여 이루어진 것이다"(爲仁由己)라는 자율도덕론을 계승한 것으로, 당시 '전성보진'(全性保眞)의 측면에서 '한 오라기의 털을 뽑아 천하가 이롭게 된다고 할지라도 하지 않겠다'는 양주의 입장과 '인성은 선도 없고 악도 없기 때문에 인의는 밖에서 주어진 것이지 내적인 자각심에 의하여 이루어진 것이 아니다'라는 입장을 견지한 고자의 학설에 대항하면서 유가의 도통을 수호하기 위한 학설임이 분명하다. 이러한 맹자의 성선설을 순수한 철학적 관점에서 보면 그곳에는 두 가지 의미가 갖추어져 있다. 하나는 유가에서 내세운 성덕지교(成德之敎)에 인성론적 가능 근거를 제공한 것이고, 다른 하나는 '천도와 성명은 서로 관통한다'(天道性命相貫通)는 형이상적인 신앙에 '내재에서 초월을 지향한다'(卽內在而超越)는 의리 형태를 건립하기 위함이라는 것이다.[1] 따라서 맹자의 '사람과 금수의 차이에 관한 논변'에 포함되어 있는 철학적 의미를 온전하게 드러내기 위해서는 '심을 근거로 성을 말한 즉심언성'(卽心言性)의 인성관과 성선의

---

1 牟宗三『中國哲學的特質』, 臺灣 學生書局, 1974, 60-67쪽.

의미를 온전하게 이해해야 할 뿐만 아니라, 더 나아가 '맹자의 성선론으로써 인류의 도덕생활을 어떻게 해석할 것인가?' 그리고 가치경험적인 해석 효과에 대해서도 질문해야 한다. 또 맹자의 인성론에 포함되어 있는 세계관과 형이상학을 풍부하지 않은 현존의 문헌으로부터 밝혀 드러내야 한다. 따라서 이 장에서는 기본적으로 앞에서 서술한 내용을 축으로 삼아, 한편으로는 맹자가 '사람들의 불선한 행위를 어떻게 해석하고 있는가'를 탐구하고, 다른 한편으로는 맹자의 '진심'(盡心)과 '입명'(立命)이라는 두 개념의 변증 관계를 통하여 맹자 인성론에 포함되어 있는 형이상학의 경지를 밝히겠다.

제1절 : 사람들의 불선(不善)한 행위에 대한 맹자의 해석

앞 장의 분석에 의하면, "성의 정을 따르면 선을 실현할 수 있다. 이것이 내가 말한 선이다"[2]에서 첫 번째의 '선'은 구체적인 행위의 선을 지칭하고, 두 번째의 '선'은 인성을 가리켜 말한 것이다. 즉 모든 사람들에게 갖추어져 있는 선을 실천할 수 있는 능력을 지칭한다. 왜냐하면 맹자가 "인의예지는 밖에서 훈습되어 들어온 것이 아니라 나에게 본래 갖추어져 있는 것"[3]이라고 말하였기 때문이다. 정말 그렇다면 다음의 문제를 묻지 않을 수 없다. "사람은 또 어떻게 불선한 행위를 하게 되는가?" 만일 인성의 선이 도덕실천, 즉 선을 실천할 수 있는 가능성의 근거라면 불선한 행위의 근거는 또 무엇이라는 말인가?

---

2 『孟子』「告子上」, "乃若其情則可以爲善矣, 乃所謂善也."

3 "仁義禮智非由外鑠我也, 我固有之也."

맹자가 말하였다. "풍년이 든 해에는 젊은 사람들이 대부분 게으르고, 흉년이 든 해는 젊은 사람들이 대부분 포악한데, 이는 하늘이 내린 재성(才性)이 달라서 그런 것이 아니라 (주위의 환경이) 그 마음을 빠뜨려서 그렇게 된 것이다. 지금 보리를 파종하고서 흙으로 씨앗을 덮어, 그 땅이 동일하고, 심는 시기도 동일하여, 무성하게 돋아나 하지에 이르면 모두 익는다. 비록 다른 점(수확)은 있지만 그것은 땅에 비옥함과 척박함의 차이가 있고, 비나 이슬의 내림과 사람들의 가꿈이 똑같지 않기 때문이다."

孟子曰:"富歲子弟多賴, 凶歲子弟多暴, 非天之降才爾殊也, 其所以陷溺其心者然也. 今夫麰麥, 播種而耰之, 其地同, 樹之時又同, 浡然而生, 至於日至[4]之時, 皆熟矣. 雖有不同, 則地有肥磽, 雨露之養, 人事之不齊也."「告子上」

이 장에서 맹자는 젊은이들이 게으르고 포악한 것은 결코 그들의 본성 중에 선을 실천할 수 있는 능력(良能)이 부족하거나 아니면 본성이 각각 다르기 때문이 아니라 후천적인 환경의 영향으로 말미암아 마음이 함닉되어 성선의 단초가 자연스럽게 드러나지 않았기 때문이라고 생각하였다. 이는 마치 파종한 보리의 씨앗은 같지만 수확은 다를 수 있음과 같은 이치이다. 비록 씨앗은 동일할지라도 토양에 비옥함과 척박함의 차이가 있을 수 있고, 비가 적당하게 내려 주거나 가뭄이 들 수도 있으며, 경작자의 근면함과 게으름의 차이가 있을 수도 있다. 이 때문에 수확에 차이가 있는 것이다. 따라서 맹자는 사람들의 불선한 행위를 후천적인 환경이 조성한 것이라고 생각하였다.

그렇다면 후천적인 환경의 우열이 인간 행위의 선과 불선을 결정한다는 말인가? 순임금의 경우를 예로 들어 보자. 순임금은 악인의

4 역주: 하지(夏至).

표상인 고수를 아버지로 두었고, 또 천하에 무도한 상을 동생으로 두고 있었지만 그러한 환경이 "종신토록 부모를 섬기는 효심"[5]을 방해하지 않았다. 이는 열악한 환경에서도 고상한 인격을 배양할 수 있음을 의미한다. 『맹자』「진심」 편에는 다음과 같은 내용이 있다. "사람이 덕행과 지혜 그리고 기술과 재능을 갖고 있으면,[6] 항상 어려움에 처해 있기 마련이다. 오직 (임금에게) 버림받은 신하와 (아버지의 사랑을 받지 못한) 얼자만이 마음가짐이 위태롭고, 환난을 염려함이 깊기 때문에 사리에 통달할 수 있다."[7] 이 말은 열악한 환경이 사람들을 타락시키는 필연적인 원인이 아님을 나타내 주고 있다. 오히려 역경은 한 개인으로 하여금 심지를 더욱 굳건하게 지키고 연마하게 하는 원인으로 작용하기도 한다. 환경의 좋고 나쁨과 사람들의 선행 혹은 불선한 행위는 필연적 관계가 아니다. 관건은 사람들의 마음이 물욕에 빠지느냐(陷溺)에 달려 있다.

> 사람에 있는 것(性)에 어찌 인의의 마음이 없겠는가? 그 양심을 잃어버리는 것은 도끼로 나무를 베는 것과 같다. 매일매일 베어 내는 데 어떻게 아름다워질 수가 있겠는가? 밤낮으로 양심이 자라나고, 이른 아침의 맑은 기운이 일어나 (선을) 좋아하고 (악을) 싫어하는 것이 다른 사람과 비슷한 점이 적지 않겠지만, 낮에 하는 행위가 그것을 뒤섞어 없애 버린다. 그

5 『孟子』「萬章上」, "終身慕父母."

6 역주: 조기(趙岐)는 덕행(德行)과 지혜(智慧) 그리고 도술(道術)과 재지(才智)로 해석하였으며, 주희는 덕혜(德慧)는 덕의 혜(德之慧), 술지(術智)는 술의 지(術之知)로 해석하였다. 여기서는 조기의 해석을 따르겠다.

7 『孟子』「盡心上」, "人之有德慧術知者, 恒存乎疢疾. 獨孤臣孼子, 其操心也危, 其慮患也深, 故達."

것을 뒤섞기를 반복하면 밤에 길러지는 맑은 기운마저도 남아 있지 못한다. 밤에 길러지는 기운이 남아 있지 못하면 금수와 차이가 멀지 않게 된다. 사람들은 금수와 같은 그의 모습만을 보고서 그는 (선한) 재성이 없었던 사람이라고 생각한다. 하지만 어찌 그것이 그 사람의 성정이겠는가?

雖存乎人者，豈無仁義之心哉！其所以放其良心者，亦猶斧斤之於木也．旦旦而伐之，可以爲美乎？其日夜之所息，平旦之氣，其好惡與人相近也者幾希．則其旦晝之所爲，有梏亡之矣．梏之反覆，則其夜氣不足以存．夜氣不足以存，則其違禽獸不遠矣．人見其禽獸也，而以爲未嘗有才焉者，是豈人之情也哉？「告子上」

한 그릇의 밥과 한 그릇의 국을 얻으면 살고, 얻지 못하면 죽는 경우라도 (예의를 갖추지 않고) '옛다' 하고 주면 길가는 사람도 받지 않고, 발로 툭 차서 주면 거지도 달갑게 여기지 않는다. (그러나) 만종[8]의 봉록은 예의를 분별하지 않고 받는다면 만종의 봉록이 자기에게 무슨 보탬이 있겠는가? 주택을 아름답게 하고, 처첩을 배불리 먹이고 입히며, 내가 알고 있는 가난한 사람이 나를 고맙게 여기기 위함인가?[9] 앞에서는 죽을지라도 받지 않았는데, 지금은 주택을 아름답게 하기 위하여 (만종의 봉록을) 받고, 앞에서는 죽을지라도 받지 않았는데, 지금은 처첩을 배불리 먹이고 입히기 위하여 (만종의 봉록을) 받으며, 앞에서는 죽을지라도 받지 않았는데, 지금은 자기가 알고 있는 가난한 사람이 (자기의 도움을 받아) 자기를 고맙게 여기기 위하여 (만종의 봉록을) 받는다. 이것 역시 그만둘 수

8 역주: 종(鐘)은 고대에 양을 재는 기구이다. 6곡 4두(6斛 4斗, 즉 64말)를 담을 수 있다. 만종(萬鐘)은 봉록이 많음, 혹은 지위가 높음을 의미한다.

9 역주: '내가 알고 있는 가난한 사람이 나를 고맙게 여긴다'는 자기가 알고 있는 가난한 사람에게 은덕을 베풀어 그들로 하여금 자신에게 감사함을 느끼게 한다는 의미이다.

> 없는가? 이것을 일러 본심을 잃어버렸다고 하는 것이다.
>
> 一簞食, 一豆羹, 得之則生, 弗得則死. 嘑爾而與之, 行道之人弗受. 蹴爾而與之, 乞人不屑也. 萬鍾則不辯禮義而受之, 萬鍾於我何加焉? 爲宮室之美, 妻妾之奉, 所識窮乏者得我與? 鄕爲身死而不受, 今爲宮室之美爲之. 鄕爲身死而不受, 今爲妻妾之奉爲之. 鄕爲身死而不受, 今爲所識窮乏者得我而爲之. 是亦不可以已乎? 此之謂失其本心. 「告子上」

사람의 마음은 왜 물욕에 빠지게 되는가? 앞에 인용한 문장을 보면 "낮에 하는 행위가 그것을 뒤섞어 없애 버린다"(其旦晝之所爲, 有梏亡之矣)는 것과 매우 밀접한 관련이 있음을 알 수 있다. 이른바 '낮에 하는 행위' 라는 것은 사람과 바깥 세계의 번잡한 접촉과 교제를 가리킨다. 사람과 바깥 세계의 번잡한 접촉 중에서 바깥 세계는 다양한 형태의 아름다운 소리와 색 그리고 풍요로운 재화로써 우리의 욕망을 충동해 우리로 하여금 맹목적으로 그것을 추구하게 하여 점점 본심양지(本心良知)의 외침을 위반하게 한다. 예를 들어 '한 그릇의 밥과 한 그릇의 국을 얻으면 살고, 얻지 못하면 죽는 경우' 에 옛날에는 예의를 갖추지 않고 '옛다' 하고 주면 설사 죽을지라도 받지 않았는데, 만종의 봉록에 대해서는 예의의 원칙을 고려하지 않고 받는다면 이것이야말로 물욕에 대한 탐욕이 우리의 본심을 상실하게 하는 것이 아닌가? 이를 보면 우리 마음의 함닉은 분명 우리 육체생명의 물욕과 밀접한 관련이 있음을 알 수 있다.

그렇다면 맹자는 사람이 불선한 행위를 하게 된 원인을 모두 우리 육체생명의 욕망으로 돌려야 한다고 주장하였는가? '심을 근거로 성을 말한' (卽心言性) 맹자의 인성관이 비록 자연생명의 본능을 근거로 말한 것도 아니고, 또 욕망으로써 인성을 인식한 것도 아니지만 그렇다고 해서 자연생명의 존재와 그 가치를 부정할 필요는 없다. 맹자는 "신체의 형상과 피부의 색깔은 타고난 것이다"[10]고 말하였다. 이는 한편으로 자연생명은 가치중립적인 것임을 밝힌 것이고, 다른 한편으로는 자연생명의 각종 활동은 모두 선과 관계지을 수 있음을 표현한 것이다. 맹자가 말한 "그것이 빛으로 발현하면 윤택한 모양으로 얼굴에 나타나고, 등에 넘쳐흐르며, 사체에 베풀어지니, 사체는 말해 주지 않아도 깨달아 나간다"[11]는 말은 바로 육체적인 자연생명이 도덕의식의 주재에 의해 그 자체가 도덕적인 광채로 발현될 수 있음을 설명한 것이다. 그렇기 때문에 제선왕이 "과인은 한 가지 결점이 있습니다. 과인은 재물을 좋아합니다"[12]라고 하자 맹자는 제선왕을 부도덕하다고 질책하지 않고 오히려 "왕께서 재물을 좋아하시되 백성들과 함께 좋아하신다면 왕노릇을 하는 데 무슨 어려움이 있겠습니까"[13]라고 대답하였다. 바꾸어 말하면 생리적 관능 작용이 외물을 대할 때 적당한 도리에 따라서 행한다면 도덕상의 불선을 초래하지 않는다는 것이다. 우리는 '마음이 함닉' 되거나 '본심이 상실' 되어 불선을 초래하게 된 직접적인 원인을 이목(耳目) 등과 같은 자연생명의 욕망으로 전가해서는 안 된다. 이 점에 관해서는 좀 더 심도 있는 탐색이 필요하다.

인의예지는 밖에서부터 나를 녹여 들어온 것이 아니고, 나에게 본래부터 있는 것인데, 그것을 깨닫지 못했을 뿐이다. 그러므로 '구하려고 노력하면 얻고, 놓아 버리면 잃게 된다. 혹 (얻어 간직한 사람과 놓아 잃어버린

10 『孟子』「盡心上」, "形色, 天性也."

11 같은 책, "睟然見於面, 盎於背, 施於四體, 四體不言而喻."

12 『孟子』「梁惠王下」, "寡人有疾, 寡人好貨."

13 같은 책, "王如好貨, 與百姓同之, 於王何有."

사람의) 차이가 서로 두 배가 되기도 하고, 다섯 배가 되기도 하여 계산할 수 없는 지경에 이르기도 하는데, 이는 그 스스로 재질을 다 발휘하지 못했기 때문이다' 라고 하였다.

仁義禮智, 非由外鑠我也, 我固有之也, 弗思耳矣. 故曰：求則得之, 舍則失之, 或相倍蓰而無算者, 不能盡其才者也.「告子上」

맹자가 말하였다. "두 손 안이나 한 손 안에 드는 오동나무와 가래나무도 사람이 그것을 재배하려고만 하면 모두 재배하는 방법을 안다. (그런데) 자기의 몸에 대해서는 어떻게 수양해야 할지를 모른다. 어찌 자기의 몸을 사랑하는 것이 오동나무나 가래나무를 아끼는 것만 못하겠는가? 깨닫지 못함이 심하구나?"

孟子曰："拱把之桐梓, 人苟欲生之, 皆知所以養之者. 至於身, 而不知所以養之者. 豈愛身, 不若桐梓哉? 弗思甚也."「告子上」

맹자가 말하였다. "고귀함을 얻고자 하는 것은 사람마다 같은 마음이다. 사람들은 자기 안에 고귀한 것을 갖고 있음에도 불구하고 그것을 자각하지 못할 뿐이다. 사람들이 고귀하다고 여기는 것은 사실 가장 고귀한 것이 아니다. 조맹이 고귀하게 만들어 준 것은 조맹이 천하게 할 수도 있다. 『시경』에서 '이미 술에 취했고, 이미 덕에 배불러 버렸다' 고 하였다. 인의에 배불러 버렸기 때문에 남의 고량진미를 바라지 않는 것이다. 아름다운 명성이 자신의 몸에 갖추어져 있기 때문에 남의 아름다운 복장을 바라지 않는 것이다."

孟子曰："欲貴者, 人之同心也. 人人有貴於己者, 弗思耳. 人之所貴者, 非良貴也. 趙孟之所貴, 趙孟能賤之. 詩云：'旣醉以酒, 旣飽以德.' 言飽乎仁義也, 所以不願人之膏粱之味也. 令聞廣譽施於身, 所以不願人之文繡也."「告子上」

맹자에 의하면 어떤 사람이 불선한 행위를 하는 까닭은 그에게 선을 실천할 수 있는 능력이 부족해서가 아니라 "그 스스로 재질을 다 발휘하지 못했기 때문이다"(不能盡其才者). 그렇다면 사람은 왜 자신의 재능을 다 발휘할 수 없을까? 앞에 인용한 세 문장을 보면 답안은 '자각하지 못함'(不思)으로 귀결된다. 첫 번째와 세 번째 문장에 나오는 '不(弗)思'는 문맥상 마땅히 '본래 갖추고 있는 인의의 도덕본성을 자각하지 못한다'로 해석해야 한다. 두 번째 문장에 나오는 '不(弗)思'에는 앞의 '도덕본성을 자각하지 못한다'는 의미뿐만 아니라 가치의 본말과 경중을 살피지 못한다는 의미까지 포함되어 있다. 우리는 「고자」편에 수록된 기타 문구를 통해서도 '불사'(不思)에는 이 두 가지 의미가 포함되어 있음을 발견할 수 있다.

> 맹자가 말하였다. "사람은 자기 몸에 대해서는 모두 다 같이 아낀다. 모두 다 같이 아끼니 모두 함께 배양한다. 한 자나 한 치의 살도 사랑하지 않음이 없으니 한 자나 한 치의 살도 배양하지 않음이 없다. 그렇기 때문에 배양하기를 잘하고 잘못하는 것을 살핌에 어찌 다른 것이 있겠는가? 자기 스스로 (중요한 것과 중요하지 않은 것을) 결정할 뿐이다. 사람의 몸에는 귀한 것과 천한 것이 있고, 큰 것과 작은 것이 있다. 작은 것으로써 큰 것을 해쳐서도 안 되고, 천한 것으로써 큰 것을 해쳐서도 안 된다. 작은 것을 배양하면 소인이 된다. 큰 것을 배양하면 대인이 된다. 지금 여기에 정원사가 있는데, 오동나무와 가래나무를 잘라 내고서 떫은 대추나무와 가시나무를 재배한다면 (그 사람은) 능력 없는 정원사일 것이다. 손가락 하나를 배양하고자 어깨나 등에 난 병을 놓쳐 버리고 모른다면 낭질[14]에 걸

14 역주: 이리는 본래 되돌아보기를 잘하는 동물이다. 이런 성질을 가진 이리가 병이

린 사람일 것이다. 먹고 마시는 음식에만 정신이 팔려 있는 사람을 남들이 천하게 여기는데, 그것은 작은 것을 배양하고자 큰 것을 잃어버렸기 때문이다. 먹고 마시는 일에 정신이 팔려 있는 사람일지라도 (귀하고 중요한 심지를) 잃어버림이 없다면 입과 배가 어찌 단지 한 자나 한 치의 살 정도 밖에 안 되겠는가?"[15]

孟子曰："人之於身也, 兼所愛. 兼所愛, 則兼所養也. 無尺寸之膚不愛焉, 則無尺寸之膚 不養也. 所以考其善不善者, 豈有他哉? 於己取之而已矣! 體有貴賤, 有大小. 無以小害大, 無以賤害貴. 養其小者, 爲小人. 養其大者, 爲大人. 今有場師, 舍其梧檟, 養其樲棘, 則爲賤場師焉. 養其一指, 而失其肩背而不知也, 則爲狼疾人也. 飮食之人, 則人賤之矣, 爲其養小以失大也. 飮食之人, 無有失也, 則口腹豈適爲尺寸之膚哉?"「告子上」

"사람의 몸에는 귀한 것과 천한 것이 있고, 큰 것과 작은 것이 있다"는 문장을 통해 우리는 전체 생명의 구조 중에 자연생명(형구생명) 외에 '천작'(天爵) 혹은 '양귀'(良貴)와 관련된 인의의 본성이 있음을 알 수 있다. 만일 어떤 사람이 자신의 입과 배의 만족만을 추구하면서 살아간다면 이는 "손가락 하나를 배양하고자 어깨나 등에 난 병을 놓쳐 버리는 낭질에 걸린 사람이다." 우리는 이런 사람들을 가리켜 "먹고 마시는 음식에만 정신이 팔려 있는 사람"이라고 비하한다. 이런

나면 되돌아볼 수가 없게 된다. 되돌아볼 수 없으니 자기의 어깨와 등을 볼 수 없다. 이는 '어깨를 잃어버린 것과 같음'을 비유한다.

15 역주: 설령 먹고 마시는 음식에 정신이 팔려 있다고 할지라도 그 사람이 귀중하고 중요한 심지를 잃지 않고 간직하고 있다면, 음식을 먹는 입과 음식을 채우는 배는 단순한 육체로서의 입과 배가 아니라, 원대한 목표와 이상을 실현하는 데 도구로 쓰일 수 있다는 의미이다.

사람은 오동나무와 가래나무를 잘라 내고서 떫은 대추나무와 가시나무를 재배하는 형편없는 정원사와 같다. 즉 귀천과 대소의 분별을 하지 못한 사람이다. 따라서 맹자는 사람이 불선한 행위를 하는 까닭을 '재능의 죄가 아니다' 혹은 '자각하지 못하였다'고 했는데, 이 말에는 우리들이 본래부터 갖추고 있는 인의예지의 본성을 자각하지 못하였다는 의미와 함께 우리가 전체 생명 구조 중에서 도덕심성과 자연생명 욕구의 귀천과 대소를 구별하지 못하고 있음도 암시하고 있다.

그렇다면 사람은 또 왜 '자각하지 못하는가?' 누가 자각하지 못함의 책임을 지어야 하는가?

> 공도자가 물었다. "다 같은 사람인데 어떤 사람은 대인이 되고, 어떤 사람은 소인이 되는 까닭은 무엇입니까?" 맹자가 말하였다. "대체를 따르면 대인이 되고, 소체를 따르면 소인이 된다." (공도자가) 말하였다. "다 같은 사람인데, 어떤 사람은 대체를 따르고, 어떤 사람은 소체를 따르는 까닭은 무엇입니까?" (맹자가) 말하였다. "귀와 눈의 감관은 (가치를) 자각하지 못하기 때문에 외물에 가려진다. 외물이 이목의 감관[16]과 교류하면 외물에 이끌려 갈 뿐이다. 마음이라는 기관은 자각을 하며, 자각을 하면 도리를 얻고, 자각하지 못하면 도리를 얻지 못한다. 이것은 하늘이 나에게 부여한 것이다. 먼저 대체를 올바르게 확립시키면 소체가 빼앗지 못한다. 이것이 대인이 되는 이유일 뿐이다."
>
> 公都子問曰:"鈞是人也, 或爲大人, 或爲小人, 何也?" 孟子曰:"從其大體爲大人, 從其小體爲小人." 曰:"鈞是人也, 或從其大體, 或從其小體, 何也?" 曰:"耳目之官不思而蔽於物. 物交物則引之而已矣. 心之官則思, 思則得之, 不思則

16 역주: 옮긴이는 이곳의 '物'을 감관으로 해석하였다.

不得也. 此天之所與我者. 先立乎其大者, 則其小者不能奪也. 此爲大人而已矣." 「告子上」

이곳에서 인용한 문장은 앞에서 제기한 문제를 해결할 수 있는 실마리를 제공해 주는 것 같다. 그러나 이 문장에 대한 역대 주석은 그 표현들이 자세하지 않을 뿐만 아니라 의견들도 분분하여 누구의 말을 따라야 할지 모를 정도이다. 대체와 소체에 대한 주희와 조기의 해석이 다를 뿐만 아니라[17] "자각을 하면 도리를 얻고, 자각하지 못하면 도리를 얻지 못한다"(思則得之, 不思則不得也)는 구절에 대해서도 궁극적인 분석을 하지 못하고 있다. 오로지 모종삼만이 『원선론』에서 비교적 명확한 해석을 제시해 주고 있다.

이 문장 중의 "자각을 하면 도리를 얻고, 자각하지 못하면 도리를 얻지 못한다"(思則得之, 不思則不得也)에서 '지'(之) 자는 '마음이라는 기관'(心官)을 지칭한 것이다. 이곳에서 맹자가 사용한 '심관'(心官)에는 인의의 심이라는 의미가 숨겨져 있다. 심관은 이목의 기관과 상대적인 것으로, '사(思-자각)'는 심관의 본질적 작용이다. 그러므로 '사' 자를 통하여 이목의 기관과 구별할 수 있다. '사'는 이목 기관의 구속으로부터 너를 초탈

17 조기(趙岐)는 "대체(大體)는 심(心)이 예의를 자각하는 것이고, 소체(小體)는 함부로 정욕에 방종하는 것이다(大體, 心思禮義. 小體, 縱恣情慾)"라고 해설하였다. 초순(焦循)은 『정의(正義)』에서 "조씨가 말한 대(大)라는 것은 성선을 지칭하고, 소(小)라는 것은 정욕을 지칭한다(趙氏以大者指性善, 小者指情慾)"라고 해설하였다. 주희는 『집주(集註)』에서 "대체는 심(心)이다. 소체는 이목 등과 같은 것이다(大體, 心也. 小體, 耳目之類也)"라고 해설하였다. 도대체 대체는 성선을 지칭하는 것인가? 아니면 심(心)을 지칭하는 것인가? 두 대가의 주장이 일치하지 않는다. 焦循 『孟子正義』, 752-754쪽.

시킬 수 있는 것이며, 너의 생명을 확대할 수 있는 것이다. 그러므로 네가 자각할 수 있으면 인의의 본심이 실제로 간직되어 있음을 깨달을 수 있고, 또 너의 심관이 바로 여기에 존재하고 있음을 알 수 있다. 네가 만일 자각하지 못하고 물욕의 흐름에 따라서 흐르게 되면 이목의 기관은 오로지 외물만을 따르게 된다. 일단 이목 기관의 욕망에 따라 외물만을 좇게 되면 너는 너의 심관이 실제로 존재하고 있음을 자각하지 못할 것이고, 결국에는 심관을 잃어버리게 된다. 이곳에서는 '사'와 '불사'로써 심의 존망을 결정하고 있으며, 앞의 여덟 장에서는 간직함(操存)의 여부로써 심의 존망을 결정하고 있다. 조존(操存)은 공부에 관한 용어이고, '사'는 심관이 발용한 밝음(明-자각)에 관한 것이다. 조존이 가능할 수 있는 내재적 동력, 즉 가장 내재적인 근거는 바로 심관의 '사'이다. "먼저 대체를 올바르게 확립시키면 소체가 빼앗지 못한다"(先立乎其大者, 則其小者不能奪也)에서 '립'(立)도 역시 '사'로 말미암아 가능한 것이다.[18]

모종삼의 해설은 매우 분명하다. 그는 이곳에서 맹자가 말한 '사'를 도덕본심의 본질 작용으로 이해하였고, 도덕본심 자신에 대한 명각(明覺)으로 이해하였다. 따라서 '사'와 '불사'는 본심의 존망을 결정하는 것이며, 이것으로써 대인과 소인의 구별을 설명할 수 있다. 그러나 우리를 곤혹스럽게 하는 것은 '사'가 만일 본심의 본질 작용이라면 본심은 왜 '불사' 할 수 있는가'이다. 자각하지 못하는 본심도 본심으로 볼 수 있는가? 만일 여전히 본심으로 보아야 한다면 그 본심은 선행의 근거임과 동시에 또 불선의 근거가 아닌가? 그러므로 모종삼의 관점을 따르는 것이 합리적이다. 즉 본심이 자각하지 못한다는 말

18 牟宗三『圓善論』, 51쪽.

은 실제 내용이 없는 허설(虛說)이고, 실제 의미는 바로 '오로지 이목 기관의 욕망에 따라 외물을 쫓는다' 는 것에 있다. 단지 이렇게 해석할 수밖에 없다면 우리는 한차례 더 묻지 않을 수 없다. 즉 "왜 우리는 이목 기관의 욕망에 따라 외물을 쫓는가?"

'사람이 어떻게 불선한 행위를 하게 되는가' 에 관한 질의에 대하여 맹자가 제시한 해석에는 비록 문제의 본질을 회피하려는 어떠한 의도도 보이지 않지만, '자각하지 못할 뿐이다' 와 '자각하지 않는다' 등의 답변은 우리들로 하여금 맹자 인성론에서 차지하고 있는 '심' 이라는 개념이 갖고 있는 의미를 더욱 살펴보지 않을 수 없도록 한다. 이렇게 해야만 비로소 현대 독자들이 갖고 있는 의문을 해소할 수 있다.

제2절 : 신(身)-심(心)-성(性)의 관계에 대한 재분석

필자는 이미 앞장에서 맹자가 자각심을 근거로 본성을 말한 의도는 '생을 근거로 성을 말하는 전통적인 인성론을 반대하기 위함' 이라는 점을 밝혔다. 즉 맹자가 '생지위성' 의 인성론을 반대한 가장 큰 이유는 선천적으로 갖추고 있는 것을 근거로 본성을 삼는다면, 이러한 인성론은 인성에 대한 형식적인 규정에 불과하여 아무런 내용도 없는 것으로 전락할 것이고, 설사 '생을 근거로 한 인성론' 에 고자의 "식색은 천성이다"(食色, 性也)와 같은 내용을 부여한다고 할지라도 이러한 인성론에서는 단지 생물학적인 생리 본능과 욕망만을 볼 수 있을 뿐 인간이 인간으로서 존재할 수 있는 존엄성은 발견할 수 없다. 그러므로 맹자는 실제 생활 속에서 도덕경험과 가치의 의의를 설명하기 위하여 우리 심령의 감응으로부터 직접 인성의 내용을 증명하고자 하였다. 이른바 "군자가 성이라고 생각하는 인의예지는 심을 근거로 한다"[19]라는 말은 바로 성선의 근원이 심선에 있음을 설명한 것이다. 심은 맹자의 인성론에서 실제로 핵심적인 지위를 차지하고 있다. 그러나 문제는 만일 심이 모든 도덕적 선행의 근원이고, 또 사람이 불선한 행위를 하게 된 것도 심이 자각하지 못함에 있다면 심과 자각의 관계는 어떻게 해석해야 할까?

최근에 사상사학자인 황준걸의 맹자 생명관에 대한 연구[20]를 보면 문제의 해결 실마리를 맹자가 언급한 신-심-성의 관계에서 찾을 수 있을 것 같다.

> 맹자가 말하였다. "입이 맛있는 음식을 좋아하고, 눈이 아름다운 색을 좋아하고, 귀가 아름다운 소리를 좋아하고, 코가 향기로운 냄새를 좋아하고, 사지가 편안함을 추구하는 것은 본성이기는 하나, 그곳에는 운명적인 요소가 있기 때문에 군자는 성이라고 하지 않는다. 인이 부자간에 실현되고, 의는 군신간에 있어야 하며, 예가 손님과 주인 사이에 지켜져야 하고, 지혜로움은 현자가 밝히고, 성인이 천도를 실현하는 것은 운명이기는 하지만, 그곳에는 인간의 본성이 내재되어 있기 때문에 군자는 운명이라고 하지 않는다."
>
> 孟子曰 : "口之於味也, 目之於色也, 耳之於聲也, 鼻之於臭也, 四肢於安佚也, 性也, 有命焉, 君子不謂性也. 仁之於父子也, 義之於君臣也, 禮之於賓主也, 智之於賢者也, 聖人之於天道也, 命也, 有性焉, 君子不謂命也."「盡心下」

이곳에서 맹자는 입과 눈 그리고 귀와 코 및 사지의 욕구에 대하여

19 『孟子』「盡心上」, "君子所性, 仁義禮智根於心."

20 黃俊傑 『孟學思想史論』「卷1 · 2장과 3장」, 29-89쪽.

"본성이기는 하나, 그곳에는 운명적인 요소가 있기 때문에 군자는 성이라고 하지 않는다"고 하였다. 이는 맹자가 고자가 주장하는 '생지위성'의 관점을 이해하지 못한 것이 아니라 이러한 자연적 생리 욕구는 단지 "추구하는 데 정당한 방법이 있고, 얻는 데 제한이 있을 수 있다. 이는 추구하는 것이 (무엇을) 얻음에 도움을 주지 못하는데, 내 밖에 있는 것을 추구하기 때문이다"[21]는 점을 고려하였기 때문이다. 다시 말하면 이러한 자연적 생리 욕구는 인생의 의의 그리고 가치 실현과 아무런 관련이 없다는 것이다. 그러므로 맹자는 '생지위성'이라는 각도에서 인성을 이해하지 않은 것이다. 반대로 인의예지와 성(聖)과 같은 것은 우리의 심령이 실현을 갈망하는 도덕가치이다. 비록 그것을 실현하는 과정 중에 개인의 기질과 상황의 제한이 있을 수 있어 그것을 다 온전하게 실현할 수 없을지라도 그것은 "추구하면 얻게 되고, 버리면 잃게 된다. 이는 추구하는 것이 (무엇을) 얻음에 도움이 되는데, 나에게 본래 갖추어져 있는 것을 추구하기 때문이다"[22]는 것이다. 즉 내가 자각적으로 자율할 수 있는 일이다. 그러므로 맹자는 이러한 본성에 속한 일들을 제한적 의미의 명(命)으로 이해하지 않았다. 맹자는 이처럼 '성'과 '명'을 대비하는 방법을 통하여 자연생명과 도덕심령의 의미를 해석하였다. 이러한 의도는 두 가지로 설명할 수 있다. 하나는 도덕심령의 활동에만 자유와 자주성이 갖추어져 있고, 자연생명에는 갖추어져 있지 않다는 것을 드러내기 위함이고, 다른 하는 도덕심령이 전체 생명 중에서 자연적 생명에 우선성을 갖는다는 의미를 강조하기 위함이다. 이에 관하여 당군의 선생은 『중

---

21 『孟子』「盡心上」, "求之有道, 得之有命. 是求無益於得也, 求在外者也."

22 같은 책, "求則得之, 舍則失之. 是求有益於得也, 求在我者也."

국철학원론(中國哲學原論)』「원성편(原性篇)」에서 다음과 같이 설명하였다.

> 맹자가 이목구비와 사지의 욕구인 소리와 색깔 그리고 냄새와 맛 및 안일, 또 식색 등의 자연생명의 욕망을 본성으로 삼지 않는 이유는 그러한 욕망들이 '명'에 의하여 제한을 받기 때문이고, 또 사람의 마음에서 표현되는 당연(當然)의 '의'에 의해 제한을 받기 때문이며, 사람의 마음에 의해 제한을 받기 때문이다. 이러한 욕망들은 심성이 통솔하고 주재하는 아래 층차의 것으로 소자(小者)에 위치하는 것들이다. 반면 심성은 그것보다 위 층차의 것으로 대자(大者)에 위치하는 것이다. 그렇기 때문에 맹자는 대체와 소체를 구별한 것이다. 이 중에서 대자가 소자를 통솔하고, 소자를 통섭한다. 소자는 대자를 통솔하지 못하고 또 통섭하지도 못한다. 그렇기 때문에 심으로서 성을 말하는 학설은 생으로서 성을 말하는 학설을 통섭할 수 있다. 이것이 바로 맹자가 반드시 인의예지의 근원으로서의 심을 군자의 본성으로 삼고자 한 이유이다. 자연생명의 욕망을 본성으로 삼지 않고, 심으로서 본성을 삼아 이전의 생지위성의 학설을 대체하려고 한 결정적 이유는 바로 여기에 있다.[23]

당군의 선생의 분석에 의하면, 맹자가 자각심으로써 본성을 말한 결정적 이유는 맹자가 말한 심이라는 대체가 이목 등의 기관을 통섭할 수 있기 때문이다. 당 선생은 일찍이 심과 이목 기관의 관계를 네 방면에서 설명한 적이 있다. 즉 심은 자연생명에 대하여 함개성(涵蓋性)과 순승성(順承性) 그리고 내재성(內在性)과 주재성(主宰性)을 갖고

23 唐君毅『中國哲學原論』「原性篇」, 24쪽.

있다[24]는 것이다. 예를 들어 우리의 인심은 다른 사람이 배고픔과 추위에 고통받는 모습을 차마 보지 못하고, 또 세상에 외로운 독신남녀가 없기를 바란다. 이는 우리의 마음이 자연생명의 욕구에 대하여 긍정과 함께 '아우를 수 있음'(涵蓋)을 표시한다. 또 사람의 효심은 신체발부(身體髮膚)에까지 미쳐 부모로부터 받은 것을 훼손하려고 하지 않는다. 그뿐만 아니라 자식을 두어 종사를 계승하려고 한다. 이를 통하여 우리는 자연생명의 유행에 대한 심령의 계승 의지(順承性)를 알 수 있다. 이뿐만이 아니다. 인의예지의 도덕심은 자연생명의 활동에 작용하여 "윤택한 모양으로 얼굴에 나타나고, 등에 넘쳐흐르며, 사체에 베풀어진다."[25] 즉 자연생명 속에서 활동하면서 자연생명을 도덕생명으로 전화(轉化)한다. 더 나아가 도덕심은 우리로 하여금 살신성인과 사생취의를 할 수 있게 하여 자연생명의 생리적 욕구를 초월한다. 이는 자연생명에 대한 도덕심령의 주재성이다. 바꾸어 말하면 '심을 근거로 하여 성을 말한' 맹자 인성론의 의의는 고자와의 차별성뿐만 아니라 새로운 관점을 세운 것에 있다. 중요한 것은 맹자가 심과 신으로 구성된 우리 생명의 전체 구조에서 심령이 자연생명에 대한 우위성과 주도성을 원래부터 갖추고 있음을 깨달았다는 점이다.

그러나 비록 심령이 우리 생명의 전체 구조 중에서 우위성을 차지하고 있다고 할지라도 이 우위성에 대하여 오해해서는 안 된다. 즉 심령은 단지 높은 위치에서 인간생활에는 관심이 없고, 또 자연생명과 완전히 독립적인 존재성을 갖고 있다고 생각해서는 안 된다. 『맹자』에 기록된 많은 문헌에서도 알 수 있듯이 심령은 비단 자연생명에 스

24 같은 책, 24쪽.

25 『孟子』「盡心上」, "睟然見於面, 盎於背, 施於四體."

스로 안착하여 진실한 도덕행위를 표현하기를 요구할 뿐만 아니라 이러한 행위가 세계를 위한 빛과 열이 되기를 희망한다. 이러한 심과 신의 활동에 대해서 맹자 역시 자연생명이 완전히 도덕생명에 의해 결정된다고 생각하지 않았으며, 오히려 자연생명이 도덕생명에 영향을 끼칠 수 있음도 긍정하였다. 맹자의 '지언양기'(知言養氣)를 보면 알 수 있을 것이다.

(공손추가) 말하였다. "감히 묻겠습니다. 선생님의 부동심과 고자의 부동심에 관하여 설명을 들어 볼 수 있습니까?" (맹자가 말하였다.) "고자는 '남의 말이 이해되지 않으면 마음으로 생각하지 말고, 마음으로 이해되지 않아도 기에 호소하지 마라' 라고 하였는데, 마음으로 이해되지 않아도 기에 호소하지 말라고 하는 말은 옳지만, 남의 말이 이해되지 않으면 마음으로 생각하지 말라는 것은 옳지 않다. 지(志)는 기의 장수이며, 기는 몸에 꽉 찬 것이다. 지가 드러나면 기는 그다음에 따라간다. 그러므로 '그 지를 올바르게 잡고, 그 기를 포악하게 자극하지 마라' 라고 한 것이다." (공손추가 말하였다.) "이미 '지가 드러나면 기는 그다음에 따라간다' 고 하였고, 또 '그 지를 올바르게 잡고, 그 기를 포악하게 자극하지 마라' 고 한 이유는 무엇입니까?" (맹자가) 말하였다. "지가 한결같으면 기가 (그것에 따라) 움직이고, 기가 모이면 지가 움직인다. 지금 넘어지고 달리는 것은 기다.[26] 그렇게 되면 오히려 마음을 동요하게 한다." (공손추가 말하였다.) "감히 묻겠습니다. 선생께서는 어떤 방면에 능통하십니까?" (맹자가) 말하였다. "나는 남의 말을 잘 이해하고, 나는 내 호연지기를 잘 배양

26 역주: 기(氣)가 심의 주재에 따라 움직이지 않고 홀로 맹동(盲動)하는 것을 비유한 것이다.

할 줄 안다." (공손추가 말하였다.) "감히 묻겠습니다. 무엇을 호연지기라 합니까?" (맹자가) 말하였다. "말로 설명하기가 어렵다. 그와 같은 기는 지극히 크고 지극히 강하니 올바름으로써 기르고 해됨이 없게 하면 천지 사이에 꽉 차게 된다. 그와 같은 기는 '의'와 '도'에 함께 어울린다. 호연지기가 없으면 위축된다. 이러한 호연지기는 의가 축적되어서 생긴 것이지, 의가 갑자기 엄습해 와서 갖추게 된 것이 아니다."

曰:"敢問夫子之不動心, 與告子之不動心, 可得聞與?" "告子曰:'不得於言, 勿求於心. 不得於心, 勿求於氣.' 不得於心, 勿求於氣, 可. 不得於言, 勿求於心, 不可. 夫志, 氣之帥也. 氣, 體之充也. 夫志至焉, 氣次焉. 故曰:'持其志, 無暴其氣.'" "旣曰:'志至焉, 氣次焉.' 又曰:'持其志, 無暴其氣'者, 何也?" 曰:"志壹, 則動氣, 氣壹則動志也. 今夫蹶者, 趨者, 是氣也. 而反動其心." "敢問夫子惡[27]乎長?" 曰:"我知言, 我善養吾浩然之氣." "敢問何爲浩然之氣?" 曰:"難言也. 其爲氣也, 至大至剛, 以直養而無害, 則塞於天地之間. 其爲氣也, 配義與道. 無是,[28] 餒也. 是集義所生者, 非義襲而取之也."「公孫丑上」

이곳에서 우리는 맹자가 지와 기 그리고 심과 신의 관계에 대하여 매우 중요한 설명을 하고 있음을 발견할 수 있다. 그 내용은 다음 몇 가지로 요약할 수 있다.

1. 사람의 전체적인 생명 구조에서 기는 자연생리의 종합 작용이고, 생명

---

27 역주: 오(惡)는 하(何), 즉 '어떤' 혹은 '어느'와 같은 뜻으로 쓰이는 의문대명사이다.

28 역주: 무시(無是)에서 시(是)는 대명사이다. 호연지기로도 해석 가능하고, 도의(道義)로도 해석 가능하지만, 앞뒤 문맥을 고려할 때 호연지기로 해석하는 것이 자연스럽다.

력의 표현이지만, 원칙상 심지에 의해 결정되고 주재된다. 이른바 "지는 기의 장수이며, 기는 몸에 꽉 찬 것이다"·"지가 드러나면 기는 그 다음에 따라간다"는 말은 바로 이러한 심지와 기의 관계를 표시한 것이다.

2. 다음 생리활동은 사람의 전체적인 생명 구조에서 비록 하층의 위치를 차지하고 있으면서 심지 활동의 인도를 받지만, 그렇다고 완전히 피동적인 것은 아니다. 이른바 "지가 한결같으면 기가 (그것에 따라) 움직이고, 기가 모이면 지가 움직인다"는 말은 바로 이러한 심과 신의 관계를 설명한 것이다. 심과 신은 한편으로는 입체적인 관계로서 상하의 위치에서 인도하고 따라가지만, 자연생명도 다시 심지에 영향을 끼칠 수 있는 역량을 갖고 있다. "그 지를 올바르게 잡고, 그 기를 포악하게 자극하지 마라"라는 말에는 비록 자연생명이 하층의 지위를 차지하고 있지만 결코 자연생명의 존재를 경시하지 말라는 의미가 담겨 있다.
3. 중요한 것은 맹지의 관념에는 지와 기 혹은 심과 신이 비록 두 종류의 생명 기능으로 이루어져 있지만 서로 각각 독립적이지 않고, 또 데카르트 철학에서 심물이원론(心物二元論)처럼 본질적으로 완전히 서로 다른 두 종류의 실체(Substance)도 아니라는 점이다. 오히려 서로 영향을 주면서 하나의 전체적인 생명에 예속될 뿐만 아니라, 또한 천지조화의 창조력에 함께 운율을 합주할 수도 있다. 따라서 어떤 사람이 '올바르게 기르고 해됨이 없게 하고', 또 '기를 의와 도에 함께 어울리게 하면' 심의 도덕 내용은 감성적인 생리층으로 흘러 모든 감관생명의 활동에 도덕의 실감을 드러내게 한다. 이때 그의 생명은 천지간에 꽉 차게 되어 호연지기의 존재형태를 드러낸다.

그렇다면 '자각심을 근거로 성을 규정한 맹자의 입장이 비록 생물학적인 선천적 본능으로부터 인성을 취한 것이 아닌 심령의 직접 감응, 즉 인의예지라는 선험적인 도덕법칙으로부터 인성을 긍정한 것이라고 할지라도 맹자는 심이라는 개념을 '선험적인 도덕자아'(transcendental moral ego)로만 제한해 사용하지 않았음을 알 수 있다. 맹자는 많은 문장에서 심은 자연생명의 영향을 받을 수 있을 뿐만 아니라, 자신의 도덕법칙에 따라서 가치의식을 드러낼 수도 있는 존재라는 점을 여러 차례 강조하고 있다. 바꾸어 말하면 심은 본질적으로 선택의 자유와 가치를 현현할 수 있는 심령이다. 이 점은 맹자가 말한 "마음에 (악한 생각이) 생겨나면 정사를 해친다"[29] · "(주위의 환경이) 그 마음을 빠뜨려서 그렇게 된 것이다"[30] · "나 역시 사람의 마음을 올바르게 잡으려고 한다"[31]의 구절에서 분명하게 볼 수 있다. 이러한 맥락에서 사용한 심은 후자에 속한 심이다. 다시 말하면 맹자는 인의예지의 도덕본심 외에 일상생활에서 부침하면서 행동을 주재하는 기능을 암묵적으로 긍정하고 있다. 이러한 기능은 올바를 수도 있고, 올바르지 않을 수도 있다. 또 자연생명의 작용에 따라 일어날 수도 있고, 자연생명의 방해를 초탈하여 완전히 자기에게 갖추어진 선천적인 도덕원리에 따라서 움직일 수도 있다. 만일 우리가 현대학자들이 습관적으로 사용하는 용어로 표현한다면 인의예지의 본심은 도덕심이라고 칭할 수 있고, 일상생활에서 부침을 거듭하면서 결의성의 기능을 하는 심은 당대 철학자 하이데거가 말한 '평균화된 일상생활 중의 자아'(self in the sense of average everydayness)[32]와 유사하며, 이것을 실존심

29 『孟子』「公孫丑上」, "生於其心, 害於其政."

30 『孟子』「告子上」, "陷溺其心者然也."

31 『孟子』「滕文公下」, "我亦欲正人心."

32 M. Heidegger "*Being and Time*", 69쪽.

(existential mind)이라고 칭해도 무방할 것이다. 당군의 선생은 "맹자가 말한 심은 본심이다"·"맹자가 말한 심은 단지 하나의 심일 뿐이다"[33]라고 하였는데, 이는 맹자의 심을 지나치게 단순화한 것 같다. 당면의 문제는 바로 맹자가 말한 두 종류의 심을 어떻게 이해하느냐에 있다.

> 맹자가 말하였다. "우산의 나무는 아름다웠다. 큰 나라 수도의 교외에 있었기 때문에 (사람들이 몰려와) 도끼로 벌목을 하였으니 아름다워질 수가 있었겠는가? 밤낮으로 자라나고, 비와 이슬의 윤택을 받아 싹이 돋아나는 일도 없지 않았지만, (사람들이) 소와 양을 끌어다가 또 (싹이 돋아나는 대로) 먹여 버리니, 저렇게 민둥산이 되어 버린 것이다. 사람들은 (지금의) 민둥산 모습만을 보고서 본래부터 민둥산이었다고 생각한다. 그것이 어찌 그 산의 본성(본래의 모습)이겠는가? 사람에게 있는 것(性)에 어찌 인의의 마음이 없겠는가? 그 양심을 잃어버리는 것은 도끼로 나무를 베는 것과 같다. 매일매일 베어 내는 데 어떻게 아름다워질 수가 있겠는가? 밤낮으로 양심이 자라나고, 이른 아침의 맑은 기운이 일어나 (선을) 좋아하고 (악을) 싫어하는 것이 다른 사람과 비슷한 점이 적지 않겠지만, 낮에 하는 행위가 그것을 뒤섞어 없애 버린다. 그것을 뒤섞기를 반복하면 밤에 길러지는 맑은 기운마저도 남아 있지 못한다. 밤에 길러지는 기운이 남아 있지 못하면 금수와 차이가 멀지 않게 된다. 사람들은 금수 같은 그의 모습만을 보고서 그는 (선한) 재성이 없었던 사람이라고 생각한다. 하지만 어찌 그것이 그 사람의 성정이겠는가? 그러므로 잘 배양을 하면 자라나지 않는 사물이 없다. 배양하지 않으면 소멸되지 않는 사물이 없다.

33 唐君毅『中國哲學原論』「導論篇」, 81쪽.

공자가 말하였다. '간직하면 보존되고, 놓으면 잃어버린다. 나가고 들어옴에 결정된 시기가 없으니 어디로 나아갈지 모른다.' 이는 사람의 마음을 두고 한 말이다."

孟子曰："牛山之木嘗美矣. 以其郊於大國也, 斧斤伐之, 可以爲美乎? 是其日夜之所息, 雨雲之所潤, 非無萌蘖之生焉. 牛羊又從而牧之, 是以若彼濯濯也. 人見其濯濯也, 以爲未嘗有材焉, 此豈山之性也哉? 雖存乎人者, 豈無仁義之心哉! 其所以放其良心者, 亦猶斧斤之於木也. 旦旦而伐之, 可以爲美乎? 其日夜之所息, 平旦之氣, 其好惡與人相近也者幾希. 則其旦晝之所爲, 有梏亡之矣. 梏之反覆, 則其夜氣不足以存. 夜氣不足以存, 則其違禽獸不遠矣. 人見其禽獸也, 而以爲未嘗有才焉者, 是豈人之情也哉? 故苟得其養, 無物不長. 苟失其養, 無物不消. 孔子曰：'操則存, 舍則亡. 出入無時, 莫知其鄕.' 惟心之謂與!"「告子上」

이곳에서 인용한 문장을 살펴보면, 비단 도덕심(양심)이 매몰되어 가는 과정과 그 원인을 이해할 수 있을 뿐만 아니라 심과 신의 전체적인 구조에서 도덕심과 실존심의 관계를 설명할 수 있는 실마리도 찾을 수 있을 것 같다. 맹자는 "사람들은 금수와 같은 그의 모습만을 보고서 그는 (선한) 재성(才性)이 없었던 사람이라고 생각하지만 어찌 그것이 그 사람의 성정이겠는가"라고 하였다. 우리는 인의의 도덕본심이 자신의 도덕생명을 실현할 수 있는 가능성의 기초라는 점을 잘 알고 있다. 설령 우산의 수목을 '매일매일 베어 내는 것'(旦旦而伐之)처럼 후천적으로 도덕심을 손상시키더라도 '평단지기'(平旦之氣)와 '야기'(夜氣)의 방식을 통하여 미세하게 드러난다. 문제라면 "낮에 하는 행위가 그것을 뒤섞어 없애 버리고, 또 뒤섞기를 반복하기"(旦晝之所爲, 有梏亡之矣. 梏之反覆) 때문에 거의 금수와 같은 상태로 타락한다는 것이다. 이곳에서 맹자는 "이른 아침의 맑은 기운이 일어나 (선을)

좋아하고 (악을) 싫어하는 것이 다른 사람과 비슷한 점이 적지 않다"고 하였고, "낮에 하는 행위가 그것을 뒤섞어 없애 버린다"고 하였으며, 또 "그것을 뒤섞기를 반복하면 밤사이에 길러지는 맑은 기운마저도 남아 있지 못한다. 밤사이에 길러지는 기운이 남아 있지 못하면 금수와 차이가 멀지 않게 된다"고 하였다. 나는 하이데거의 존재분석 언어를 빌려 이것을 해석해 보고자 한다. "이른 아침의 맑은 기운이 일어나 (선을) 좋아하고 (악을) 싫어하는 것이 다른 사람과 비슷한 점이 적지 않다"는 것은 아직 사물과 접촉하기 이전으로서 일상생활 세계에서 조우하는 사물의 영향과 유혹을 받지 않는 본래적 존재(authentic existence)의 상태이다. "낮에 하는 행위가 그것을 뒤섞어 없애 버린다"는 것은 평균화된 일상생활에서 부침을 거듭하고 있는 상황이다. 즉 일상생활 중에서 사물과의 접촉을 통하여 유혹을 받고 있는 자아로서 앞에서 말한 실존심의 존재 상태이다. "그것을 뒤섞기를 반복하면 밤에 길러지는 맑은 기운마저도 남아 있지 못한다. 밤에 길러지는 기운이 남아 있지 못하면 금수와 차이가 멀지 않게 된다"는 것은 이로부터 한 걸음 더 나아가 실존심이 일상생활 중에서 각종 사물과의 접촉을 통해 어떻게 유혹되고, 또 인의의 도덕심의 부름을 저버리고서 사물에 끌려가 되돌아오지 못하고 결국 타락하여 비본래적 존재(非本眞存在)[34]로 되는지 그 과정을 설명한 것이다. 만일 우리가 원칙적으로 앞에서 서술한 존재분석 관점에 의한 해석을 수용한다면, 맹자의 인성론에 감추어져 있는 도덕심과 실존심의 구분은 마땅히 심

---

34 하이데거에 의하면, 본래성(本來性, authenticity)과 비본래성(非本來性, inauthenticity)은 사람이라는 존재의 두 개의 기본 양식이다. 왜냐하면 사람이라는 존재는 어떤 상황에 직면하여 자아를 선택할 수도 있고, 자아를 잃어버리고 일상생활에 매몰되어 타인(他人)이 될 수도 있기 때문이다. "*Being and Time*", 68쪽 · 163쪽.

과 신의 전체적인 구조 중에 환원시켜 다음과 같이 이해해야 한다.

1. 실존심이 사람의 행위를 자유롭게 주재하고, 가치의식을 드러내는 데 자연생명과의 관계는 필연적이다. 왜냐하면 사실 실존심이라는 것이 바로 자연생명 속의 심령(mind in embodiment)이기 때문이다. 실존심은 비록 구조상의 자연생명보다 우월성을 차지하여 일신의 주재자가 되기도 하지만, 자연생명의 생리적 영향을 면하기는 어렵다. 가장 중요한 것은 실존심이 자연생명 속에 있고, 또 세계 중(in-the-world)에 있다는 것이다. 다시 말하면 세계 중에 있는 모든 사물은 실존심과 조우하면서 실존심에 다소간의 영향을 끼칠 수 있다. 이 때문에 실존심이 세계의 여러 사물들과 직면하여 마음이 이끌릴 때 자아에 따라서 본래적 존재를 실현하기도 하기도 하지만, 자아를 잃어버리고서 '이목의 감관과 교류하면서 외물에 이끌려 간다면' 결국 '먹고 마시는 음식에만 정신이 팔려 있는 사람'이 되기도 하고, 더 심하면 '금수와 거의 차별이 없는 경지'로 추락하게 된다. 이러한 사람들이 바로 비본래적 존재이다.
2. 다음 이른바 도덕심이라는 것을 실존심 외의 또 다른 존재 행동의 주재자로 이해하기보다는 실존심이 자연생명과 세계의 유혹을 받지 않는 상황에서의 본래상태로 이해하는 것이 좋다. 도덕심은 도덕생명을 실현할 수 있는 가능성의 기초이고, 인의예지를 기본 내용으로 한다. 도덕심은 선천적이고 비경험적인 존재이지만, 맹자의 성찰에 의하면 실제적인 것으로 '어린아이가 우물에 빠지려고 할 찰나' 혹은 '아침에 아직 사물과 접촉하지 않아 그 기가 청명할 때'에는 '깜짝 놀라 측은해하는 마음'을 표현하기도 하고, '선을 좋아하고 악을 싫어하는 것이 다른 사람과 비슷한 점이 적지 않기도' 하다. 이것에만 그치지 않고 도덕심

은 한 사람의 존양과 확충이라는 수양을 통하여 "윤택한 모양으로 얼굴에 나타나고, 등에 넘쳐흐르며, 사체에 베풀어지기까지 한다." 즉 자신의 감성적인 생리층에 스며들어 사람을 감동시키는 빛과 열을 내는 도덕실체이다. 바꾸어 말하면 도덕심은 도덕실천의 선험적인 근거일 뿐만 아니라 사람이 사람일 수 있는 까닭을 실천할 수 있는 동력이다. 그러나 이러한 도덕심도 일단 실존심의 영역으로 구체화되면 '평단지기' 혹은 '야기'(夜氣) 그리고 '맹얼지생'(萌蘖之生) 등의 모습으로 나타난다. 만일 여기에 자각을 통한 존양이 가해지지 않으면 물욕의 이끌림을 면하기 어렵고, 심지어 일신의 주재적 지위마저 빼앗기게 된다. 그러나 상황이 아무리 비극적이라도 맹자의 관념 중에 인간의 본래적 자아인 도덕심은 영원히 존재한다. 단지 실존의 층면에서 나타남과 숨음 그리고 주(主)의 위치를 차지하느냐와 그렇지 않느냐의 구분이 있을 뿐이다.

앞에서 서술한 두 가지 설명을 통하여 맹자가 비록 심이라는 하나의 개념을 사용할 때 한 가지 의미만이 아니라는 것을 이해할 수 있지만, 도덕심과 실존심의 구별은 두 가지 서로 다른 주체를 긍정한다는 혐의를 받지는 않는다. 맹자가 심선으로써 성선을 긍정할 때 그가 드러내고자 했던 것은 '깜짝 놀라 측은해하는 마음'과 같은 도덕본심의 현현이고, 또 인과 같은 선험적인 이칙(理則)이었다. 그러나 맹자가 '왜 사람이 불선한 행위를 하게 되는가'의 문제를 설명하고, 선을 밝히고 존양의 중요성을 설명할 때 그가 논한 심은 도덕심이 아니라 구체적인 자연생명 중에 있는 실존심이다. 실존심은 자연생명의 욕구에 따라서 나타날 수도 있고, 선험적인 도덕이칙에 따라서 나타날 수도 있다. 즉 원칙적으로 선택의 자유 기능을 갖고 있는 도덕의식이다. 이것이 바로 실존심이다. 바꾸어 말하면 도덕심과 실존심은 서로 다른 의미를 대표하지만 사실상 일상생활에서 행위를 주재하는 것은 단지 하나의 심일 뿐이다. 즉 내재적인 선험이칙에 따라서 움직이면 도덕심 · 본심 · 인의지심이고, 자연생명과 외물 세계의 영향을 극복하지 못하고 진정한 자아의 주위에서 방황할 때의 심은 실존심일 뿐이다.

종합적으로 논하면, '자각심으로써 본성을 말한' 맹자의 즉심언성(卽心言性)은 비록 도덕심으로써 성선을 말한 것이지만, 맹자는 심이라는 개념을 결코 도덕심 하나의 의미로 제한해 사용하지 않았다. 그는 일상의 생활 중에 실제적으로 우리의 행위를 주재하는 가치의식, 즉 실존심이 선택의 자유를 갖는다는 점을 발견하였다. 실존심은 대체를 따를 수도 있고, 소체를 따를 수도 있다. 바꾸어 말하면 실존심이 가치를 밝혀 실현하는 작용을 다하여 "작은 것으로써 큰 것을 해치지 않고, 천한 것으로써 귀한 것을 해치지 않는" 결과가 바로 "큰 것을 배양하면 대인이 된다"는 것이다. 그러나 실존심이 가치를 밝혀 드러내는 작용을 다하지 못하고 "손가락 하나를 살리려고 어깨나 등에 난 병을 놓쳐 버리면" 당연히 "작은 것을 배양하면 소인이 된다"는 결과를 초래한다. 앞 장에서 사람이 불선한 행위를 하게 된 까닭에 대한 맹자의 해석을 탐구하면서 나는 맹자 사상 중에 나타난 심-신-성의 관계를 통하여 그것을 분석하려고 하였다. 나는 다음과 같이 확정할 수 있다. 그 관건은 실존심이 본래 갖추고 있는 선택의 자유 그리고 행위를 주도하는 가치의식이 선을 밝혀 드러내는 작용(明善)을 충분히 실현하였는가에 있다. 즉 사(思)의 작용을 다했는가에 달려 있는 것이다. 맹자는 「고자」 편에서 사람이 불선한 행위를 하게 된 원인으로서 "자각하지 못했을 뿐이다"(不思)라고 하였으며, "마음이라는 기관은 자각을 하며, 자각을 하면 도리를 얻고, 자각하지 못하면 도리를 얻지 못한다"고 하였다. 만일 내가 제시한 실존심의 관점을 취하여 이것을 해석한다면 여러 의문점을 한꺼번에 해소할 수 있을 뿐만 아니라 다른 해설보다도 더욱 순조롭고 설득력을 갖고 있음을 알 수 있을 것이다.

제3절 : 진심(盡心)과 입명(立命)

맹자의 인성론이 공자의 인의 학문을 수호하기 위하여 수립된 것이지만, 그 의리의 전개에는 하나의 형이상학 체계가 간직되어 있다. 『맹자』 전편을 살펴보면 맹자가 천도의 만물 생화 과정과 변화의 법칙에 별로 흥미를 보이고 있지 않음을 어렵지 않게 발견할 수 있다. 『시경』과 『서경』을 인용할 때 그곳에 포함되어 있는 '천' 자의 의미는 "하늘이 온 백성을 내었는데, 일이 있으면 법칙이 있게 하였다"[35] · "하늘이 내린 재앙은 피할 수 있을 것도 같다"[36] 등이 아니면, "하늘에 뭉게구름이 일어나 쏴 하고 비가 내린다"[37] · "하늘은 높고 별은 멀리 있다"[38] 등과 같은 일반적 의미의 자연현상 등이다. 사상적인 의리와 관계된 것으로서 맹자가 직접 언급한 것은 대부분 천명 내지는 제한적인 의미의 운명이다.

> 갈 때에는 혹 가게 하는 수도 있고, 멎을 때는 혹 멎게 하는 수가 있지만, 가고 멎는 것은 사람이 할 수 있는 것이 아니다. 내가 노나라 군주(魯侯)

---

35 『孟子』「告子上」, "天生蒸民, 有物有則."

36 『孟子』「離婁上」, "天作孽, 猶可違."

37 『孟子』「梁惠王上」, "天油然作雲, 沛然下雨."

38 『孟子』「離婁下」, "天之高也, 星辰之遠也."

를 만나지 못하는 것은 하늘의 뜻이다. 장씨의 아들이 어찌 나로 하여금 (노후를) 만나지 못하게 할 수 있겠는가!

行或使之, 止或尼之, 行止, 非人所能也. 吾之不遇魯侯, 天也. 臧氏之子, 焉能使予不遇哉!「梁惠王下」

하려고 한 것이 아닌데, 그렇게 된 것은 하늘의 뜻이고, 부르지 않았는데, 이른 것은 운명이다.

莫之爲而爲者, 天也. 莫之致而至者, 命也.「萬章上」

(만장이 물었다), "그렇다면 순은 천하를 얻었는데, 누가 (순에게) 준 것입니까?" (맹자가) 말하였다. "하늘이 준 것이다." … "옛날에 요임금이 순을 하늘에 천거하였는데, 하늘이 받아들였다. … 순은 요임금을 28년 동안이나 도왔으니 (이는) 사람이 해낼 수 있는 일이 아니고 하늘이 그렇게 시킨 것이다."

"然則舜有天下也, 孰與之?" 曰 : "天與之." "天與之者." … "昔者堯薦舜於天, 而天受之." … "舜相堯, 二十有八載, 非人之所能爲也, 天也."「萬章上」

만물 존재의 근원인 천에 대하여 맹자는 공자처럼 감탄의 정서로써 인격천의 의미를 표현하지도 않았고, 『역전』에서처럼 우주론적인 성격을 드러내지도 않았다. 맹자 마음속의 천은 왕왕 역사의 진행 과정에서 사람들이 요구하는 가치 이상의 실현과 관련된 것으로, 한편으로는 마음을 다함(盡心)으로써 본성을 알 수 있고(知性), 또 하늘의 도리를 알 수 있다(知天)는 내재성의 의미를 나타내고, 다른 한편으로는 본심을 간직하고(存心), 본성을 배양함(養性)으로써 하늘을 섬긴다(事天)는 초월성을 드러내기도 한다. 맹자는 이로부터 더 나아가

"수명의 길고 짧음에 따라 마음을 달리하지 않고, 자신의 덕성을 수양하면서 운명을 기다리는 것이 운명을 올바르게 세우는 방법이다"[39] 라고 하여 천명 조화의 무한성은 반드시 사람의 진심과 입명을 통해야만 비로소 천명이 인간 세계에서 진실한 의미를 드러낼 수 있다는 점을 드러냈다.

> 맹자가 말하였다. "본심을 충분하게 실현하면, (자신의 존재 근거인) 본성을 알 수 있다. 본성을 알면 하늘의 원리를 알 수 있다. 본심의 본래 모습을 잘 간직하고, 본성을 잘 배양하는 것이 하늘을 섬기는 방법이다. 수명의 길고 짧음에 따라 마음을 달리하지 않고, 자신의 덕성을 수양하면서 운명을 기다리는 것이 운명을 올바르게 세우는 방법이다."
>
> 孟子曰："盡其心者, 知其性也. 知其性, 則知天矣. 存其心, 養其性, 所以事天也. 殀壽不貳, 脩身以俟之, 所以立命也."「盡心上」.

이 장은 맹자 천도론에 대한 가장 중요한 문헌일 뿐만 아니라 유가철학의 형이상학적 특성을 가장 잘 표현해 주고 있는 문장이다. 이 문장에 대하여 양백준은 "선량한 본심을 충분히 확장하면 사람의 본성을 이해할 수 있다. 사람의 본성을 이해할 수 있으면 천명을 이해할 수 있다. 이러한 사람의 본심을 잘 간직하고 본성을 잘 배양하는 것이 천명을 대하는 방법이다. 단명과 장수에 관계없이 여러 마음을 갖지 않고, 단지 몸과 마음을 배양하고 천명을 기다리는 것이 안심입명의 방법이다"[40]고 해설하였다. 그러나 왜 진심하면 본성을 알 수 있고, 하

39 『孟子』「盡心上」, "殀壽不貳, 脩身以俟之, 所以立命也."

40 楊伯峻 『孟子譯註』, 臺灣 源流出版社, 1982, 301쪽.

늘의 도리를 알 수 있는가? 이 점에 대해서는 확실하게 설명하지 않고 있다. 또 이미 하늘의 도리를 알았다고 하였는데, 왜 또 하늘을 섬겨야 하는가? 이 문제를 해결하기 위하여 나는 이 문장을 세 부분으로 나누어 그 속에 포함되어 있는 철학적 의미를 밝혀 보고자 한다.

> 본심을 충분하게 실현하면, (자신의 존재 근거인) 본성을 알 수 있다. 본성을 알면 하늘의 원리를 알 수 있다.
>
> 盡其心者, 知其性也. 知其性, 則知天矣.「盡心上」

진심은 모든 사람들이 갖추고 있는 사단의 마음을 실천하는 것이다. 맹자는 "사람들에게는 차마 하지 못하는 마음이 있는데, 그 마음을 끝까지 실현해 나가는 것이 '인'이다. 사람들은 차마 하지 않는 것이 있는데, 그 마음을 자기가 하는 것에까지 실현해 나가는 것이 '의'이다. 사람이 남을 해치고 싶지 않는 마음을 충분하게 실현하면 '인'은 이루 다 쓸 수 없게 된다. 사람이 벽을 뚫고 담을 넘어가지 않으려는 마음을 충분히 실현하면 '의'는 이루 다 쓸 수 없게 된다"[41]라고 말하였다. 그러나 왜 진심하면 본성을 알 수 있고, 하늘의 도리를 알 수 있는가? 이 점에 관하여 양조한(楊祖漢) 선생은 다음과 같이 매우 자세하게 설명하였다.

> 사단지심을 확충하여 한 오라기의 미진함도 없을 때, 사단지심의 발현이야말로 인간으로서 마땅히 해야 할 활동임을 깨닫고, 인의예지의 도덕본

---

41 『孟子』「盡心下」, "人皆有所不忍, 達之於其所忍, 仁也. 人皆有所不爲, 達之於其所爲, 義也. 人能充無欲害人之心, 而仁不可勝用也. 人能充無穿踰之心, 而義不可勝用也."

> 성이야말로 인간의 진정한 본성임을 깨닫게 된다. 이때 진정한 인간으로서 존재할 수 있으며, 이전에 느껴 보지 못한 마음의 희열과 만족감을 가질 수 있다. 이때의 만족은 세상의 그 무엇으로도 바꿀 수 없는 내심의 만족이다. 또한 진심의 도덕실천 중에서 진심의 무한 역정을 발견하게 된다. 진심의 대상은 제한이 없기 때문에 활동의 범위를 그릴 수 없다. 비록 인간의 육체생명과 역량에 어떤 한계가 있을지라도 일단 그 본심을 확충하여 '인'의 실천을 극점에 이르게 하고, '의'의 실천을 극점에 이르게 할 때 우주의 모든 존재는 본심의 활동 영역에 포함된다. 하나의 미세한 존재도 빠뜨리지 않고, 천지만물 화육의 지극한 경지에 이른 후에 본심의 활동은 절대 보편의 의의를 갖게 된다. 이렇게 함으로써 진심의 활동 중에서 '하늘이 왜 하늘일 수 있는가'의 진정한 의미를 깨달을 수 있다.[42]

바꾸어 말하면 우리가 인의의 마음을 구체적인 실천으로 확충하면 할수록 우리 내심의 즐거운 감정은 우리로 하여금 인의예지가 인간이 인간일 수 있는 본성임을 깨닫게 한다는 것이다. 이로부터 더 나아가 인의예지라는 인성의 내용이 원래부터 어떤 부족함도 없음을 이해하고서, 중단 없는 실천 과정에서 인심의 감통에 범위가 없음을 깨달으면 우리로 하여금 자연생명의 한계를 뛰어넘어 우주의 모든 존재를 아우를 수 있게 한다. 이로부터 우리는 하늘이 하늘일 수 있는 까닭이 바로 세상 모든 존재를 덮지 않음이 없고, 싣지 않음이 없는 확연대공(廓然大公)의 도덕성에 있음을 이해할 수 있다. 그러므로 맹자는 우리가 본심을 끝없이 실현하기만 하면 인성과 천도의 오묘함도 순수한 도덕성임을 실제로 인증할 수 있다고 생각한 것이다.

---

42 楊祖漢『孟子義理疏解』, 9-10쪽.

그렇다면 맹자철학에서 진심과 지성 그리고 지천의 종지(宗旨)는 정명도(程明道)가 말한 "오직 심이 곧 천이다. 이 심을 다하면 곧 본성을 알 수 있고, 본성을 알면 곧 천을 알 수 있기 때문에 바로 심이 발동하는 곳에서 체득해야지 밖에서 다시 구해서는 안 된다"[43]는 것과 같은 의미이다. 다시 말하면 심과 성 및 천은 서로 통하는 하나인 것이다. 이에 대하여 모종삼은 "비록 진심과 지성이 천명과 천도의 전체적인 오묘함을 모두 파악할 수 없을지라도 최소한 천도와 천명의 도덕적 의미와 창조의 실체 의미는 증명할 수 있다. 아울러 최소한 천도를 바라볼 수 있는 통로는 확보할 수 있기 때문에 이를 통하여 천도에 대하여 하나의 묵계를 할 수는 있다"[44]고 하였다. 이러한 모종삼의 설명은 맹자 진심설에 대한 가장 합당한 설명이라고 할 수 있다.

> 본심의 본래 모습을 잘 간직하고, 본성을 잘 배양하는 것이 하늘을 섬기는 방법이다.
>
> "存其心, 養其性, 所以事天也."「盡心上」

맹자는 이미 진심과 지성 그리고 지천의 관계를 밝혔는데, 왜 또 사천(事天)으로 확장하려고 하는가? 이 문제는 인간이라는 존재의 유한성 측면에서 이해해야 한다. 만일 오로지 도덕본심 측면에서만 논한다면 인의의 도덕성으로 말미암아 자신의 행위를 주재하는 것이지 외적인 인의를 실천하는 것이 아니기[45] 때문에 인간은 완전한 자주성을 가진

---

43 『二程全書』「卷2上」, "只心便是天, 盡之便知性, 知性便知天, 當處便認取, 更不可外求."

44 牟宗三 『中國哲學的特質』, 66쪽.

45 "由仁義行, 非行仁義."

존재라고 할 수 있다. 그러나 인간의 생명이 일단 기에 안착하면 후천적인 한계를 면할 수 없기 때문에 시시각각 본심을 간직하면서 잃어버리지 않도록 노력해야 하며, 또 본성을 함양하면서 그것이 해침을 당하지 않도록 해야 한다. 즉 본심의 명각(明覺) 작용이 사욕에 의해 교폐되지 않도록 항상 근신해야 한다. 이러한 근신이 바로 천명을 거역하지 않으려는 마음이다. '사천'에 대하여 모종삼은 다음과 같이 설명하였다.

> 사천은 만물을 창생하면서도 그 오묘한 이치를 알 수 없는 천도를 우러러보고 따르면서 그것을 위배하지 않으려는 마음이다. 사천에서 '사'(事)자는 반드시 실천을 통하여 하늘이 하늘일 수 있는 까닭을 체증(體證)하는 도덕적인 의미로 바꾸어야 한다. 이러한 체증은 절대 가치에 대한 존중과 수용이다.[46]

모종삼에 의하면 존심과 양성을 통하여 섬기는 천은 기본적으로 인격신 의미의 식으로서 따르고 받들어야 하는 대상이 아니라 도덕실천의 엄숙성에 대한 자각에 기초한 것으로서, 항상 자신의 사욕을 극복하지 못하여 금수의 지경으로 추락하지 않을까 근신해야 하는 대상이다. 따라서 도덕의 이상을 천명에 어긋나지 않는 방향으로 연결시켜 놓고서 "깊은 연못가에 이른 것처럼, 얇은 얼음을 밟은 것처럼"[47] 자신을 경책한다. 다시 말하면 맹자가 존심양성으로써 사천하려는 것은 한편으로는 도덕실천의 엄숙성을 표현하면서 스스로 태만하지 않으

46 牟宗三『圓善論』, 136쪽.

47 "如臨深淵, 如履薄氷."

려는 마음의 표출이고, 다른 한편으로는 천도의 초월성을 창현함으로써 절대적 가치를 따르려는 의지를 표현한 것이다. 『역경』에서는 "하늘을 앞지른다 하더라도 천리가 이에 어긋나지 않으며, 하늘을 뒤따른다 하더라도 성인이 천시를 받든다"[48]라고 하였는데, 전자는 진심-지성-지천에 상당한 것이고, 후자는 존심-양성-사천의 의미와 서로 통한다. 이 양자를 종합하여 이해하면 중국전통의 천인합덕(天人合德)의 형이상학 이념과 일치한다. 이러한 맹자의 형이상학은 기본적으로 유가철학에서 견지한 천도론의 계승적 발전이다.

> 수명의 길고 짧음에 따라 마음을 달리하지 않고, 자신의 덕성을 수양하면서 운명을 기다리는 것이 운명을 올바르게 세우는 방법이다.
>
> 殀壽不貳, 脩身以俟之, 所以立命也. 「盡心上」

무엇을 '입명'이라고 하는가? 맹자는 왜 심-성-천의 형이상학적 사고 맥락에 특별히 '입명'이라는 관념을 넣었는가? 이 문제에 대답하기 전에 먼저 이 문장의 표층적인 의미를 순조롭게 해설해 보자.

이른바 "수명의 길고 짧음에 따라 마음을 달리하지 않고, 자신의 덕성을 수양하면서 운명을 기다린다"는 것은 자신이 처한 운명에 관계없이 공경하고 근신하는 자세로서 덕성을 수양하면서 운명을 기다린다는 의미이다. 이곳에서 "운명을 기다린다"(俟命)는 것은 소극적인 태도로서의 '기다린다'가 아니라 오히려 모든 존재가 가질 수밖에 없는 한계에 대하여 담담한 태도로서 대면하고, 아울러 그러한 운명 속에서 자신의 본심이 요구하는 것에 의거하여 모든 행사를 견지한다

48 『易經』「乾」, "先天下而天弗違, 後天而奉天時."

는 것이다. 이렇게 함으로써 사람이 사람일 수 있는 가치와 존엄성을 세울 수 있다. 따라서 '입명' 은 운명에 대한 부정과 취소가 아니라 도덕심의 자각을 통하여 운명이 갖고 있는 정면적인 도덕 의미를 부여함으로써 인성이라는 존재의 장엄성을 올바르게 세우는 것이다.

엄격하게 논하자면, '명' 이라는 것은 지식적인 개념이 아니다.[49] 우리는 비록 운명이라는 것에 대하여 아무런 지식적인 이해는 없지만, 탄생에서부터 죽음에 이르기까지 시시각각 천지 안의 어떤 존재도 운명의 제한을 피할 수 없다. 맹자는 「진심」 편에서 특별히 '입명' 이라는 관념을 제시하였는데, 맹자가 말한 입명에는 다음과 같은 의미가 포함되어 있다고 생각한다. 즉 맹자 인성론의 사고에 심을 언급하고 명을 언급하지 않은 것은 분명 문제가 있다. 심이라는 것은 모든 존재가 갖고 있는 한계를 받아들이고서 진실한 도덕행위를 구체화해 나가는 도덕주체이다. 인류라는 존재는 필연적인 제한과 객관적으로 결정된 상황에서 도덕자아의 실현을 통하여 하나하나 바꾸어 나가면서 모든 것이 자신의 역량에 의하여 이루어짐을 발견할 수 있다. 그렇지 않다면 심의 자유성과 자주성은 드러나지 않을 뿐만 아니라 진심이라는 말도 할 수 없게 된다. 따라서 맹자의 진심은 반드시 입명을 언급해야 하고, 입명은 반드시 진심을 근본으로 해야 한다. 이렇게 해야만 맹자의 인성론은 한편으로는 심의 자유와 자주성을 드러낼 수 있고, 다른 한편으로는 인류로 하여금 운명이라는 무상한 변화 중에서 암흑으로 추락하지 않게 할 수 있다.

맹자는 심-성-천의 맥락 중에서 특별히 명을 언급함으로써 형이상적인 세계의 탐색이 기본적으로 공자의 진로를 따르고 있음을 반영하

49 牟宗三『圓善論』, 142쪽.

고 있다. 즉 실천을 통하여 직접 천명을 묵계할 뿐 이지적인 방법으로써 분석적인 형이상학을 전개하지 않은 것이다.[50] 다시 말하면 만일 진심으로써 지천할 수 있다면, 진심은 또 반드시 입명까지 언급해야 한다. 입명의 과정은 천이 인간세계에서 인간의 도덕 자각을 통하여 점차 도덕적 의미를 드러내는 것이다. 당군의 선생은 공자의 '지명'(知命)의 의미를 드러내면서 '의와 명은 둘이 아니다'(義命不二)라는 점을 밝혔는데, 이러한 견해는 우리가 앞에서 논술한 관점을 지지하는 것이다.[51]

앞에서 논의한 것을 종합해 보면, 우리는 대체적으로 맹자의 천도관이 기본적으로 공자를 계승한 것이며, 실천 중심의 진로를 취하여 중국 고대 전통적인 천인합덕의 형이상의 신앙을 밝히고 있음을 확인할 수 있다. 현존하는 『맹자』 문헌을 근거로 볼 때, 맹자가 천도가 만물을 생화하는 객관적인 질서와 원리에는 적극적인 흥미를 보이지 않고, 또 공자처럼 천에 대하여 자주 감탄의 정서를 드러내지 않은 것도 사실인 것 같다. 「진심」 편에서 논하고 있는 심과 성 그리고 천과 명으로부터 다음과 같은 내용을 발견할 수 있다. 첫째, 맹자는 천도의 내재성을 긍정함으로써 진심을 통하여 지성과 지천할 수 있음을 표시하고 있다. 둘째, 맹자는 천도의 초월성을 긍정함으로써 존심과 양성해야만 비로소 사천할 수 있다고 생각하였다. 이로부터 더 나아가 맹자는 그의 실천형태의 형이상학을 표현하는 과정에서 진심과 입명을 병론하면서 자신의 적극적인 도덕체험을 드러내고 있다. 이에 관하여 모종삼은 일찍이 다음과 같이 말한 적이 있다.

---

50 牟宗三 『中國哲學的特質』, 32-39쪽.

51 唐君毅 『中國哲學原論』「原道篇」, 122쪽.

명(命)은 도덕 실천 중에 나타나는 엄숙한 관념 중의 하나이다. 너에게 도덕실천이 있고, 도덕생활에서 인간 존재의 체험을 한 사람만이 이러한 명 관념을 드러낼 수 있다. … 공자와 맹자에 의해 유학이 수립된 이후부터 본체를 말하면서 반드시 수양공부를 함께 말하였다. 즉 공부를 통하여 본체를 인증하였다. 따라서 공부를 말하려면 반드시 본체를 설정하고 있어야 한다. 즉 본체를 근거로 공부론을 세워야 한다. … 본체와 공부는 그 결합이 매우 긴밀하여 영원히 함께 진행되어야 한다. 그렇기 때문에 명이라는 관념이 나올 수밖에 없는 것이다.[52]

바꾸어 말하면 맹자가 진심을 요구하면 '명'을 언급하지 않을 수 없는 것이다. 입명은 반드시 심을 근본으로 해야 한다. 이러한 '심'과 '명'은 서로 함께하는 관념이기 때문에 한편으로는 인간 존재의 무한한 장엄성을 세워 주고, 다른 한편으로는 도덕심의 진정한 자유와 자주성을 드러내 맹자가 제시한 진심-지성-지천의 사유로 하여금 일종의 실존성의 존재학적인(existential ontology) 이론 성격을 드러내게 한다.[53] 이는 『중용』·『역전』의 우주론적인 입장에서 천인관계를 드러내는 것과는 확연히 다른 계통이다.

---

52 牟宗三 『圓善論』, 153쪽.

53 부위훈(傅偉勳) 선생은 왕양명의 치양지교(致良知教)가 맹자의 성선론을 계승하면서 세운 최대의 공헌은 선천적이면서 초월적인 본성(體)을 인심(人心)이 자성하여 도심(道心)으로 되는 본심에 건립한 것, 즉 맹자의 성선론에 실존성의 본체론을 부여한 것이라고 생각하였다(existential ontologization). 필자의 진심(盡心)-지성(知性)-지천(知天)의 사로는 하이데거의 기본존재학(fundamental ontology)과 비교할 수 있기 때문에 부위훈 선생의 관점을 수용한다. 단지 그 번역 명칭을 국내(대만)의 용어와 일치시키기 위하여 약간 바꾼 것이다. 傅偉勳 『從西方哲學到禪佛教』, 247쪽 참고.

이것 외에 우리가 주의할 만한 가치가 있는 점은 심성론으로부터 천도관으로 발전해 가는 맹자의 사유형태에 중국 상고 문화 중의 연계성(correlative) · 기체론적(organic)인 세계관이 간직되어 있다는 것이다.[54] 즉 세계의 모든 각종 사물이 서로 영향을 주고받을 뿐만 아니라 서로 동일한 근원으로부터 발생된다는 점이다. 「진심」 편에서 "만물이 모두 나에게 갖추어져 있다"[55]고 하였고, "군자가 지나가는 곳은 교화되고, 머무르는 곳은 신과 같다. 아래위로 천지와 함께 흐른다"[56]고 하였는데, 맹자가 드러낸 관념 중에는 천지가 창조한 자연세계와 군자가 교화한 인간세계가 서로 이질적인 차이가 없다는 의미가 포함되어 있다.[57] 즉 자연세계와 인간세계는 모두 도덕적 창조로 말미암아 이루어진 것이고, 도덕질서로 채워져 있기 때문에 호연지기가 천지간에 꽉 채워져 있다고 한 것이며, 군자의 교화와 신화 활동이 천지와 함께 상하로 동류한다고 한 것이다. 이러한 맹자의 세계관에는 자연세계와 인간세계가 서로 격리되어 있지 않다는 의미뿐만 아니라 존재하는 것은 모두 가치 있는 것이며, 전체 존재계 모두에 가치창조의 생기가 가득 차 있음을 드러낸 것이다.

---

54 니이담과 모트는 중국 고대 문화에 간직되어 있는 기체론적 세계관을 매우 중요시하였다. Jaseph Needham "*Science and Civilization in China*", Vol. 2(Cambridge University Press, 1956) 281쪽과 Frederick W. Mote "*Intellectual Foundations of China*"(New York: Alfred A. Knopf, 1989) 9-25쪽. 최근 대만의 사상사학자인 황준걸 선생도 문화인류학자인 장광직(張光直) 선생의 고대문화사 연구를 참고하여 '연계성의 인간 우주론'과 맹자의 사유방식에 지극히 밀접한 관련이 있다는 점을 제시하기도 하였다. 黃俊傑『孟學思想史論』, 20-27쪽 참고.

55 『孟子』「盡心上」. "萬物皆備於我."

56 같은 책, "夫君子所過者化, 所存者神, 上下與天地同流."

57 黃俊傑『孟子思想史論』, 22쪽.

제4절 : 결론

앞 장(인금지변-상)과 이 장에서의 탐색을 통하여 우리는 맹자가 말한 성선의 이유와 핵심적인 개념의 의미 그리고 이론에 포함되어 있는 내용, 또한 현대인들이 오해할 수 있는 내용에 대하여 초보적인 분석을 하였다. 간단하게 요약하면, 다음 몇 가지 점으로 결론을 내릴 수 있을 것 같다.

1. 학술 배경 측면에서 보면, 맹자가 제출한 성선의 인성론은 양주와 고자 등의 반유학적인 인성론의 역류에 직면하여 유학의 도를 수호하기 위한 입장에서 나온 것이다. 이 점은 『맹자』라는 문헌에서 분명하게 볼 수 있다. 맹자와 고자 사이의 쟁론은, 한편으로는 서로 다른 인성 개념에 대한 이해로부터 비롯된 것이고, 다른 하나는 인의가 내적인 본성으로부터 발현된 것인가? 아니면 밖으로부터 주어진 것인가에 관한 것이다. 따라서 우리는 맹자 인성론을 이해하면서 '인의내재' 라는 기본 입장을 망각하고서 단지 형식상으로만 이해해서는 절대 안 된다.
2. 학술의 내용적 측면에서 보면, 맹자 인성론의 최대 돌파는 '생지위성'의 전통과 그에 따르는 경험주의적 이해 방식으로부터 벗어나 '자각심으로서 인성을 말하는' 선험성의 이해 형태를 세운 것이다. 인성에 관한 이러한 이해는 사람과 금수를 분명하게 구별할 수 있는 도덕경험과 가치 생활을 설명하고자 함이다. 따라서 심과 성은 맹자 인성론의 핵심 개념으로서, 지금까지 줄곧 도덕실천의 동력 혹은 근원으로 이해되어 왔다. 그리고 맹자가 성선을 말한 것은 인성 중에 선을 실천할 수 있는 능력을 충분히 갖추고 있기 때문에 성선을 긍정한 것이지, 결코 선을 인성의 밖에 두고서 인성이 그것을 지향한다는 것이 아니다. 사실 우리

가 맹자가 말한 "성의 정을 따르면 선을 실현할 수 있다. 이것이 내가 말한 선이다"(乃若其情則可以爲善矣, 乃所謂善也-「告子上」)에서 첫 번째의 선과 두 번째의 선이 서로 다른 층차의 것이라는 점을 분명하게 구별할 수 있으면 절대로 사람들이 불선한 행위를 할 수 있다는 사실을 근거로 맹자의 성선론을 인성향선설로 바꾸지 않을 것이다.

3. 도덕본심의 선과 실존심이 선택의 자유성을 갖추고 있다는 것은 서로 충돌하지 않을 뿐만 아니라 이를 근거로 사람들이 왜 불선한 행위를 하게 되는지 그 원인을 설명할 수도 있다. 지금 사람들은 자신들이 불선한 행위를 하게 되는 사실만을 보고서 맹자가 인간의 본성을 지나치게 간단히 보지 않았나 의심하기도 하고, 또 너무 천진하게 보지 않았나 의심하기도 한다. 그러나 이러한 의심은 맹자가 성선론으로써 인류 도덕생활의 초월적 진리를 천명(闡明)하기 위함이라는 점을 간과한 것이다.
4. 이론에 포함되어 있는 내용 측면에서 보면, 맹자의 인성론으로부터 발전된 천도관은 결코 중국 전통의 천인합덕의 신앙과 기체론적 세계관을 수정하지 않았다는 점이다. 단지 천도의 무한 의미를 인성의 실현 과정에 연계시켜, 한편으로는 천도의 초월성을 보존하면서 천도를 이성의 사변 대상으로 전락시키지 않았고, 다른 한편으로는 역사의 진행 과정에서 인성의 진정한 의미를 수립하여 도덕이상을 수립하려는 분투 정신을 드러내고 있다. 철학 이론의 측면에서 보면, 이러한 맹자의 실천 형이상학은 마땅히 현대인의 심령이 받아들여야만 할 것이다.

제 5 장

왕도정치와 패도정치의 차이에 관한 논변(王霸之辨)

-맹자 정치철학의 이상성과 현실성-

중국 정치사상사에서 맹자가 제창한 민본사상은 전대(前代)의 성현이 제기하지 않은 관념이 아니라 내력이 있는 관념이다.[1] 『상서』와 『좌전』 중에 맹자의 민본사상과 유사한 관념이 이미 출현하였다. 『상서』「반경(盤庚)」에서는 "옛날 우리의 선왕은 인민을 보호하지 않은 사람이 없었다. 선왕은 모두 인민을 사랑하였다. 천시에 순응하지 않은 적이 매우 적었다"[2]고 하였고, 「고노보(皐陶謨)」에서는 "하늘의 총명은 우리 인민들로 말미암아 온 것이고, 하늘이 선을 드러내고 죄악을 징벌하는 것은 우리 인민의 선을 드러내고 죄악을 징벌하는 의견에 따라서 결정한 것이다"[3]고 하였으며, 환공 6년 계량(季梁)은 "무릇 인민은 귀신의 주이다. 따라서 성왕은 먼저 인민들에게 복을 이룬 후에 신을 섬겼다"[4]고 하였다. 이상의 표현들은 모두 맹자 민본사상의

---

1 劉述先 『文化與哲學的探索』, 臺灣 學生書局, 1986, 352쪽.

2 『尙書』「盤庚」, "古我前後, 罔不惟民之承保. 後胥慼. 鮮以不浮於天時." 屈萬里 『尙書集釋』, 臺灣 聯經出版事業公司, 1983, 89쪽.

3 『尙書』「皐陶謨」, "天聰明, 自我民聰明. 天明畏, 自我民明畏." 屈萬里 『尙書集釋』, 34쪽.

4 楊伯峻 『春秋左傳注』, 臺灣 源流出版社, 1982, 111쪽. "夫民, 神之主也, 是以聖王先成民而後致力於神."

선구이다. 그러나 중국의 역사에서 민본의 이념을 견지하고서 왕도정치와 패도정치의 차이를 드러내고, '민중이 귀하고 군주는 가볍다'(民貴君輕)는 주장을 하면서 2천 년 동안 중국의 전제정권에 대항할 수 있는 이념 계통을 수립한 사람은 맹자를 제외하고 제2의 인물을 찾아보기 어렵다. 명 태조는 홍무 3년에 맹자의 신위를 축출하였으며, 27년에는 유삼오(劉三五)에게 『맹자』를 삭제하라고 명령하기도 하였다. 이것만 보더라도 중국 정치사상사에서 맹자의 민귀군경(民貴君輕) 관념의 중요성을 충분히 설명할 수 있다.[5] 당대(當代)에 이르러 맹자의 민본사상은 긍정을 받아 또 한 차례 중국민주정치사상의 종사(宗師)로 추존되었다. 그러나 5.4운동 때 반전통문화의 선풍이 일자 공자와 맹자는 중국을 현대화할 수 없는 죄인으로 등장하였고, 그것과 함께 민주전제를 수용할 수 없는 맹자의 민본 관념이 또 서양의 민주 이념과 분명한 구분이 될 줄 누가 알았겠는가? 서복관 선생은 이 점에 관하여 다음과 같이 개탄하였다. "고대 사람들 중에서 맹자의 정치사상은 가장 오해를 불러일으키지 않은 것이었다. 그러나 지금은 사람들이 상상하기도 어려운 오해를 불러일으키고 있다."[6]

그렇다면 우리는 맹자의 정치사상을 어떻게 평가해야 하는가? 민본과 민주의 차이는 어디에 있는가? 또한 맹자의 정치사상에는 정말로 법치의 정신이 부재한가? 이러한 일련의 질의에 대하여 우리가 옛사람의 말을 무고하기를 원하지 않는다면 『맹자』라는 문헌 자체, 그리고 맹자가 부딪쳤던 시대와 전통으로 돌아가야만 서로 긍정할 수 있는 답안을 얻을 수 있을 것이다.

---

5 容肇祖 『容肇祖集』, 17쪽.

6 徐復觀 「孟子政治思想的基本結構及人治與法治問題」『儒家政治思想與民主自由人權』, 臺灣 學生書局, 1988, 123쪽.

제1절 : 맹자가 제시한 왕도정치의 이상과 기본정신

무엇을 왕도라고 하는가? 왕도와 패도의 차이는 무엇인가?

맹자가 말하였다. "힘으로써 인을 가장하는 자는 패자인데, 패자라고 칭하려면 반드시 큰 나라를 가지고 있어야 한다. 덕으로써 인을 행하는 자는 왕자인데, 왕자는 나라가 크기를 기다리지 않고 (왕도정치를 펼친다). 탕왕은 70리의 (작은 나라인데도 왕도정치를 펼쳤고), 문왕은 100리의 (작은 나라인데도 왕도정치를 펼쳤다). 힘으로써 남을 복종시킨다면, (이는 복종하는 사람의) 마음이 복종하는 것이 아니고, 힘이 부족하기 때문에 (그럴 수밖에 없는 것이다). 덕으로써 남을 복종시킨다면 (이는 복종하는 사람의) 마음이 기뻐서 진심으로 복종하는 것이다. 공자의 70명의 제자가 공자에 복종한 것이 바로 그것이다. 『시경』에서는 '서쪽으로부터 동쪽으로부터, 남쪽으로부터 북쪽으로부터 복종하지 않은 사람이 없다'고 하였는데, 바로 이것을 두고 한 말이다."

孟子曰:"以力假仁者覇, 覇必有大國. 以德行仁者王, 王不待大. 湯以七十里, 文王以百里. 以力服人者, 非心服也, 力不贍也. 以德服人者, 中心悅而誠服也. 如七十子之服孔子也. 詩云:'自西自東, 自南自北, 無思不服.' 此之謂也."「公孫丑上」

맹자는 왕도와 패도를 구별하는 기준을 '덕으로써 인을 행하는 것'(以德行仁)과 '힘으로써 인을 가장하는 것'(以力假仁)에 두고 있다. '덕으로써 인을 행하는 것'은 덕화와 예치의 방식으로써 사람 마음을 얻고서 천하의 치평(治平)를 이루는 것이다. 그러나 '힘으로써 인을 가장하는 것'은 단지 인의라는 이름만을 빌렸을 뿐 실제로는 무력을 사용하여 정벌하고 정권을 수립하는 것이다. 즉 이러한 정치는 인심의 진정한 동의를 얻기 어렵다. 단지 반항할 수 있는 힘이 부족하기 때문에 일시적으로 복종하는 것에 불과한 것이다. 맹자는 이러한 덕과 힘으로써 왕도와 패도의 다름을 구분하였다. 이러한 관념은 공자가 말한 "법령으로써 백성들을 인도하고, 형벌로써 다스린다면 법의 제재는 면할 수 있지만, (자신의 잘못에 대하여) 수치심을 갖지는 못한다. 덕으로써 인도하고, 예로써 다스린다면 (자신의 잘못에 대하여) 수치심을 갖으며 또 올바르게 될 것이다"[7]로부터 온 것이라고 할 수 있다. 그러나 『논어』에는 맹자처럼 왕도를 추앙하고 패도를 천시하는 강렬한 입장은 나타나 있지 않다. 반대로 공자는 제환공에 대하여 "바르고 속이지 않았다"[8]고 하였을 뿐만 아니라, 관중에 대해서도 "이것이 바로 (관중의) 인이다! 이것이 바로 (관중의) 인이다!"[9]라고 하였다. 또 "관중이 없었다면 나는 머리를 풀고 옷깃을 왼편으로 하는 오랑캐가 되었을 것이다"[10]라고 하면서 관중의 덕을 추존하였다. 그런데 왜 맹자는 무슨 이유로 유가의 덕치사상을 계승함과 동시에 공자와 달리 왕도와 패도의 차이를 이처럼 엄격하게 구분하였는가? 공자와 맹자의 정치사상에는 정말로 차이가 있는 것인가? 우리는 반드시 맹자가 처한 당시 시대의 배경으로부터 그 실마리를 찾아야 한다.

맹자가 말하였다. "게다가 왕자가 출현하지 않은 지가 지금보다 오랜 적

---

7 『論語』「爲政」, "道之以政, 齊之以刑, 民免而無恥. 道之以德, 齊之以禮, 有恥且格."

8 『論語』「憲問」, "齊桓公正而不譎."

9 같은 책, "如其仁! 如其仁!"

10 같은 책, "微管仲, 吾其被髮左衽矣!"

은 없었고, 백성들이 포악한 정치에 시달리는 것이 지금보다 심한 적은 없었다. 굶주린 사람은 먹을 것을 마련해 주기가 쉽고, 목마른 사람에게는 마실 것을 마련해 주기가 쉽다. 공자가 말하였다. '덕이 퍼져 나가는 것은 역마를 갈아타고서 명령서를 전달하는 것보다 빠르다.' 지금 같은 때를 당하여 만승의 나라에서 인정을 실행하면 백성들이 그 인정을 기뻐하는 것은 마치 거꾸로 매달린 데서 풀려나는 것과 같을 것이다. 그러므로 하는 일은 옛 사람들이 한 것의 반절만하고도 그 공은 틀림없이 배가 될 것이다. 오로지 지금만이 그렇게 할 수 있다."

孟子曰 : "且王者之不作, 未有疏於此時者也, 民之憔悴於虐政, 未有甚於此時者也. 飢者易爲食, 渴者易爲飮. 孔子曰 : '德之流行, 速於置郵而傳命.' 當今之時, 萬乘之國行仁政, 民之悅之猶解倒懸也. 故事半古之人, 功必倍之. 惟此時爲然."「公孫丑上」

맹자가 말하였다. "오패는 삼왕의 죄인이다. 지금의 제후는 오패의 죄인이다. 지금의 대부는 지금 제후의 죄인이다."

孟子曰 : "五霸者三王之罪人也. 今之諸侯, 五霸之罪人也. 今之大夫, 今之諸侯之罪人也."「告子下」

맹자가 말하였다. " … 땅을 쟁탈하느라고 싸우면서 사람을 들판에 가득히 죽이고, 성을 빼앗느라 싸우면서 사람을 성에 가득히 죽이는 것은 토지를 끌어다가 사람의 고기를 먹게 하는 것이니, 그 죄는 죽음으로도 모자란다. 그러므로 자주 전쟁을 일으키는 자는 가장 무거운 형벌에 처하고, 제후들을 연합시키는 자는 그다음의 형벌을 받게 하며, 황무지를 개간하고 토지를 나누어 주어 (세금을 잘 거두어들이는) 자는 또 그다음의 형벌에 처해야 한다."

> 孟子曰："爭地以戰，殺人盈野，爭城以戰，殺人盈城，此所謂率土地而食人肉，罪不容於死. 故善戰者服上刑，連諸侯者次之，辟草萊，任土地者次之."「離婁上」

이곳에서 인용한 구절을 통하여 우리는 맹자가 처한 시대가 학정과 폭정으로 말미암아 백성들의 삶이 온전하게 이루어지지 않은 때임을 알 수 있다. 이러한 시대의 비극을 일으킨 원인은 바로 당시 열강 제후들의 패권 쟁탈에 있다.

그러나 춘추시대와 전국시대의 패권 쟁탈은 그 상황이 서로 달랐다. 제환공을 예로 들어 보자. 그가 비록 "제후들을 끌어모아 제후를 정벌하였기"[11] 때문에 왕도의 정신은 위배하였지만 표면적으로는 다섯 가지의 금기사항을 힘써 지키려고 노력하면서[12] 인문의 예의 교화정치를 유지하려고 하였다. 그러나 전국시대의 제후들은 그렇지 않았다. 맹자는 "지금의 제후는 오패의 죄인이다"라고 하였다. 이는 전국시대 제후들의 패권 쟁탈이 춘추시대에 표면적으로 유지하려고 노력하였던 다섯 가지의 금기 사항마저도 지키려는 뜻이 없었음을 설명한 것이다. 그들은 백성들의 삶은 돌아보지 않고 오로지 적나라하게 군

---

11 『孟子』「告子下」, "摟諸侯以伐諸侯."

12 『孟子』「告子下」, 역주: 1) 불효한 자를 죽이고, 세자를 바꾸지 말 것이며, 첩을 정실로 삼지 마라. 2) 현자를 존중하고 인재를 배양하여 유덕한 사람을 드러나게 해야 한다. 3) 노인을 공경하고 어린이를 사랑하며, 빈객과 여행객을 소홀하게 하지 마라. 4) 지식인에게는 관직을 세습하지 말게 하고, 관직의 일은 겸무하지 말게 하며, 지식인은 반드시 좋은 인물을 얻도록 하고, 대부를 독단으로 죽이지 마라. 5) 제방을 굽히지 말고, 양곡 매입을 막지 말며, 봉상을 해 주고서도 고하지 않는 일을 하지 마라. "初命曰：誅不孝，無易樹子，無以妾爲妻. 再命曰：尊賢育才，以彰有德. 三命曰：敬老慈幼，無忘賓旅. 四命曰：士無世官，官事無攝，取士必得，無專殺大夫. 五命曰：無曲防，無遏糴，無有封而不告."

국주의의 부강만을 추구하였다. 바꾸어 말하면 맹자가 직접 목격한 제후들의 패권 쟁탈은 어떤 문화적 이상마저도 지향하지 않은 무력의 경주뿐이었다. 이때 가장 무고한 사람은 바로 가족이 흩어지고 굶주림에 시달려 구덩이 속에 빠져 죽은 백성들이었다. 그래서 맹자는 "백성들이 포악한 정치에 시달리는 것이 지금보다 심한 적은 없었다"는 진실한 느낌이 들었을 때, 불과 물의 재난[13]으로부터 백성들을 구하고 중국 대통일의 질서를 다시 수립하려면 반드시 당시의 폐단을 직접 지적하면서 해결책을 내놓지 않으면 안 된다고 생각하였다. 맹자는 한편으로는 본질적으로 군국주의인 패도정치를 엄하게 비판하고, 걸주와 같은 사람을 도와 "자주 전쟁을 일으키는 자"·"제후들을 연합시키는 자"·"황무지를 개간하고 토지를 나누어 주어 (세금을 잘 거두어들이는) 자"들을 비평하였다. 다른 한편으로는 왕도정치의 이상과 인정(仁政) 실시의 순서를 다시 수립하려고 하였다. 따라서 공자와 맹자의 차이는 왕도정치와 패도정치에 대한 태도의 차이보다는 시대가 크게 변하여 맹자로 하여금 공자처럼 주(周) 왕실 부흥의 희망을 갖고서 그것과 함께 존왕양이(尊王攘夷)라는 패업에 대하여 동정의 마음을 가질 수 없었다고 보는 것이 옳을 것이다. 바꾸어 말하면, 맹자는 미래의 신정권 수립에 착안하고서 혼란한 시대에 다시 한 번 이상을 수립하고, 방향을 제시하고자 한 것이다. 그가 왕도정치를 추앙하고 패도정치를 내친 것은 맹자가 처한 당시의 전국시대와 밀접한 관계가 있다.

그러나 우리는 한 가지 사항에 대해서 오해해서는 안 된다. 그것은 바로 앞에서 서술한 '왕도정치와 패도정치의 차이에 관한 논변'과

---

13 역주: 불과 물의 재난이지만, 이는 제후들의 패권 쟁탈을 비유한 것이다.

'시대적 배경의 관계 설명'에서 드러난 맹자의 왕도정치의 이상이 오로지 맹자가 속했던 시대의 산물로만 오해해서는 안 된다는 것이다. 왜냐하면 『맹자』라는 문헌에서 보면, 맹자의 왕도정치 이상의 수립은 한편으로는 고대 성왕으로부터 내려온 정치의 전범(典範)이고, 다른 한편으로는 그의 인성론에 기초한 것임을 발견할 수 있기 때문이다.

> 제선왕이 물어 말하였다. "사람들이 모두 나에게 명당을 헐어 버리라고 한다. 그것을 헐어 버릴까요? 그만둘까요?" 맹자가 대답하여 말하였다. "무릇 명당이라는 것은 왕자의 당입니다. 왕께서 왕도의 정치를 하려고 한다면 헐지 마십시오." 제선왕이 말하였다. "왕도의 정치에 관한 말을 청취할 수 있을까요?" (맹자가 말하였다.) "옛날에 문왕이 기를 다스릴 때 경작자에게는 9분의 1의 과세를 하였고, 벼슬을 한 사람에게는 그 녹을 대대로 주었으며, 관문과 시장에서는 사정을 살피기는 하였지만, 세금을 징수하지 않았고, 물고기 잡는 보를 쓰는 것을 금하지 않았으며, 사람을 처벌하는 데는 당사자의 처자에게까지 벌이 미치지 않았습니다. 늙고 아내 없는 자를 홀아비라고 하고, 늙고 남편 없는 자를 과부라고 하며, 늙고 자식 없는 사람을 외로운 사람이라고 하고, 어린데 아비 없는 자를 고아라고 합니다. 이 네 종류의 사람들은 천하에 궁핍한 사람들로서 호소할 곳이 없는 사람입니다. 문왕은 정치를 하면서 반드시 이 네 종류의 사람들을 먼저 돌보았습니다."
>
> 齊宣王問曰："人皆謂我毁明堂, 毁諸? 已乎?" 孟子對曰："夫明堂者, 王者之堂也. 王欲行王政則, 勿毁之矣." 王曰："王政可得聞與?" 對曰："昔者文王之治岐也, 耕者九一, 仕者世祿, 關市譏而不征, 澤梁無禁, 罪人不孥. 老而無妻曰鰥, 老而無夫曰寡, 老而無子曰獨, 幼而無父曰孤. 此四者, 天下之窮民而無告者. 文王發政施仁, 必先斯四者."「梁惠王下」

만장이 물었다. "송나라는 작은 나라이다. 이제 왕도정치를 시행하려고 하는데, 제나라와 초나라가 그것을 싫어하여 송나라를 정벌하려고 한다면 어떻게 해야 하는가?" 맹자가 말하였다. "탕임금은 박에 있었고, 갈나라와는 이웃이었다. 갈백[14]이 방종무도하고 제사를 지내지 않아서 탕임금이 사람을 시켜 '왜 제사를 지내지 않는가' 라고 물으니 '희생을 제공할 것이 없어서 그렇다' 고 말하였다. 탕임금이 사람을 시켜서 소와 양을 보내 주었더니 갈백은 그것을 먹어 버리고 또 제사를 지내지 않았다. 탕임금이 또 사람을 시켜서 '왜 제사를 지내지 않는가' 라고 물으니 갈백은 '제물로 쓸 곡식이 없어서 그렇다' 라고 대답하였다. 탕임금이 박이 백성들을 시켜 갈백을 위해 농사를 지어 주게 하고, 노약자에게는 먹을 것을 날라다 주게 하였더니 갈백은 자기 백성들을 데리고 나와 술과 밥 그리고 수수와 쌀을 가진 사람들을 불러 그들이 가진 것을 빼앗고, 그것을 주지 않는 사람을 죽였다. 한 어린아이가 수수와 고기를 날라 주었는데, 그 아이를 죽이고 가진 것을 빼앗아 버렸다. 『서경』에서 '갈백은 먹을 것을 날라 준 사람과 원수가 되었다' 고 한 것은 이것을 두고 한 말이다. 갈백이 그 어린아이를 죽였기 때문에 탕임금이 그를 토벌하자 사해 안의 모든 사람들은 '천하의 재부를 차지하려는 것이 아니고 백성들을 위해 원수를 갚아 준 것이다' 라고 말하였다. 탕임금은 최초의 정벌을 갈나라로부터 시작하여 열한 차례의 정벌을 하였는데, 천하에 대적할 상대가 없었다. 동쪽을 정벌하려고 하면 서쪽의 이민족이 원망하고, 남쪽을 정벌하려고 하면 북쪽의 이민족이 원망하면서 '왜 우리를 뒤로 놓는가' 라고 하였다. 백성들이 그를 바라기를 큰 가뭄에 비를 바라는 것과 같았다. 시장에 물건 바꾸러 가는 사람들이 그치지 않았고, 김매는 사람들은 그냥 일을 하였으

14 역주: 백(伯)은 수장을 의미한다.

니, 그 나라의 임금을 죽여서 그 나라의 백성들을 위로해 주는 것이 제때에 비가 내리는 것과 같아서 백성들이 매우 기뻐했던 것이다. 『서경』에 '우리 임금님을 기다리니, 임금께서 오셔야 형벌이 없어질 것이다' 라고 하였고, '신복하지 않는 곳이 있어 동쪽으로 가서 정벌하여 그곳의 남녀들을 편안하게 해 주었다. 그곳의 현삼훈이의 폐백을 비에 넣어서 우리 주왕을 섬겨 그 훌륭하심을 바라보고, 위대한 읍인 주에 예속되기를 바랐다' 고 하였다. 그곳의 군자들은 현삼훈이의 폐백을 비에다 채워 가지고 정벌군의 군자들을 맞이하였고, 그곳의 소인들은 대나무 그릇의 밥과 주전자에 음료를 담아 가지고 정벌군의 소인을 맞이하였다. 백성들을 물과 불 같은 재난에서 구해 주고 잔인한 사람을 제거하였을 뿐이다. 「태서」에 '우리 무왕께서 무위 선양하여 이 땅을 침공하였다. 그것은 잔인한 사람을 제거한 것으로, 살벌한 무공을 발휘하였나니, 탕임금보다도 더 빛나도다' 라고 하였다. 왕도정치를 시행하지 않아서 그런 것이다. 진실로 왕도정치를 실행하기만 하면 사해 안의 사람들이 모두 고개를 들고서 바라보고, 그를 임금으로 삼으려고 할 것인데, 제나라와 초나라가 크다고 하지만, 무엇이 두렵겠는가?"

萬章問曰:"宋小國也, 今將行王政, 齊楚惡而伐之則如之何?" 孟子曰:"湯居亳, 與葛爲隣. 葛伯放而不祀, 湯使人問之曰:'何爲不祀?' 曰:'無以供犧牲也.' 湯使遺之牛羊, 葛伯食之, 又不以祀. 湯又使人問之曰:'何爲不祀?' 曰:'無以供粢盛也.' 湯使亳衆, 往爲之耕, 老弱饋食. 葛伯帥其民, 要其有酒食黍稻者奪之, 不授者殺之. 有童子以黍肉餉, 殺而奪之. 書曰:'葛伯仇餉.' 此之謂也. 爲其殺是童子而征之. 四海之內, 皆曰:非富天下也. 爲匹夫匹婦, 復讐也. 湯始征自葛載, 十一征而無敵於天下. 東面而征, 西夷怨. 南面而征, 北狄怨, 曰:'奚爲後我.' 民之望之, 若大旱之望雨也. 歸市者弗止, 芸者不變. 誅其君而弔其民, 如時雨降. 民大悅. 書曰:'徯我后, 后來其無罰.' '有攸不爲臣, 東征綏厥士女. 匪[15]厥玄黃[16]紹我周王見休, 惟臣附于大邑周.' 其君子實玄黃於匪以迎其君子, 其小人簞食壺漿以迎其小人. 救民於水火之中, 取其殘而已矣. 「太誓」曰: '我武惟揚侵于之疆, 則取于殘. 殺伐用張, 于湯有光.' 不行王政云爾. 苟行王政, 四海之內, 皆擧首而望之欲以爲君. 齊楚雖大, 何畏焉?" 「滕文公下」

맹자가 말하였다. "삼대에 천하를 얻은 것은 인으로써 얻은 것이고, 천하를 잃은 것도 인(仁)하지 않았기 때문이다. 제후국들이 피폐하고 흥성하며 존속되고 멸망하는 것도 모두 그렇다. 천자가 인하지 못하면 사해를 보존할 수 없고, 제후가 인하지 못하면 사직을 보존할 수 없으며, 경대부가 인하지 못하면 종묘를 보존하지 못하고, 지식인과 일반 사람들이 인하지 못하면 사체를 보존하지 못한다. 지금 죽고 멸망당하는 것을 싫어하면서도 인하지 못함을 좋아한다면 그것은 취하는 것을 싫어하면서도 무리하게 술을 마시는 것과 같은 것이다."

孟子曰: "三代之得天下也以仁, 其失天下也以不仁. 國之所以廢興存亡者亦然. 天子不仁不保四海, 諸侯不仁不保社稷, 卿大夫不仁不保宗廟, 士庶人不仁不保四體. 今惡死亡而樂不仁, 是猶惡醉而强酒." 「離婁上」

맹자의 관념 중에 있는 왕도는 바로 인정이다. 맹자는 이러한 왕도정치를 시행할 수 있는 가능성을 맹자 이전의 삼대 정치의 경험에 두고 있다. 역사적으로 보면, 가장 친절하게 왕도정치를 시행한 사람으로서의 전형은 문왕이다. 문왕이 기주(岐周)를 다스린 방법은 농민에게

15 역주: 匪는 篚와 같다. 베로 만든 상자.

16 역주: 현황(玄黃)은 현삼훈이(玄三纁二)로 적흑색 3종과 적황색 2종의 비단이다. 선비가 자기가 존경하는 사람을 만나고자 할 때는 이러한 폐백(幣帛)을 가지고 가서 만났다.

는 수확의 9분의 1을 세금으로 받고, 관리에게는 봉록을 세습하게 하며, 관문이나 시장에서는 단지 시찰만을 할 뿐 세금을 징수하지 않고, 호수에서 물고기를 잡는 것을 금하지 않으며, 범죄를 저지른 사람에게는 형벌을 본인에게만 시행할 뿐 가족까지 연좌하지 않는 것이다. 가장 중요한 것은 홀아비와 과부 그리고 고아나 홀로 있는 사람, 즉 의탁할 수 있는 사람이 없는 자를 최우선적으로 구휼한다는 것이다. 문왕이 이러한 인정을 실행할 수 있었기 때문에 당시에 설사 고대로부터 내려온 풍습을 계승하며 전통문화와 좋은 정치 체계를 갖추고 있는 은나라 주(紂) 정권이 있었지만, 민심을 얻지 못한 상황에서 주왕은 자신의 통치권력을 유지할 수 없었기 때문에 결국 천하의 주인이 바뀌게 되는 상황을 초래한 것이다. 그다음 맹자가 계속해서 하나하나 예로 든 것은 은의 탕임금이었다. 은의 탕임금이 베푼 인정의 구체적인 내용은 상세하게 고증할 수 없다. 그러나 맹자가 흥미진진하게 말한 것은 "탕임금의 첫 번째 정벌은 갈나라로부터 시작되었다"는 것과 "동쪽을 정벌하려고 하면 서쪽의 이민족이 원망하고, 남쪽을 정벌하려고 하면 북쪽의 이민족이 원망하였다"는 것이다. 다시 말하면 탕임금의 정벌이 결코 자신이 천하의 재부를 가지려는 것이 아니고 일반 백성들의 원수를 갚기 위함이라는 것이다. 그렇기 때문에 탕임금은 비록 칠십 리라는 작은 땅을 소유하고 있었지만, 천하만민의 지지를 얻을 수 있었던 것이다. 따라서 맹자의 입장에서 보면, 왕도정치와 인정이라는 이상은 사실 삼대의 역사에서 지지하고 있는 것이었다.

그렇다면 이는 왕도와 인정은 일종의 복고주의를 의미하는 것인가? 또 역사가 진화한다는 사실에 어두운 보수 관념인가? 우리가 『맹자』라는 서책을 자세하게 잘 탐독하면, 맹자가 열거한 역사적인 예증의 배후에는 그의 인성에 관한 통찰이 자리 잡고 있음을 발견할 수 있을 것이다.

맹자가 말하였다. "걸주가 천하를 잃은 것은 백성을 잃었기 때문이다. 백성을 잃은 것은 그들의 마음을 잃었기 때문이다. 천하를 얻는 것에는 방법이 있다. 백성을 얻으면 곧 천하를 얻을 수 있다. 백성을 얻는 것에는 방법이 있다. 백성의 마음을 얻으면 곧 백성을 얻을 수 있다. 백성의 마음을 얻는 것에는 방법이 있다. 그들이 원하는 것은 모아 주고, 그들이 싫어하는 것은 시행하지 않는 것뿐이다. 백성들이 인으로 돌아가는 것은 마치 물이 아래로 흐르는 것과 같고, 짐승들이 넓은 곳으로 달려가는 것과 같다. 그러므로 못으로 물고기를 몰아 주는 것은 수달이고, 총림으로 새를 몰아 주는 것은 새매이며, 탕임금과 무왕에게 백성들을 몰아 준 사람은 걸과 주이다. 지금 천하의 군주 가운데 '인'을 좋아하는 사람이 있으면, 제후들이 모두 그를 위해 백성들을 몰아다 주게 될 것이다. 그렇게 되면 비록 왕자가 되고 싶지 않다고 할지라도 어찌할 수 없을 것이다. 지금 왕자가 되려는 사람들은 마치 7년 묵은 병을 고치려고 3년 말린 쑥을 구하는 것과 같다. 참으로 쑥을 미리 비축하지 않고서는 평생 그것을 얻지 못할 것이다. 진실로 '인'에 뜻을 두지 않는다면, 평생 근심하고 욕을 당하다가 결국 죽음의 구렁텅이에 빠지게 될 것이다. 『시경』에서 '어떻게 잘 될 수 있겠는가? 서로들 모두 멸망의 구렁텅이에 빠지리라'라고 하였다. 이는 바로 이것을 두고서 한 말이다."

孟子曰："桀紂之失天下也失其民也, 失其民者失其心也. 得天下有道, 得其民斯得天下矣. 得其民有道. 得其心斯得民矣. 得其心有道. 所欲與之聚之, 所惡勿施爾也. 民之歸仁也猶水之就下, 獸之走壙也. 故爲淵歐魚者獺也, 爲叢歐爵者鸇也, 爲湯武歐民者桀與紂也. 今天下之君, 有好仁者, 則諸侯皆爲之歐矣. 雖欲無王不可得已. 今之欲王者猶七年之病, 求三年之艾也. 苟爲不畜, 終身不得. 苟不志於仁, 終身憂辱, 以陷於死亡. 『詩』云 : '其何能淑, 載胥及溺.' 此之謂也." 「離婁上」

선으로써 남을 복종시키려고 한 사람은 지금까지 남을 복종시킨 적이 없다. 선으로써 남을 길러 준 후에 비로소 천하를 복종시킬 수 있다. 천하 사람이 마음으로부터 복종하지 않고 왕자가 된 사람은 아직까지 없었다.

以善服人者, 未有能服人者也. 以善養人者, 然後能服天下. 天下不心服而王者, 未之有也. 「離婁下」

맹자가 말하였다. "인자한 말은 '인' 하다는 평판이 사람들의 (마음에) 깊게 간직되어 있는 것만 못하다. 좋은 정치는 좋은 가르침으로써 백성을 얻는 것만 못하다.[17] 좋은 정치는 백성들이 두려워한다. 좋은 가르침은 백성들이 사랑한다. 좋은 정치를 하면 백성의 재물을 얻을 수 있다. 좋은 가르침은 백성의 마음을 얻을 수 있다."

孟子曰 : "仁言, 不如仁聲之入人深也. 善政, 不如善教之得民也. 善政, 民畏之. 善教, 民愛之. 善政, 得民財. 善教, 得民心." 「盡心上」

맹자가 말하였다. " … 왕께서 진정한 왕자노릇을 하지 못하는 것은 태산을 끼고서 북해를 뛰어넘는 일과 같은 것이 아닙니다. 왕께서 진정한 왕자노릇을 하지 않는 것은 팔다리를 주무르는 일과 같이 (쉽게 할 수 있는)

---

17 역주: 이곳에서 맹자는 정치와 교육을 대비시켜 교육의 우선성을 강조하고 있다. 좋은 정치(善政)일지라도 정치는 법령과 형벌로써 백성을 제재하는 것이다. 반면 좋은 가르침(善教)은 예악으로써 백성의 마음을 교화하는 것이다. 이는 교화가 형벌의 정치보다 앞서야 함을 강조한 것이다.

일입니다. 내 노인을 공경하여 그 공경의 마음을 다른 노인에게까지 미치게 하고, 내 아이를 사랑하여 그 사랑의 마음을 다른 아이에게까지 미치게 하면 천하를 손바닥에 올려놓고 움직이는 것처럼 쉽게 다스릴 수 있습니다. 『시경』에서는 '처에게 올바르게 대해 주고, (그 마음을) 형제에게까지 미치게 하며 가정과 국가를 다스린다' 고 하였습니다. (이는) 이 마음을 들어 저들에게 적용한 것에 불과합니다. 그러므로 은혜를 널리 펼쳐 나가면 사해를 족히 보존할 수 있습니다. 은혜를 널리 펼치지 못하면 처자마저도 보호할 수 없습니다. 옛사람[18]들이 남보다 뛰어난 까닭은 다른 것이 아니라 하고자 하는 바를 잘 펼쳐 나갔기 때문일 뿐입니다."

王之不王, 非挾太山以超北海之類也. 王之不王, 是折枝之類也. 老吾老, 以及人之老, 幼吾幼, 以及人之幼, 天下可運於掌. 『詩』云 : '刑于寡妻,[19] 至于兄弟, 以御于家邦.' 言擧斯心, 加諸彼而已. 故推恩, 足以保四海. 不推恩, 無以保妻子. 古之人所以大過人者, 無他焉, 善推其所爲而已矣."「梁惠王上」

맹자가 말하였다. "사람마다 남에게 차마 잔혹하게 굴지 못하는 마음이 있다. 선왕들은 남에게 차마 잔혹하게 굴지 못하는 마음을 지니고 있었기 때문에 민중들에게 차마 잔혹하게 굴지 못하는 정치를 할 수 있었다. 남에게 차마 잔혹하게 굴지 못하는 마음으로써 민중들에게 차마 잔혹하게 굴지 못하는 정치를 하면 천하를 다스리는 것은 마치 손바닥에 올려놓고서 움직이는 것 같이 쉬울 것이다."

孟子曰 : "人皆有不忍人之心. 先王有不忍人之心, 斯有不忍人之政矣. 以不忍人之心, 行不忍人之政, 治天下可運之掌上."「公孫丑上」

---

18 역주: 예사 성현을 지칭한다.

19 역주: 과처(寡妻)는 '덕이 없는 처' 라는 뜻이지만, 이곳에서는 자기의 처를 겸손하게 표현한 말이다.

앞에서 인용한 구절을 통하여 우리는 걸왕과 주왕이 천하를 잃고 탕임금과 무왕이 천하를 얻게 된 핵심 원인이 바로 민심을 얻고 잃음에 달려 있음을 분명하게 볼 수 있다. 즉 '그들이 원하는 것을 모아 주고, 그들이 싫어하는 것을 시행하지 않는 것뿐이다.' 그러나 무엇이 백성들이 원하는 것이고, 싫어하는 것인가? 대체적으로 말하면, 「양혜왕」 '보민이왕'(保民而王) 장에서 말한 "위로는 넉넉히 부모를 섬길 수 있게 하고, 아래로는 넉넉히 처자를 먹여 살릴 수 있게 하며, 풍년에는 오랫동안 배불리 먹고, 흉년에는 죽음을 면하게 한다"[20]는 것과 "학교의 가르침을 엄격하게 실시하고, 효도와 우애의 도리를 반복하여 가르친다"[21] 등등의 것이 이에 해당될 것이다. 다시 말하면, 앞에서 인용한 두 번째의 "선으로써 남을 길러 준다"(以善養人)는 것과 세 번째의 "좋은 가르침"(善) 등의 일이 이에 해당될 것이다. 왜냐하면 맹자의 관념 중에 한 개인의 생존에 필요한 것과 인성 중의 가치 이상은 기본적으로 완전히 같은 것이기 때문이다. 따라서 정치를 하는 방법은 먼저 "은혜를 널리 펼쳐 나가게 하는 것"(推恩)이고, 또 "이 마음을 들어 저들에게 적용한 것"(擧斯心加諸彼)일 뿐이다. 바꾸어 말하면, 한 위정자가 사람에게 차마 하지 못하는 불인인지심(不忍人之心)을 충분하게 실현하여, "내 노인을 공경하여 그 공경의 마음을 다른 노인에게까지 미치게 하고, 내 아이를 사랑하여 그 사랑의 마음을 다른 아이에게까지 미치게 하고", 심지어 "남이 물에 빠진 것을 내가 물에 빠진 것처럼 여기고, 남이 굶주리는 것을 내가 굶주리는 것처럼" 사람에게 차마 하지 못하는 정치를 전개한다면, 자연스럽게 "백

---

20 『孟子』「梁惠王上」, "仰不足以事父母, 俯不足以畜妻子. 樂歲終身飽, 凶年不免於死亡."

21 같은 책, "謹庠序之敎, 申之以孝悌之義."

성들이 인으로 돌아가는 것은 마치 물이 아래로 흐르는 것과 같을 것이어서", "천하를 다스리는 것은 마치 손바닥에 올려놓고서 움직이는 것 같이 쉬울 것이다." 그렇기 때문에 맹자는 탕임금과 문왕이 각각 70리와 100리의 작은 땅이라는 극히 어려운 조건 속에서도 천하 대통일의 질서를 수립할 수 있었던 까닭은 무슨 특별한 원인이 있어서가 아니라 바로 사람에게 차마 하지 못하는 마음을 근본으로 삼아 그가 하고자 한 것을 잘 미루어 실현하였다는 점에 있다고 생각한 것이다.

앞에서 서술한 것처럼 맹자의 왕도정치와 인정의 이상은 한편으로는 '삼대에 천하를 얻은 것은 인으로써 얻은 것이고, 천하를 잃은 것도 인하지 않았기 때문이다'는 역사적 경험을 기초로 삼은 것이라고 할 수 있고, 다른 한편으로는 그가 보편적인 인성 긍정에서 건립한 것이라고 할 수 있다. 더 나아가 말하자면, 맹자는 기본적으로 도덕성으로써 인성을 이해하였기 때문에 정치의 목적과 실현의 순서 및 내용 역시 반드시 도덕으로써 분계와 표준을 삼으려고 하였다. 이 점은 맹자의 정치철학으로 하여금 처음부터 일종의 이상주의의 경향을 표시하게 하였고, 또 맹자로 하여금 줄곧 도덕적 관점으로써 정치문제를 사고하게 하였으며, 근본적으로 적나라하게 정치권력 분배라는 관점에서 정치를 이해하지 않게 하였다. 황준걸 선생은 이 점에 관하여 다음과 같이 매우 예리하게 지적하고 있다. "맹자의 정치사상 중에서 정치의 영역은 결코 하나의 여러 사회 집단 · 단체 또는 계급의 이익이 서로 충돌하거나 혹은 절충하면서 타협하는 장소가 아니다. 이와 정반대로 맹자는 정치 영역을 하나의 도덕적 사회지역(community)으로 생각하였다. 그것의 도덕성질은 인심의 가치자각의 보편필연성에 의거하여 보증하는 것이다."[22] 따라서 맹자의 입장에서 말하면, 정치에는 단지 두 종류가 있을 뿐이다. 즉 '인과 불인일 뿐이다.'[23] 맹자는 이처럼 정치의 복잡성을 도덕층으로 끌어올렸고, 아울러 간단하게 '인'과 '불인'으로써 구분하였다. 현대 정치학적인 관점에서 보면, 분명 수용하기 힘들 것이다. 그러나 어떻게 말하더라도 2천 년 동안 무한 영역으로 팽창하는 전제군주의 권력을 유일하게 약간이라도 누를 수 있었던 것은 맹자의 왕도와 인정의 관념뿐이었다는 점은 부정할 수 없는 사실이다. 그렇다면 우리는 비판과 반성을 하기 이전에 마땅히 다시 한 번 심도 있게 맹자의 기본적 관념들을 살펴보고서 공정하고도 균형감 있게 이해해야 할 것이다.

제2절 : 민본과 민주

맹자의 정치 사고에는 근대 서양의 계약론 정신 하에서 개인을 정치사회의 모든 권리와 의무의 유일한 주체로 삼는다는 의식은 없다.[24] 맹자의 주요 사고는 그의 인성론으로부터 온 것이다. 그는 모든 사람을 도덕적 존재로 인식하였고, 동일한 존엄성과 가치를 갖춘 존재로 인식하였다. 아울러 이 원칙에 따라서 서양 근대의 민주 개념과 상당이 유사한 민본의 학설을 제시한 것이다.

> 맹자가 말하였다. "백성이 귀하고, 사직이 다음이며, 군주는 가볍다. 그러므로 일반 대중의 마음을 얻으면 천자가 되고, 천자의 마음을 얻으면 제후가 되며, 제후의 마음을 얻으면 대부가 된다. 제후가 사직을 위태롭게

---

22 黃俊傑『孟學思想史論』, 171쪽.

23 『孟子』「離婁上」, "道二, 仁與不仁而已矣."

24 W. T. Jones : "*A History of Western Philosophy: Hobbes to Hume*" (New York: Harcourt, Brace & World, Inc., 1996) 266-272쪽.

하면 군주를 교체한다. (사직의 제물로 쓰일) 짐승이 이미 준비되었고, (제물로 쓰일) 곡식이 정결하게 마련되었으며, 제때에 제사를 올렸는데도 가뭄과 홍수가 들면 사직을 교체한다."

孟子曰 : "民爲貴, 社稷次之, 君爲輕. 是故, 得乎丘民而爲天子, 得乎天子爲諸侯, 得乎諸侯爲大夫. 諸侯危社稷, 則變置. 犧牲旣成, 粢盛旣潔, 祭祀以時. 然而旱乾水溢, 則變置社稷."「盡心下」

맹자의 입장에서 보면, 정치의 주체는 백성이지 군주가 아니었다. 왜냐하면 "일반 대중의 마음을 얻으면 천자가 되기 때문이다." 천자의 통치권이 일반 민중으로부터 온다면 정치의 비중에서 민중이 존귀하고 군주의 지위가 가벼운 것은 당연하다. 이 점은 의심할 필요가 없다. 서복관 선생은 이 점에 관하여 다음과 같이 말하였다. "맹자가 정치에서 인의를 논하고, 왕도의 구체적인 내용을 논한 것은 오로지 통치자를 정치의 출발점으로 삼고, 통치자를 정치의 귀결점의 방향으로 삼으려고 한 것으로부터 철저하게 방향을 전환하여 모든 것을 백성을 위한 정치로 삼고자 함이다. 이 점은 2천 년 전부터 지금 현재까지 아직 완전하게 실현되지 못했고, 심지어 관념상으로도 아직 이르지 못한 방향 전환이다. 역사적으로 볼 때 민본 관념은 경천동지(驚天動地)할 만한 큰 사건이다."[25] 다시 말하면, 맹자의 '백성이 귀하고 군주는 가볍다'는 주장은 현재의 능숙한 민주정치인의 입장에서 보면, 그리 특별한 주장은 아닌 것으로 보일 수도 있지만, 2천 년 전의 전국시대의 입장에서 보면 맹자의 민본 관념이야말로 참으로 무지한 백성을 일깨워 주는 소리일 것이다.

25 徐復觀『儒家政治思想與民主自由人權』, 123쪽.

제나라가 연나라를 쳐서 이겼다. 선왕이 물었다. “혹자는 과인에게 (연나라를) 취하지 말라고 하고, 혹자는 (연나라를) 취하라고 한다. 만승의 나라가 만승의 나라를 쳐서 50일 만[26]에 굴복시켰으니 사람의 힘만으로는 이렇게 되지 않을 것이다. (연나라를) 취하지 않으면 반드시 하늘의 재앙이 있을 것 같은데, 취하는 것이 어떻습니까?” 맹자가 대답하였다. “(연나라를) 취하려고 하는데 연나라 백성들이 기뻐한다면 취하십시오. 옛 사람 중에 그렇게 한 사람이 있었는데, 무왕이 바로 그랬습니다. 취하려고 하는데 연나라 백성이 기뻐하지 않는다면 취하지 마십시오. 옛 사람 중에 그렇게 한 사람이 있었는데, 문왕이 바로 그랬습니다. 만승의 나라가 만승의 나라를 치는데, (적국의 백성이) 대나무 그릇에 밥을 담고 주전자에 국을 담아 왕의 군대를 환영한 것에 어찌 다른 이유가 있겠습니까? 물과 불의 재난[27]을 피하고자 함입니다. 만일 물의 재난이 더욱 깊어지고, 불의 재난이 더욱 뜨거워진다면 역시 다른 데로 돌아갈 따름입니다.”

齊人伐燕勝之. 宣王問曰：“或謂寡人勿取, 或謂寡人取之. 以萬乘之國, 伐萬乘之國, 五旬而擧之, 人力不至於此. 不取必有天殃, 取之何如?” 孟子對曰：“取之而燕民悅則取之. 古之人有行之者, 武王是也. 取之而燕民不悅, 則勿取. 古之人. 有行之者, 文王是也. 以萬乘之國, 伐萬乘之國, 簞食壺漿以迎王師, 豈有他哉? 避水火也. 如水益深, 如火益熱, 亦運而已矣.”「梁惠王下」

맹자가 제선왕을 보고서 “왕의 신하 중에서 자기의 처자를 그의 친구에게 맡기고서 초나라에 가서 돌아다닌 사람이 있는데, 그 사람이 돌아와 보니 그 친구가 자기의 처자를 얼게 하고 굶주리게 하였다면 어떻게 하겠습니

---

26 역주: 순(旬)은 10일이다.

27 역주: 물과 불의 재난은 폭정을 의미한다.

까"라고 말했다. 왕이 말하였다. "절교할 것이다." "사사가 그의 사를 다스리지 못한다면 어떻게 하겠습니까?" 왕이 말하였다. "그만두게 할 것이다." (맹자가) 말하였다. "사방 국경 안이 다스려지지 않는다면 어떻게 하겠습니까?" 왕은 좌우를 둘러보고서 다른 말을 하였다.

孟子謂齊宣王曰 : "王之臣有託其妻子於其友而之楚遊者, 比其反也, 則凍餒其妻子, 則如之何?" 王曰 : "棄之." 曰 : "士師[28]不能治士,[29] 則如之何?" 王曰 : "已之." 曰 : "四境之內不治, 則如之何?" 王顧左右而言他. 「梁惠王下」

제선왕이 물었다. "탕왕이 걸왕을 추방하였고, 무왕이 주왕을 정벌하였다는데 그런 일이 있었습니까?" 맹자가 대답하였다. "사적에 기록되어 있습니다." (제선왕이) 말하였다. "신하가 그 군주를 시해해도 됩니까?" (맹자가) 말하였다. "인을 해치는 자는 흉포하다고 하고, 의를 해치는 자는 잔혹하다고 합니다. 흉포하고 잔혹한 사람은 필부라고 합니다. 한 필부인 주(紂)를 주살하였다는 말은 들었어도, 군주를 시해하였다는 말은 듣지 못하였습니다."

齊宣王問曰 : "湯放桀, 武王伐紂, 有諸?" 孟子對曰 : "於傳有之." 曰 : "臣弒其君可乎?" 曰 : "賊仁者, 謂之賊. 賊義者, 謂之殘. 殘賊之人, 謂之一夫. 聞誅一夫紂矣, 未聞弒君也." 「梁惠王下」

맹자가 인민이 정치의 주체라고 인식한 태도는 그의 정치철학에서 시종일관 일치하고 있다. 제선왕이 연나라를 흡수하려고 하자 맹자는 민의를 근거로 대답하였을 뿐 근본적으로 하늘의 재앙으로써 사고하

28 역주: 전국의 옥송(獄訟)을 맡은 관리이다. 그 아래에 수사(遂士)와 향사(鄕士) 및 현사(縣士) 등이 있다.

29 역주: 사사(師士)가 수사(遂士) 등 그의 부하를 다스리는 일.

지 않았다. 여기에 그치지 않고 통치자의 권리는 인민으로부터 오기 때문에 위정자가 그가 맡은 임무에 충실하지 못하면, 인민은 그에게 맡긴 임무를 회수할 수 있다고 하였다. 즉 "사방 국경 안이 다스려지지 않고", 인간도덕의 법칙을 파괴하여 흉포하고 잔인한 필부와 같은 사람이 되면, 그의 권리를 회수할 수 있다는 것이다. 이에 대한 처벌은 매우 엄격하여 심지어 주살할 수도 있다고 하였다. 바꾸어 말하면, 통치자의 권위는 절대 불가침의 영역에 속한 것이 아니고, 신으로부터 부여받은 것도 아니다. 오히려 반대로 군주의 통치권은 반드시 인민의 동의(consent)[30]를 얻고서 그것에 따라서 권리를 취득할 수 있고, 동시에 천하를 온전하게 통치해야 하고 인간 도덕질서를 유지해야 하는 의무(obligation)를 지게 된다. 중화민국이 수립된 이래 많은 사람들이 중국이 민주정치를 실현할 수 없는 원인을 유가철학의 존군(尊君) 사상에서 찾았다. 그러나 이는 옛 사람의 서적을 잘 읽지 못한 무지의 견해일 뿐이다.

> 맹자가 제선왕을 만나서 말하였다. "… 나라의 군주가 현자를 등용할 때는 마치 어쩔 수 없는 것처럼 해야 한다. 장차 낮은 지위의 사람으로 하여금 높은 지위의 사람을 넘어서게 하고, 생소한 사람으로 하여금 가까운 사람을 넘어서게 하는 것이니 신중하지 않을 수 있겠습니까? 좌우에 있는 모든 사람이 그를 현자라고 해도 아직은 안 된다. 여러 대부들이 그를 현자라고 해도 아직은 안 된다. 백성들이 모두 현자라고 한 후에 그를 살펴보고서 그의 현량한 모습을 본 후에 등용하십시오. 좌우의 모든 사람이

---

30 李瑞全「孟子政治哲學之定位：民本與民主之論」, 臺灣『鵝湖月刊』第185期, 11쪽.

불가하다고 말해도 듣지 마십시오. 여러 대부들이 불가하다고 말해도 듣지 마십시오. 온 나라 사람들이 불가하다고 한 후에 살펴보고서 불가한 점이 보이면 그를 제거하십시오. 좌우에 있는 모든 사람들이 그를 죽여야 한다고 해도 듣지 마십시오. 여러 제후들이 그를 죽여야 한다고 말해도 듣지 마십시오. 온 나라 사람들이 죽여야 한다고 말한 후에 살펴보고서 죽여야 할 점이 보이면 죽이십시오. 그래서 온 나라 사람들이 죽였다고 하는 것입니다. 이렇게 한 후에야 비로소 백성의 부모가 될 수 있습니다."
孟子見齊宣王曰 … "國君進賢, 如不得已. 將使卑踰尊, 疏踰戚, 可不愼與? 左右皆曰賢未可也. 諸大夫皆曰賢未可也. 國人皆曰賢然後, 察之, 見賢焉然後用之. 左右皆曰不可勿聽. 諸大夫皆曰不可勿聽. 國人皆曰不可然後察之, 見不可焉然後去之. 左右皆曰可殺勿聽. 諸大夫皆曰可殺勿聽. 國人皆曰可殺然後察之, 見可殺焉然後殺之. 故曰國人殺之也. 如此然後, 可以爲民父母."「梁惠王下」

그러나 인민이 정치주체가 된다는 맹자의 민본 관념은 서양의 민주와 동일한 것인가? 이에 관하여 소공권 선생은 "맹자의 귀민사상은 단지 민향(民享)에서 민유(民有)에 도달하는 것에 불과하나. 민치의 원칙과 제도 등에 관해서는 아직 깨닫지 못했다"[31]고 하였다. 그러나 서복관 선생의 인식은 이것과 다르다. 서복관 선생은 앞에서 인용한 첫 번째 장을 근거로 국가의 군주가 사람을 등용하고 제거하며 죽이는 정치권리를 독단적으로 처리할 수 없고 반드시 민의를 존중해야 한다면, 우리는 맹자의 민주사상에 민치의 원칙이 포함되어 있지 않다고 말할 수 없다고 하였다. 그러나 서복관 선생은 '인민이 어떻게 이러한 권력을 유효하게 사용해야 하고, 그것과 관련된 제도에 대해서 맹

---

31 蕭公權『中國政治思想史』「上册」, 96쪽.

자는 확실히 생각하지 못하였다'는 점에 대해서는 긍정한다.[32] 다시 말하면, 서복관 선생은 민치원칙과 민치제도를 구분하고서, 맹자의 민본사상에는 민치의 원칙이 확실히 포함되어 있음을 강조하였다. 단지 제도상 아직 명확하게 계획하여 수립하지 못하였을 뿐이다.

서복관 선생의 견해는 대체적으로 그르지 않다. 그러나 두 가지 점에 관해서는 보충설명을 해야 한다. 하나는 사상사적인 관점에서 말하면, 국인(國人)이 국정에 참여하는 것은 확실히 서주 이래로 있어왔던 역사적 사실이라는 점이다. 그러나 국인과 야인(野人)은 서로 다르다. 국인은 성곽 안에 거주하는 사람으로서 성곽 밖에 사는 비인(鄙人)·야인과는 다르다. 바꾸어 말하면, 국인은 서주시대부터 춘추시대까지 당시 정치의 무대에서 활약한 일종의 특수한 집단이었다. 국인에는 모든 일반 백성이라는 의미가 포함되어 있지 않다. 이로부터 더 나아가 말하자면, 국인은 고대 정치에서 비록 국군(國君)·귀족과 삼분(三分)의 지위를 차지하고 있었지만, 그들의 정치참여는 여론을 조성하는 것에 불과한 것이었다. 즉 소극적인 활동으로, 엄밀한 조직과 제도상의 보장은 결여되어 있다.[33] 그러므로 맹자와 제선왕의 담화를 비단 역사적 사실을 서술한 것일 뿐만 아니라 객관적인 제도로서 국인의 지위를 승인한 것으로 보지 않으면 안 된다. 그렇다면 우리는 단지 이 단락만을 근거로 맹자에 이미 민치의 사상이 있었다고 단정할 수는 없을 것 같다.

다음으로 보충설명을 해야 할 것은 앞의 인용문에서 언급한 인재등용과 지위 박탈 그리고 살인의 정치권리에 관한 것이다. 이러한 것

---

32 徐復觀『儒家政治思想與民主自由人權』, 126쪽.

33 杜正勝『周代城邦』, 132-133쪽.

들은 기본적으로 치권(治權)의 범주에 속한 것이다. 모종삼 선생은 『정도와 치도(政道與治道)』에서 다음과 같이 말하고 있다. "만일 단지 치권의 측면에 한정하여 말한다면, 정권은 여전히 한 집안의 세습에 속한 것이거나 혹은 구체적인 개인에 의탁한 것이기 때문에 대도의 실행이라고 할 수 없다. 지금의 언어로 말하자면, 진정한 민주라고는 할 수 없다. 단지 치권의 민주만이 있을 뿐 정권의 민주는 없다. 또한 치권의 민주 역시 객관적인 제도상의 보증이 없기 때문에 필연성을 확보할 수 없다."[34] 따라서 만일 우리가 맹자의 민본사상 중에 민주의 사상이 포함되어 있는가를 확인하려면 정권이 누구에게 속한 것인가의 문제를 파악해야 한다.

> 만장이 말하였다. "요임금이 천하를 순에게 주었다는 것이 사실입니까?" 맹자가 말하였다. "아니다. 천자는 천하를 남에게 주지 못한다." (만장이 물었다), "그렇다면 순은 천하를 얻었는데, 누가 (순에게) 준 것입니까?" (맹자가) 말하였다. "하늘이 준 것이다." (만장이 물었다), "하늘이 천하를 주었다는 것은 자세히 훈계하면서 명령하였다는 것입니까?" (맹자가) 말하였다. "아니다. 하늘은 말을 하지 않고, 행위와 그 일을 가지고서 (그 뜻을) 보여 줄 뿐이다." (만장이) 말하였다. "행위와 그 일을 가지고서 (그 뜻을) 보여 준다는 것은 어떻게 하는 것입니까?" (맹자가) 말하였다. "천자는 하늘에 사람을 천거할 수 있으나 하늘로 하여금 (천거한 사람에게) 천하를 주도록 하지는 못한다. 제후는 천자에게 사람을 천거할 수는 있지만 천자로 하여금 (천거한 사람을) 제후로 임명할 수 있게 하지는 못한다. 대부는 제후에게 사람을 천거할 수 있지만 제후로 하여금 (천거한

34 牟宗三『政道與治道』, 臺灣 廣文書局, 1974, 10쪽.

사람을) 대부로 임명할 수 있게 하지는 못한다. 옛날에 요임금이 순을 하늘에 천거하였는데, 하늘이 받아들였다. (순을) 백성들 앞에 드러내자 백성들이 받아들였다. 그렇기 때문에 '하늘은 말을 하지 않고 행위와 일로써 (그 뜻을) 보여 줄 뿐이다' 라고 한 것이다." (만장이) 말하였다. "감히 묻겠습니다. '하늘에 천거하여, 하늘이 받아들였다. 백성들 앞에 드러내자 백성들이 받아들였다' 는 것은 어떻게 한 것입니까?" (맹자가) 말하였다. "(순에게) 제사를 주관하게 하였는데, 모든 신이 흠향[35]하였으니 이것은 하늘이 받아들였다는 것이다. (순에게) 나랏일을 시켰는데 나랏일이 제대로 되었으니 이것은 백성들이 받아들였다는 것이다. 하늘이 (천하를) 주었고, 백성들이 (천하를) 주었기 때문에 '천자는 남에게 천하를 주지 못한다' 고 한 것이다. 순은 요임금을 28년 동안이나 도왔으니 (이는) 사람이 해낼 수 있는 일이 아니고 하늘이 그렇게 시킨 것이다. 요임금이 죽고, 삼년상을 마치자 순은 요임금의 아들을 피해 남하의 남쪽으로 갔는데, 천하의 제후들이 천자를 배알하러 오면 요임금의 아들에게 가지 않고 순에게로 갔다. 옥사를 송사하려는 사람들은 요임금의 아들에게 가지 않고 순에게 갔다. 덕을 찬양하는 사람은 요임금의 아들을 찬양하지 않고 순을 찬양하였다. 그렇기 때문에 '하늘이 시킨 것이다' 라고 한 것이다. 그런 후에 수도에 나아가 천자의 지위에 올랐다. 만일 요임금이 살았던 궁전에 살면서 요임금의 아들을 핍박하였다면, 그것은 찬탈이지 하늘이 준 것이 아니다. 「태서」에서는 '하늘이 보는 것은 백성들을 통해서 보고, 하늘이 듣는 것은 백성들을 통해서 듣는다' 고 하였는데, 이것을 말한 것이다."

萬章曰："堯以天下與舜，有諸? 孟子曰："否. 天子不能以天下與人." "然則舜

35 역주: 순이 제사를 올리자 모든 신들에게서 영험이 나타났다는 의미이다.

有天下也, 孰與之?" 曰 : "天與之." "天與之者, 諄諄然命之乎?" 曰 : "否. 天不言, 以行與事, 示之而已矣." 曰 : "以行與事, 示之者, 如之何?" 曰 : "天子能薦人於天, 不能使天與之天下. 諸侯能薦人於天子, 不能使天子與之諸侯. 大夫能薦人於諸侯, 不能使諸侯與之大夫. 昔者堯薦舜於天, 而天受之. 暴之於民, 而民受之. 故曰 : '天不言, 以行與事示之而已矣.'" 曰 : "敢問'薦之於天, 而天受之. 暴之於民, 而民受之.' 如何?" 曰 : "使之主祭, 而百神享之, 是天受之. 使之主事, 而事治, 百姓安之, 是民受之也. 天與之, 人與之. 故曰 : '天子不能以天下與人.' 舜相堯, 二十有八載, 非人之所能爲也, 天也. 堯崩, 三年之喪畢, 舜避堯之子於南河之南, 天下諸侯朝覲者, 不之堯之子而之舜. 訟獄者, 不之堯之子而之舜. 謳歌者不謳歌堯之子而謳歌舜. 故曰 : '天也.' 夫然後之中國, 踐天子位焉. 而居堯之宮, 逼堯之子, 是簒也, 非天與也. 太誓曰 : '天視自我民視, 天聽自我民聽.' 此之謂也."「萬章上」

선양정치는 줄곧 유가철학의 공통된 이상정치였다. 그것의 주요 원인은 바로 선양정치가 '천하는 공적인 것이다' 라는 천하위공(天下爲公)의 정신을 반영하고 있기 때문이다. 앞에서 인용한 문헌에 의거하여 보면, 우리는 맹자가 이해하고 있는 선양이 결코 사적인 두 사람의 서로 주고받음이 아니라 하나의 객관적인 질서를 경과하여 이루어진 것임을 알 수 있다. 즉 먼저 '천자가 하늘에 사람을 천거하고', '백성들 앞에 드러내고', 다시 하늘이 받아들이고, 백성이 받아들인 후에 마지막으로 '하늘이 주고' '백성이 주는 것' 이다. 다시 말하면, 순임금이 통치권을 취득한 것은 표면적으로 보면, 하늘이 준 것이지만, '하늘이 보는 것은 백성들을 통해서 보고, 하늘이 듣는 것은 백성들을 통해서 듣기' 때문에 결국 백성들이 고도의 긍정적인 수용이라는 상황에서 백성들이 그에게 천자의 지위를 수여한 것이다. 즉 맹자의 관념 중에 정권의 진정한 주인은 민중인 것이지 결코 천자의 수중에 있는 물건이 아니다. 이곳에서 소공권 선생의 관점에 비추어 민주와 민주제도라는 두 개의 개념을 잠시 분리하고, 아울러 원칙상 '주권은 민중에 있다'는 의미에 따라서 민주를 이해하면, 우리는 맹자의 민본사상 중에 확실히 민주의 내용이 포함되어 있음을 알 수 있다. 또한 일종의 천거식의 제도를 제시하여 민주의 정신을 드러낼 수도 있다. 그러나 민주와 민주제도라는 두 개의 개념을 분리할 수 없는 것이라고 생각하고, 아울러 서양의 민주 선진국가의 민주제도와 질서로써 맹자의 민주사상을 고찰한다면 우리는 맹자의 천거식 제도는 객관적인 헌법의 보증이 없다는 것을 수용해야 할 것이다. 다시 말하면, 천거식의 실행성은 기본적으로 극히 낮을 수밖에 없다. 이 점은 우임금 후에 왜 '자식에게 천자의 지위를 전하고 현자에게 천자의 지위를 전하지 않는가'에 관한 맹자의 해석을 통하여 분명하게 알 수 있다.

> 만장이 물었다. "사람들이 우임금에 이르러 덕이 쇠해져 현자에게 전위하지 않고 자식에게 전위였다는 말을 하는데, 사실입니까?" 맹자가 말하였다. "아니다. 그렇지 않다. 하늘이 현자에게 주면 현자에게 주어지고, 하늘이 자식에게 주면 자식에게 주어지는 것이다. 옛날에 순임금이 우를 하늘에 천거하고서 17년 후에 순임금이 죽었다. 삼년상이 끝나고 우임금은 순임금의 아들을 피해서 양성으로 갔는데, 천하의 백성들이 그를 따랐다. 그것은 요임금이 죽자 천하 사람들이 요임금의 아들을 따라가지 않고 순임금을 따라간 것과 같다. 우임금이 익을 하늘에 천거하고 7년 후에 죽었다. 삼년상이 끝나자 익은 우의 자식을 피해서 기산의 북쪽으로 갔는데, 조근 오고 소송하는 사람들이 익에게로 가지 않고 계에게로 가서 '우리 임금의 아들이시다'라고 말하였고, 임금의 덕을 칭송하는 사람들은 익을

칭송하지 않고 계를 칭송하면서 '우리 임금의 아들이시다' 라고 하였다. 단주가 불초하고 순의 아들 역시 불초하였다. 순임금이 요임금을 도운 것과 우임금이 순임금을 도운 것은 그 세월이 길어서 백성들에게 오랫동안 은혜를 베풀어 주었다. 계는 능력이 있었기 때문에 공경하는 마음으로 우임금의 도를 계승할 수 있었다. 익이 우임금을 도운 것은 그 세월이 짧아서 백성들에게 은택을 베풀어 준 시간이 길지 않았다. 순임금과 우임금 및 익은 서로 간에 도운 시간의 차이가 현격하고, 그의 자식들이 능력 있고, 불초한 것은 모두 하늘의 뜻이었지 사람이 할 수 있는 일이 아니었다. 하려고 하지 않았는데 그렇게 된 것은 하늘의 뜻이고, 부르지 않았는데, 닥쳐오는 것은 운명이다. 필부로서 천하를 차지할 사람은 그 덕이 반드시 순임금과 우임금 같아야만 하고, 또 그를 천거하는 천자가 있어야 한다. 그렇기 때문에 중니(공자)는 천하를 차지하지 못한 것이다. 대를 이어서 천하를 차지하였는데 하늘이 없애 버린 자는 반드시 걸과 주 같은 사람이다. 그러므로 익과 이윤 및 주공은 천하를 차지하지 않은 것이다. 이윤은 탕을 도와 천하의 왕자가 되게 하였다. 탕왕이 죽자 태정은 자리에 오르지 못하고 죽었고, 외병은 두 살이었고 중임은 네 살이었으며, 태갑은 탕의 법도를 전복시켰다. 이윤은 태갑을 동(桐)에 연금하였는데, 3년이 되자 태갑이 자기의 과오를 뉘우치고서 스스로 원망하고 스스로 바른 길을 닦으며, 동궁에서 인자하게 행동하고 의로운 길을 3년 동안 따르면서 이윤이 그를 교훈하는 것을 듣게 되자 박으로 돌아갔다. 주공이 천하를 차지하지 않은 것은 하에서 익의 경우, 은에서 이윤의 경우와 같다. 공자는 '도당과 유우는 선양하였고, 하우와 은 및 주는 각각 자식이 세습하였는데, 그 뜻은 같다' 고 하였다."

萬章問曰："人有言，至於禹而德衰，不傳於賢而傳於子，有諸?" 孟子曰："不．不然也．天與賢則與賢，天與子則與子．昔者舜薦禹於天十有七年舜崩．三年之喪

> 畢, 禹避舜之子於陽城, 天下之民從之. 若堯崩之後, 不從堯之子而從舜也. 禹薦益於天七年禹崩. 三年之喪畢, 益避禹之子於箕山之陰, 朝覲訟獄者, 不之益而之啓曰吾君之子也. 謳歌者, 不謳歌益而謳歌啓曰吾君之子也. 丹朱之不肖, 舜之子亦不肖. 舜之相堯, 禹之相舜也, 歷年多, 施澤於民久. 啓賢能敬承繼禹之道. 益之相禹也, 歷年少, 施澤於民未久. 舜禹益相去久遠, 其子之賢不肖, 皆天也, 非人之所能爲也. 莫之爲而爲者, 天也. 莫之致而至者, 命也. 匹夫而有天下者, 德必若舜禹而又有天子薦之者. 故仲尼不有天下. 繼世而有天下, 天之所廢, 必若桀紂者也. 故益伊尹周公不有天下. 伊尹相湯, 以王於天下. 湯崩, 太丁未立, 外丙二年, 仲壬四年, 太甲顚覆湯之典刑. 伊尹放之於桐[36]三年. 太甲悔過, 自怨自艾, 於桐處仁遷義三年, 以聽伊尹之訓己也, 復歸于亳. 周公之不有天下, 猶益之於夏, 伊尹之於殷也. 孔子曰[37]: '唐虞[38]禪, 夏后殷周繼, 其義一也.'"「萬章上」

앞에 인용한 문헌에서 맹자는 계(啓)가 우임금을 계승하여 천하를 차지한 것에 대하여 매우 상세하고도 합리적인 해석을 하고 있다. 그러나 계에 대해서 요와 순 및 우처럼 하늘에 천거하지 않은 점은 설명하지 않고서 단지 하늘의 뜻에 그것을 돌리고 있을 뿐이다. 이 점은 맹자의 민본사상이 비록 '천하위공'의 선양정치로써 최고 이상을 삼는다고 할지라도 천거식의 제도에서는 객관화된 상황에서 '주권은 민중'에 있다는 주권재민(主權在民)의 원칙을 아직 철저하게 관철하지 못하였고, 방대한 역사전통에서 타협적인 태도를 취하고 있음을 충분히 설명하고 있다. 설사 맹자가 여전히 인민이 폭군을 방벌할 수 있다는 최후의 한계를 보류하고 있다고 할지라도 "필부로서 천하를 차지

36 역주: 탕임금의 묘가 있는 곳이다.

37 역주: 이 말은 출처가 분명하지 않다.

38 역주: 당(唐)은 요임금이고, 우(虞)는 순임금이다.

할 사람은 그 덕이 반드시 순임금과 우임금 같아야만 하고, 또 그를 천거하는 천자가 있어야 한다"는 단서를 붙였기 때문에 이는 암묵적으로 세습의 합리성을 긍정하는 것과 다름이 없다. 채인후 선생은 맹자의 정치사상을 논하면서 다음과 같이 말하였다. "정권 전이의 궤도 문제에 관하여 맹자가 제공한 이론 방향은 확실히 중대한 의의와 가치가 있다. 이곳에서 부족한 점은 이것을 제도에 안착시켜 추천하는 방법과 민중이 천자의 지위를 주는 것과 주지 않는 것의 법제를 확립하지 않았다는 점이다. 이 점을 완비해야만 비로소 '천하는 공적인 것이다'는 이상 실현을 보증할 수 있다."[39] 채 선생의 견해는 한마디로 맞는 말이다.

우리는 앞에서 서술한 내용을 통하여 맹자의 민본사상과 근대 민주 개념의 관계가 어떻게 다른지 분명하게 알 수 있다. 대체적으로 말하자면, 우리는 2천 년 전의 맹자 왕도인정의 사상에서 이미 서양 근대의 민주이론이 발전되었다고 말할 수는 없을 것 같다. 그러니 맹자가 인성론을 근거로 하여 주장한 민본사상에는 확실히 주권재민의 성분이 간직되어 있다는 점은 부인할 수 없는 사실이다. 유감인 것은 맹자는 민본사상을 드러냄과 동시에 아직 법제적인 층에서 그것을 계획하여 제도화하지 못하였고, 진 대와 한 대의 유자들 역시 이 점을 계승하지 못하였기 때문에 결과적으로 서양의 물결이 동양으로 분 후에야 비로소 우리는 맹자 사상에 접속할 수 있었으며, 맹자 민본이념에 법제의 형식을 주입하려는 사고를 하게 된 것이다.

39 蔡仁厚『孔孟荀哲學』, 321-322쪽.

제3절 : 예치와 법치

덕치와 예의 교화는 공자로부터 시작된 유가철학의 기본 원칙이다. 이 점은 맹자에 이르러서도 결코 바뀌지 않았다. 그러나 이것이 맹자의 왕도와 인정의 정치사상이 법치를 중시하지 않는다는 것을 의미하는가? 혹 덕치가 곧 인치(人治)인가?

서복관 선생은 일찍이 이 문제에 관하여 분석하였다.

> 유가철학에서 인치를 중시하고 법치를 중시하지 않는다고 하는데, 이것을 올바르게 이해하려면 먼저 법에 대한 해석을 살펴야 한다. 만일 법을 지금의 헌법으로 해석한다면 2천 년 전에는 이러한 관념이 없었다. 당연히 과거에도 영원히 변하지 않는 법으로써 정치의 안정을 유지하려는 생각이 있었는데, 이것이 맹자가 말한 구장(舊章)[40]과 '선왕의 법'(先王之法)이다. 이는 영국의 역사적 관례와 유사하다. 그러나 그것과 현대의 헌법 관념은 서로 같지 않다. 만일 법을 형법으로 해석한다면, 유가철학에서는 확실히 이러한 형법을 중시하지 않는다. 그러나 형법을 부정하는 것은 아니다. 맹자는 이 점에 관하여 분명하게 설명하였다. "국가가 한가하고, 그렇게 된 시기에 이르러서 정교와 형정을 밝혀야 한다."[41] 만일 법을 정치에서 마땅히 준수해야 할 약간의 객관적 원칙, 그리고 이러한 원칙으로 말미암아 형성된 제도, 그것이 시설로 드러난 것으로 해석하면, 맹자를 비롯하여 전체 유가철학자들이 어떤 면에서 법치를 중시하지 않는다는 말인가?[42]

---

40 『孟子』「離婁上」. 역주: 구장(舊章)은 옛부터 전해 내려온 전장(典章), 즉 선대의 성왕이 직접 실천궁행(實踐躬行)한 법도를 의미한다.

41 『孟子』「公孫丑上」, "國家閒暇, 及是時, 明其政刑."

서복관 선생은 만일 법치가 헌법에 의한 다스림이라면 맹자철학에는 아직 이러한 구상이 발전되어 있지 않다고 생각하였다. 만일 법치가 형법의 다스림이라면 맹자가 비록 형법을 부정하지 않았다고 할지라도 전통적인 유가철학에서는 형법을 중시하지 않았음은 분명한 사실이다. 그러나 법치가 약간의 객관성의 원칙과 제도 그리고 정책에 의하여 치평(治平)이라는 목적에 이르는 것이라면 우리는 맹자의 왕도인정에 이러한 법치정신이 구비되어 있음을 부정할 수 없다.

맹자가 말하였다. "이루[43]의 밝은 시력과 공수자[44]의 교묘한 기술로도 규구[45]를 쓰지 않으면 네모와 원을 만들지 못한다. 사광[46]의 예민한 청력으로도 육률을 쓰지 않으면 오음을 바로 다루지 못한다. 요임금과 순임금의 도로도 인정을 쓰지 않으면 천하를 화평하게 다스리지 못한다. 지금 인(仁)한 마음과 인하다는 소문이 있으면서도 백성들이 그 혜택을 입지 못하여 후세에 법도로 삼을 수 없는 것은 선왕의 도를 실천하지 않았기 때문이다. 그러므로 '선하기만 한 것으로는 정치를 하기에 부족하고, 한갓 법도만으로는 그것이 저절로 행하여지지 못하는 것이다'고 한 것이다. 『시경』에서는 '틀리지도 않고 잊지도 않으며 옛날의 전장에 따라 하는구나'라고 하였다. 선왕의 법도를 준수하면서도 과실을 범한 사람은 아직

---

42 徐復觀『儒家政治思想與民主自由人權』, 128쪽.

43 역주: 이루의 이름은 주(朱)이다. 황제 때 눈이 매우 밝았다는 전설의 인물이다. 백보 밖에서도 추호(秋毫)를 볼 수 있는 능력의 소유자였다고 한다.

44 역주: 공수(公輸)는 성이고, 이름은 반(班)이라고 한다. 춘추시대에 노나라 사람으로 기술이 탁월한 공장(工匠)이다.

45 역주: 규구(規矩)는 원을 그리는 도구와 네모를 그리는 도구이다.

46 역주: 광(曠)은 이름이고, 사(師)는 태사(太師)이다. 태사는 악공의 수장이다. 사광은 청력이 매우 비상하였다고 전해진다.

없었다. 성인이 이미 시력을 다하고, 규구와 준승[47]을 사용하여 네모와 원 그리고 수평과 직선을 만들었으니, 그것을 이루 다 쓸 수 없다. 이미 청력을 다하고, 그것에 이어서 육률을 사용하여 오음을 바로잡았으니, 그것을 이루 다 쓸 수 없다. 이미 심사를 다하고, 그것을 이어서 사람에게 차마 하지 못하는 정치를 하여 인함이 천지를 덮었다. 그래서 '높아지려면 반드시 언덕으로 올라가야 하고, 낮아지려면 반드시 개울과 연못으로 내려가야 한다' 고 말한 것이다. 정치를 하는 데 선왕의 도를 따르지 않는다면 지혜롭다고 할 수 있겠는가? 그러므로 마땅히 인자만이 높은 지위에 있어야 한다. 불인하면서도 높은 지위에 있다면 그것은 악을 여러 사람에게 뿌리는 것과 같다. 위에 있는 군주가 도로써 하늘의 뜻을 헤아리지 않고, 아래에 있는 백성들이 법도를 지키는 일을 하지 않으며, 조정에서는 도를 신뢰하지 않고, 기술자들이 척도를 믿지 않으며, 군자가 의리를 어기고, 소인은 형법을 어기면서도 그 나라가 존속되는 것은 요행일 뿐이다. 그래서 '성곽이 안전하지 않고, 병마가 많지 않은 것은 나라의 재앙이 아니고, 밭과 들이 개간되지 않고 재물이 모이지 않은 것은 나라의 해가 아니다' 라고 한 것이다. 위에 있는 군주가 무례하고, 아래의 백성들이 배움이 없으면 사람을 해치는 백성이 나오고 나라의 멸망이 곧 닥쳐온다. 『시경』에서 '하늘이 바야흐로 움직이려는데, 그렇게 왁자지껄하지 마라' 라고 한 것이다. 왁자지껄하다는 것은 시끄럽게 군다는 것이다. 군주를 섬김에 의로움이 없고, 나아가고 물러남에 예가 없으며, 말만 하면 곧 선왕의 도를 비난하는 것은 시끄럽게 구는 것과 같다. 그래서 군주를 책난하는 것을 공손하다고 하고, 선한 일을 늘어놓고서 사악한 것을 막는 것을 공경하다

---

47 역주: 준(準)은 수평을 잡는 기구이고, 승(繩)은 먹줄이다. 규구와 마찬가지로 법도의 표준 의미이다.

고 하며, 우리 군주는 이러한 일을 하지 못한다고 하는 것을 도적이라고 한다."

孟子曰："離婁之明，公輸子之巧，不以規矩，不能成方員．師曠之聰，不以六律，不能正五音．堯舜之道，不以仁政，不能平治天下．今有仁心仁聞而民不被其澤，不可法於後世者，不行先王之道也．故曰：'徒善不足以爲政．徒法不能以自行.' 『詩』云：'不愆不忘，率由舊章.' 遵先王之法而過者，未之有也．聖人旣竭目力焉，繼之以規矩準繩，以爲方員平直，不可勝用也．旣竭耳力焉，繼之以六律，正五音，不可勝用也．旣竭心思焉，繼之以不忍人之政而仁覆天下矣．故曰：'爲高必因丘陵，爲下必因川澤.' 爲政．不因先王之道，可謂智乎？是以惟仁者，宜在高位．不仁而在高位．是播其惡於衆也．上無道揆也，下無法守也，朝不信道，工不信度，君子犯義，小人犯刑，國之所存者幸也．故曰：'城郭不完，兵甲不多，非國之災也．田野不辟，貨財不聚，非國之害也.' 上無禮下無學，賊民興，喪無日矣．『詩』曰：'天之方蹶，無然泄泄.' 泄泄猶沓沓也．事君無義，進退無禮，言則非先王之道者猶沓沓也．故曰：'責難於君謂之恭，陳善閉邪謂之敬，吾君不能謂之賊.'"「離婁上」

앞에 인용한 문구 중에서 우리는 맹자가 말한 인정이 불인인지심(不忍人之心)을 기초로 하고 있음을 발견할 수 있다. 그러나 아무런 객관적인 법도 없이 그냥 따른 것은 아니다. 비록 "틀리지도 않고 잊지도 않으며 옛날의 전장에 따라 하는구나"라는 구장(舊章)이 맹자가 말한 '선왕의 법' 인지에 대해서는 자세하게 알 수 없지만, "위에 있는 군주가 도로써 하늘의 뜻을 헤아리지 않고, 아래에 있는 백성들이 법도를 지키는 일을 하지 않으며, 조정에서는 도를 신뢰하지 않고, 기술자들이 척도를 믿지 않으며, 군자가 의리를 어기고, 소인은 형법을 어긴다"는 구절과 다음 장의 "규구는 네모와 원의 궁극적인 표준이고, 성인은 인륜의 표준이다. 왕노릇을 하고자 하면 왕의 도리를 다해야 하고, 신하노릇을 다하고자 하면 신하의 도리를 다해야 한다. 이 두 가지는 요순의 도를 본받는 것일 뿐이다. 순이 요를 임금으로 섬기는 방법으로 임금을 섬기지 않으면 그것은 자기 임금을 공경하지 않는 것이다. 요임금이 백성을 다스리는 방법으로 백성을 다스리지 않으면 그것은 자기 백성을 해치는 것이다. 공자는 '도는 두 가지이다. 인과 불인뿐이다'"[48]는 주장에서 우리는 맹자 심중에 있는 '선왕의 법'이 요순의 치법(治法)을 전범으로 삼고 있음을 알 수 있고, 또 일종의 도덕질서를 본래의 지위로 삼는 사회분공의 제도임을 알 수 있다. 이 점은 맹자가 농가(農家)의 이론이 "천하의 사람을 끌어다가 지치게 하는 것이다"(率天下而路)라고 비평한 곳에서 더욱 분명하게 볼 수 있다.

> (맹자가 말하였다.) "관직을 가진 사람이 할 일이 있고, 농공상인이 할 일이 있다. 또한 한 사람의 몸에 모든 장인이 할 수 있는 기능을 다 갖추고 있어 (모든 물건을) 반드시 스스로 만든 후에야 쓴다면 이는 천하의 사람을 끌어다가 지치게 하는 것이다. 그러므로 어떤 사람은 마음이 수고롭고, 어떤 사람은 몸이 수고롭다. 마음이 수고로운 사람은 다른 사람을 다스리고, 몸이 수고로운 사람은 남에게 다스림을 받는다. 남에게 다스림을 받는 사람은 남을 먹여 주고, 남을 다스리는 사람은 남에게 봉양을 받는다. 이것이 천하에 통용되는 원칙이다. 요임금 때에는 천하가 아직 안정

---

48 『孟子』「離婁上」, "規矩方圓之至也, 聖人人倫之至也. 欲爲君盡君道, 欲爲臣盡臣道, 二者皆法堯舜而已矣. 不以舜之所以事堯事君, 不敬其君者也. 不以堯之所以治民治民, 賊其民者也. 孔子曰: '道二. 仁與不仁而已矣.'"

되지 않았다. 큰물이 마구 흘러 천하에 범람하였다. 초목이 너무 무성하여 금수가 (천하에 가득) 번식하였다. 오곡이 여물지 않고, 금수가 사람을 해쳤으며, 짐승의 발자국과 새의 발자국 흔적이 나라 안에 어지럽게 교차하였다. 요임금이 혼자서 그것을 걱정하다가 순을 등용하여 두루 정리하게 하였다. 순은 익에게 불을 관장하게 하였는데, 익이 산과 호수에 자란 (초목에) 불을 질러 태우자 금수가 도망가 숨었다. 우는 아홉 강물을 뚫어 제수와 탑수를 바다로 소통시켜 흐르게 하였다. 여수와 한수를 뚫고, 회수와 사수의 (물을) 밀어내어 장강으로 흐르게 하였다. 그런 연후에 나라 안의 (사람들이 농사를 지어) 먹고 살 수 있었다. 당시 우는 밖에서 8년이나 살았고, 세 차례나 자기 집 문 앞을 지나가면서도 들르지 않았으니 그가 비록 농사를 짓고 싶어도 지을 수가 있었겠는가? 후직은 백성들에게 농사짓는 법을 가르쳐 오곡을 심고 가꾸게 하였다. 오곡이 여물자 백성들이 (그것을 먹고) 살 수 있게 되었다. 사람들이 살아가는 방도는 배불리 먹고 따뜻하게 입으며, 편안하게 거주하는 것이지만 교육이 없으면 금수와 가까워지게 된다. 성인은 (그 점을) 걱정하여 설을 사도로 삼아 인륜의 도리를 가르치게 하였다. 부자간에는 사랑이 있어야 하고, 군신간에는 의로움이 있어야 하며, 부부간에는 분별이 있어야 하고, 연장자와 연소자 사이에는 서열이 있어야 하며, 친구 사이에는 신뢰가 있어야 한다. 방훈이 '(백성들의 노고를) 위로해 주고 따라오게 하며, 바로잡아 주고 정직하게 해 주며, 도와주고 부축해 주어 그들로 하여금 스스로 (선한 본성을) 일깨울 수 있도록 하고, 또 그들로 하여금 은혜를 베풀도록 진작시켜 주어야 한다' 고 하였다. 백성에 대한 성인의 걱정이 이와 같은데 어느 겨를에 농사지을 틈이 있겠는가? 요임금은 순과 같은 인재를 얻지 못하는 것을 가지고 자신의 근심으로 삼았고, 순임금은 우와 고요를 얻지 못하는 것을 자기의 근심으로 삼았다. 무릇 백묘의 논밭 곡식이 잘 가꾸어지지 않는 것을 자기의 근심으로 삼은 사람은 농부이다. 남에게 재물을 나누어 주는 것을 일러 은혜라고 하고, 남에게 선을 가르쳐 주는 것을 충이라고 한다. 천하를 위하여 인재를 얻는 것을 인이라고 한다. 그러므로 천하를 남에게 주는 것은 쉽지만, 천하를 위하여 인재를 얻는 것은 어렵다. 공자가 말하였다. '위대하도다! 요의 임금됨이여! 오로지 하늘만이 크다고 하는데, 요는 그 하늘을 본받았다. 끝없이 넓으니 백성들이 무엇이라고 이름을 붙이지 못한다. 군주답도다! 순이여! 위대하여 천하를 차지하고도 (관리들의 일에) 관여하지 않았다.' 요와 순이 천하를 다스림에 있어 어찌 마음을 쓰지 않았겠는가만은 단지 몸소 농사짓는 일에 관해서는 마음을 쓰지 않았을 따름이다."

"有大人之事, 有小人之事. 且一人之身, 而百工之所爲備, 如必自爲而後用之, 是率天下而路也. 故曰: '或勞心, 或勞力. 勞心者治人, 勞力者治於人. 治於人者食人, 治人者食於人. 天下之通義也.' 當堯之時, 天下猶未平. 洪水橫流, 氾濫於天下. 草木暢茂, 禽獸繁殖. 五穀不登, 禽獸偪人, 獸蹄鳥跡之道, 交於中國. 堯獨憂之, 擧舜而敷治焉. 舜使益掌火, 益烈山澤而焚之, 禽獸逃匿. 禹疏九河. 瀹濟漯而注諸海. 決汝漢, 排淮泗, 而注之江. 然後中國可得而食也. 當是時也, 禹八年於外, 三過其門而不入, 雖欲, 耕得乎? 后稷教民稼穡, 樹藝五穀. 五穀熟, 而民人育. 人之有道也, 飽食煖衣, 逸居而無教, 則近於禽獸. 聖人有憂之, 使契爲司徒, 教以人倫. 父子有親, 君臣有義, 夫婦有別, 長幼有序, 朋友有信. 放勳曰: '勞之, 來之, 匡之, 直之, 輔之, 翼之, 使自得之, 又從而振德之.' 聖人之憂民如此, 而暇耕乎? 堯以不得舜爲己憂, 舜以不得禹皐陶爲己憂. 夫以百畝之不易爲己憂者, 農夫也. 分人以財謂之惠, 教人以善謂之忠. 爲天下得人者謂之仁. 是故以天下與人易, 爲天下得人難. 孔子曰: '大哉! 堯之爲君! 惟天爲大, 惟堯則之. 蕩蕩乎民無能名焉. 君哉! 舜也! 巍巍乎有天下而不與焉!' 堯舜之治天下, 豈無所用其心哉? 亦不用於耕耳!"「滕文公上」

맹자의 관념 중에 요순의 치도가 인정의 전범으로 인식되어 후세에 그 전통이 전해지게 된 주요 원인은 요순의 정치사회적 역할 분담이 인민의 복지를 위하고, 또 자신이 맡은 역할에 진심진력할 수 있게 구성되어 있기 때문이다. 예를 들어 "요임금은 순과 같은 인재를 얻지 못하는 것을 자신의 근심으로 삼았고, 순임금은 우와 고요를 얻지 못하는 것을 자기의 근심으로 삼았다"는 것이 바로 그것이다. 군주와 신하가 각각 자신의 직책을 다하는 상황에서 한편으로는 수재를 해결할 수 있고, 야수들을 내몰아 사람들로 하여금 땅 위에서 안락한 생활을 할 수 있게 한다. 다른 한편으로는 백성들의 농사를 잘 교도하여 의식주의 고통을 해결하게 한다. 이로부터 더 나아가 효제충신의 도로써 인륜의 질서를 올바르게 세우고, 치평이라는 최후의 목적을 달성한다. 바꾸어 말하면, 맹자가 말한 '선왕의 법도'라는 것은 기본적으로 인민의 복지 실현을 위하여 건립한 일종의 역할 분담의 윤리이다. 또 '관식을 가진 사람이 할 일이 있고, 농공상인이 할 일이 있다'는 구분에서도 군주와 신하가 서로 역할을 나눠 다스리는 형식을 건립할 수 있고, 아울러 상대적인 도덕책임으로써 정치목적의 실현을 확보할 수 있다. 그러므로 맹자는 이상적인 정치를 담론할 때 군주에 대해서, 신하에 대해서, 일반 백성들에 대해서 항상 그들이 차지하고 있는 정치사회 지위를 들어 서로 다른 요구와 상대적인 권리 및 의무를 제시한 것이다. 맹자는 "큰일을 하려는 군주는 반드시 불러서 보지 않는 신하를 갖고, 그와 논의하고 싶은 일이 있으면 자기가 간다. 덕을 존중하고 도를 즐기기를 이와 같이 하지 않으면 함께 큰일을 하기에 부족하다"[49]고 하였고, "군자의 잘못을 조장하는 죄는 작지만,

49 『孟子』「公孫丑下」, "故將大有爲之君, 必有所不召之臣. 欲有謀焉則就之. 其尊德

군주의 악에 영합하는 죄는 크다"[50]고 하였으며, 또 "임금이 신하 보기를 (자신의) 손발처럼 여기면, 신하는 임금 보기를 (자신의) 배와 심장처럼 여긴다. 임금이 신하 보기를 개나 말처럼 여긴다면 신하는 임금 보기를 자기와 아무런 관계없는 사람처럼 여긴다. 임금이 신하 보기를 흙과 풀처럼 여긴다면 신하는 임금을 원수처럼 여긴다"[51]고 하였고, "군자가 없으면 야인을 다스릴 수 없고, 야인이 없으면 군자들을 먹여 살리지 못한다"[52]고 하였다. 이 문헌에서 맹자가 왕도인정에 대한 실현을 결코 완전히 군주 한 사람에게만 의탁하지 않고 하나의 객관적인 역할 분담의 형식으로써 군신민(君臣民)이 각각 자기의 위치에서 안정된 역할을 담당하기를 희망하고 있음을 알 수 있다. 단지 아쉬운 것은 이러한 형식을 상징하는 '선왕의 법'이 아직 철저하게 법제화되지 않았다는 것이다. 군주와 신하 및 민중이라는 삼자에 대한 약속에는 모든 사람들의 도덕적 자각이 필요한 것이다. 특히 군주의 도덕적 자각은 그중에서도 더욱 중요하다. 그러나 그렇다고 할지라도 우리는 맹자의 덕치사상 중에 실제로 객관적인 제도의 건립을 통과하여 인정을 실현하려는 경향이 있음을 부정할 수 없다.

> 지금 백성들의 생산 활동을 마련한다는 것이 위로는 부모를 넉넉하게 섬길 수 없고, 아래로는 처자를 넉넉히 먹여 살릴 수 없습니다. 풍년에는 줄곧 몸이 괴롭고, 흉년에는 죽음을 면하지 못합니다. 이렇게 해서는 죽음

樂道不如是, 不足與有爲也."

50 『孟子』「告子下」, "長君之惡, 其罪小. 逢君之惡, 其罪大."

51 『孟子』「離婁下」, "君之視臣如手足, 則臣視君如腹心. 君之視臣如犬馬, 則臣視君如國人. 君之視臣如土芥, 則臣視君如寇讐."

52 『孟子』「滕文公上」, "無君子, 莫治野人. 無野人, 莫養君子."

을 모면하기도 아마 힘이 충분하지 않을텐데, 어찌 한가한 틈이 있어 예의를 수양하겠습니까?

今也, 制民之產, 仰不足以事父母, 俯不足以畜妻子. 樂歲終身苦, 凶年不免於死亡. 此惟救死而恐不贍, 奚暇治禮義哉?「梁惠王上」

사실상 맹자의 마음속에 있는 인정은 하나의 관념상의 유토피아가 아니다. 우리는 맹자와 당시 군주의 대화 중에서 맹자가 하나의 굳건한 이상과 원칙을 가진 사람일 뿐만 아니라 실제에 힘쓰고 근본에 힘쓴 사람이라는 것을 알 수 있다. 그가 말한 "백성들의 생산 활동을 마련한다"는 것은 군주에게 제도적으로 인민의 산업을 규정하여 그들이 삶을 추구하고 죽음에 유감이 없도록 보장하라는 요구이다. 그뿐만 아니라 맹자는 등문공의 질문에 대답할 때 "백성들에게 받아 낼 때도 제도가 있어야 한다"[53]고 하였고, 또 "교외의 농지에는 8가구 각 1백묘와 공전 1백묘 합쳐서 9백묘를 정전의 한 단위로 삼아서 조법을 실시하고, 근교의 농지에는 십일조를 실시해야 한다"[54]는 주장을 하였다. 또한 한 걸음 더 나아가 어떻게 토지를 균등하게 분배할 것인가의 문제는 그의 이상적인 정전제도를 현실화하게 하였다. 그러므로 그는 "무릇 인정은 경계를 올바르게 잡는 것에부터 출발한다"[55]고 확실하게 표시했던 것이다. 바꾸어 말하면, 맹자는 당시의 민생경제의 현황과 수요를 직시하고서, 인정의 실현을 경제제도와 토지정책의 관점으로부터 계획하였다.

53 같은 책, "取於民有制."

54 같은 책, "請野九一而助, 國中什一使自賦."

55 같은 책, "夫仁政必自經界始."

상서와 학교를 설치하여 그들을 가르칠 것이다. 상(庠)은 기른다는 뜻이고, 교(校)는 가르친다는 뜻이며, 서(序)는 활 쏜다는 뜻이다. 하나라에서는 교라고 하였고, 은나라에서는 서라고 하였으며, 주나라에서는 상이라고 하였다. 배우는 것은 삼대가 똑같았고, 그것은 모두 인륜을 밝히기 위함이었다. 인륜은 위에서 밝혀지고, 일반 백성들은 아래에서 친밀하게 지낸다면 왕자가 나타나고 반드시 그 법을 본받아 가게 될 것이다. 그렇게 되면 왕자의 스승이 된다.

設爲庠序學校, 以敎之. 庠者養也, 校者敎也, 序者射也. 夏曰校, 殷曰序, 周曰庠. 學則三代共之, 皆所以明人倫也. 人倫明於上, 小民親於下, 有王者起, 必來取法. 是爲王者師也. 「滕文公上」

맹자가 말하였다. "현자를 존중하고 유능한 인재를 부려 걸출한 인물이 자리에 있으면 온 천하의 지식인들이 모두 기뻐하여 그 나라의 조정에서 일하기를 원한다. 시장에서 점포세는 징수하지만 물품세를 징수하지 않고, 팔리지 않고 남아 있는 물건을 사들이고 점포세를 징수하지 않으면 온 천하의 상인들이 기뻐하여 그 나라의 시장에 상품을 두기를 원할 것이다. 관문에서는 사정을 살피고 세를 징수하지 않으면 온 천하의 여행자들은 모두 그 나라의 길을 나서기를 원할 것이다. 농경자에게는 공전의 경작 의무를 과하고, 다른 세금을 거두어들이지 않는다면 온 천하의 농민들은 모두 기뻐하여 그 나라의 들에서 농사짓기를 원할 것이다. 거주지에 인구세와 가구세가 없으면 온 천하의 백성들은 기뻐하여 그 고장의 주민이 되기를 원할 것이다. 진실로 이 다섯 가지를 실시할 수 있다면 이웃나라의 백성들이 그 나라의 임금을 부모처럼 우러러보게 될 것이다. 자제들을 거느리고 그들의 부모를 공격하는 일은 이 세상에 사람이 생겨난 이래로 성공해 본 적이 없다. 그와 같이 한다면 천하에 적이 없게 되는데, 천하에 적이 없는 사람은 하늘의 일꾼이다. 그렇게 하고서도 왕노릇을 하지 못한 사람은 없었다."

孟子曰："尊賢使能，俊傑在位則天下之士，皆悅而願立於其朝矣．市廛而不征，法而不廛則天下之商，皆悅而願藏於其市矣．關譏而不征則天下之旅，皆悅而願出於其路矣．耕者助而不稅則天下之農，皆悅而願耕於其野矣．廛無夫里之布則天下之民，皆悅而願爲之氓矣．信能行此五者則隣國之民，仰之若父母矣．率其子弟，攻其父母，自生民以來，未有能濟者也．如此則無敵於天下，無敵於天下者，天吏也．然而不王者，未之有也．"「公孫丑下」

맹자가 인정을 실현하려고 계획한 설계도에는 확실히 사회 역할 분담의 내용까지 포함되어 있다. 사농공상의 서로 다른 수요에 대해서 맹자는 객관적인 제도를 건립하여 인민 생활의 복지를 보장하려고 하였다. 앞 절에서 우리는 군주가 인재를 등용하는 순서에 관한 맹자의 견해를 소개하였다. 즉 "좌우에 있는 모든 사람이 그를 현자라고 해야 한다"·"여러 대부들이 모두 그를 현자라고 해야 한다"·더 나아가 "백성들이 모두 현자라고 해야 한다"·"그런 후에 직접 살펴보고서 그가 능력이 있다고 판단되면 그를 등용해야 한다." 이러한 맹자의 주장은 인사가 군주의 호오(好惡)에 따라서 결정되어서는 안 됨을 설명한 것이다. 또 맹자는 "시장에서 점포세는 징수하지만 물품세를 징수하지 않는다"·"관문에서는 사정을 살피고 세를 징수하지 않는다"·"농경자에게는 공전의 경작 의무를 과하고, 다른 세금을 거두어들이지 않는다"·"거주지에 인구세와 가구세를 없앤다"고 하였는데, 이러한 말들은 행정입법을 통하여 농공상인들이 정치의 핍박에서 벗어나 자신들의 생업이 안정되기를 희망하는 것이다. 가장 중요한 것은 맹자의 인정이상(仁政理想)의 실현은 먼저 양민(養民)을 중시하고, 다음 교민(敎民)을 한다는 점이다. "상서와 학교를 설치하여 그들을 가르칠 것이다"라는 것은 바로 민생의 만족이라는 기초적인 수요 외에 제도적으로 학교교육의 중요성을 긍정하기를 희망하는 것이다.

그러므로 맹자 정치사상의 전반을 살펴보면, 비록 근대 서양처럼 객관적인 입법으로써 정부의 권력 범람을 제한하고, 인민의 기본권을 보장하는 것은 없지만, 맹자가 '선왕의 법'를 강조했다는 것은 곧 인류의 정치가 아직 헌정(憲政)이라는 것을 생각하기 이전에 맹자의 정치사상이야말로 군권의 무한 팽창을 제어할 수 있는 유일한 방법이었음을 알 수 있다. 맹자가 긍정한 '선왕의 법'은 일종의 사회 역할 분담의 윤리이다. 예치의 가치는 법치를 훨씬 초월한다. 비록 강제성 측면에서 보면, 약간 부족한 면이 있지만, 인성의 도덕적 잠재능력에 대한 격려는 법치와 병론할 수 없을 정도로 그 가치가 높다. 맹자는 "지금 백성들의 생산 활동을 마련해야 한다"고 하였고, 또 "상서와 학교를 설치하여 그들을 가르칠 것이다"라고 하였는데, 이러한 것들은 맹자의 정치사고가 '군주는 반드시 덕성을 함양해야 한다'는 협소한 관점에만 교착되어 있지 않음을 반영해 주고 있다. 만일 우리가 "군주가 인(仁)하면 인하지 않은 사람이 없고, 군주가 의로우면 의롭지 않은 사람이 없다"는 몇 구절의 말들을 고집하면서 맹자의 정치사상이 '인치만을 강조하고, 법치를 중시하지 않는다'라고 비평한다면 옛 사람의 서적을 잘 독해한 사람이라고 할 수 없을 것이다.

제4절 : 맹자 정치철학의 이상성과 현실성

앞에서 토론한 내용을 통해서 나는 맹자가 왕도정치와 패도정치의 차이를 제출한 것, 그리고 그것의 의리성질에 민주와 법치의 성분이 포함되어 있는가에 대하여 원칙성의 분석을 하였다. 우리가 이러한 논제로써 맹자의 정치사상을 분석한 주요 원인은 당대(當代) 중국인들의 정치의식 속에 맹자에 관한 토론이 가장 많고 논쟁의 여지가 가장 풍부하기 때문이다. 보수주의자들은 당연히 맹자의 '민중이 귀하고 군주는 가볍다'(民貴君輕)는 이론으로써 전통문화의 가치를 변호하려고 하지만, 급진적인 현대화론자들은 맹자가 정치행위와 도덕행위의 다름에 관하여 분명하게 이해하지 못한다고 하고서, 맹자의 정치철학에는 유토피아의 경향이 있다고 비평한다.[56] 사실 이러한 모든 것들은 맹자의 사상을 지나치게 간략하게 이해한 견해들이다. 만일 우리가 맹자의 사상 중에 본래 이상성과 현실성이라는 두 종류의 성분이 내재되어 있음을 주의하고, 또한 맹자가 이상을 드러낼 때 왕왕 역사적 현실의 제한을 받고, 현실을 논할 때 매번 이상적 관점을 드러내는 점을 관찰할 수 있으면, 우리는 역사상 맹자가 전심전력으로 당시 중국인의 정치운명을 위한 사고를 하고 있었음을 분명하게 알 수 있을 것이다.

맹자의 정치사상 중에 이상성이 강하게 내재되어 있는 원인은 그가 성선설을 근거로 인성의 존엄이 현실상의 어떤 것보다도 권위가 있음을 긍정하였기 때문이다. 따라서 '민중이 귀하고 군주는 가볍다'는 주장을 한 것이다. 유감인 것은 맹자의 민본 관념이 세습 정권의 방대한 역사적 압력에 대면하여 오로지 인민이 폭군을 방벌할 수 있다는 것을 최후의 한계로 삼았을 뿐 한 걸음 더 나아가 인민이 통치자를 선출해야 한다는 제도를 확립하지 못하였다는 점이다. 이러한 상

56 陳弱水「追求完美的夢－儒家政治思想的烏托邦性格」『中國文化新論 · 論篇一 · 理想與現實』, 臺灣 聯經出版公司, 1982, 211-242쪽.

황은 맹자가 '선왕의 법'을 들었을 때에도 마찬가지이다. 맹자의 마음속에 있는 '선왕의 법'은 두 종류의 중요한 성분을 갖추고 있다. 하나는 군주와 신하의 역할 분담(君臣分治)이고, 다른 하나는 정치가의 일(大人之事)과 일반 백성들의 일(小人之事)로 사회의 역할 분담을 구분한 것이다. 당시에 맹자가 근대 서양의 법치 관념을 알았다면 선왕의 법을 철저하게 객관화하였을 것이고, 아울러 그것을 모든 통치자의 권위 위에 놓았다면 1689년 영국에서 권리법안이 통과할 필요도 없이 중국에 이미 군권을 제한하고 인민의 권리와 의무를 규정하는 입법이 나왔을 것이다. 아쉬운 것은 맹자의 선왕의 법은 여전히 도덕적인 역량을 빌려야만 군신민이 각자 자기의 위치에서 정치의 최고목적을 실현할 수 있다는 점이다. 결국 맹자의 사고가 시종 세습정권의 역사 경험을 떨쳐 내지 못하였거나, 아니면 그의 이상주의적 사고 형태가 그로 하여금 도덕적인 관점으로써 정치를 이해하게 하였는지에 대해서는 참으로 분명하게 밝히기 어려운 문제이다. 이서전(李瑞全) 선생은 다음과 같이 말하였다. "사실상 서양의 경험으로부터 보면, 민주의 이념과 실현은 모두 하나의 부단히 개진된 역정이지 한 걸음에 도달한 길이 아니다. 이념과 실천이 서로 촉진해야만 민주의 구상이 완전하게 된다. … 맹자는 객관적인 체제 구상을 돌파하지 못하였는데, 이는 곧 민주체제의 구조가 반드시 실천이라는 경험을 통하여 한 걸음 한 걸음 전개되어야 하고, 부단히 개진되는 과정에서 합리적인 구상이 됨을 보여 주고 있다."[57] 바꾸어 말하면 맹자는 민주와 법치라는 전통이 전혀 없었던 상황에서 인성론으로부터 '민중이 귀하고 군주는 가볍다'라는 원칙을 드러냈고, 인민이 폭군을 방벌할 수

57 李瑞全「孟子政治哲學之定位-民本與民主之論」, 16쪽.

있는 권리를 긍정하였다는 것은 그것이 어떻다고 할지라도 중국 역사상에서 모두 경천동지할 만한 창조적인 견해임이 분명하다.

앞에서 서술한 논점은 우리가 맹자 정치사상 중에서 실현성의 성분으로부터 관찰하면 족히 인증(印證)할 수 있다. 맹자는 왕도인정의 정치를 밝힐 때 자주 현실의 민생경제의 수요에 대해서 많은 구체적인 개혁조치를 제시하였다. 서복관 선생은 "선진 제자백가의 정치사상가 중에서 맹자가 경제문제와 경제제도를 가장 중시하였다"[58]고 하였다. 이것은 바로 맹자의 정치철학이 오로지 군주의 도덕수양의 문제에서만 머물지 않음을 설명한 것이다. 맹자는 이미 정치 현실의 급박한 수요를 직시하고서 인정의 실현 순서를 계획하였던 것이다. 「양혜왕」에서 "풍년에는 줄곧 몸이 괴롭고, 흉년에는 죽음을 면하지 못합니다. 이렇게 해서는 죽음을 모면하기도 아마 힘이 충분하지 않을 텐데, 어찌 한가한 틈이 있어 예의를 수양하겠습니까"[59]라고 하였다. 이는 맹자가 민생경제의 문제를 도덕교화 이전에 두고 있음을 분명하게 표현한 것이다. 맹자는 자신을 비평한 사람들이 생각한 것처럼 상아탑 안에 숨어 그의 왕도인정의 유토피아를 구상하지 않았다. 사실 맹자, 혹 유가철학자들이 이상정치의 실현을 성왕에 기탁한 까닭은 아마 고대 세습 전제왕조의 전통 때문일 수도 있다. 그러나 이것은 결코 맹자가 객관적인 제도의 계획에 대한 사고가 없었음을 나타내지도 않고, 또 맹자의 이 방면에 대한 계획이 완전히 현실과 이탈되어 있음을 표시하지도 않는다. 우리가 중국의 역사를 되짚어 보기만 하면 일치일난(一治一亂)의 순환 중에서 어느 한 때라도 토지분배 혹은 농촌

58 徐復觀『儒家政治思想與民主自由人權』, 129쪽.

59 "樂歲終身苦, 凶年不免於死亡. 此惟救死而恐不贍, 奚暇治禮義哉?"

경제와 관련짓지 않고서는 이 방면에서 맹자철학의 통찰과 공헌을 이해할 수 없음을 알 수 있다.

그렇기 때문에 이 장에 대한 토론의 총결론을 다음과 같이 내리고자 한다. 맹자는 2천 년 전의 전국시대의 사람이다. 그는 당시 군권이 갈수록 팽창되는 것을 대면하고서 '민중이 귀하고 군주는 가볍다'는 왕도인정 사상을 표방하였다. 비록 그의 정치사상이 당시에 실현되지는 못했지만, 중국 정치사상에서 보면 이는 가장 중요한 이정표를 세운 것이라고 할 수 있다. 맹자가 공자의 "정치에는 단지 두 종류가 있을 뿐이다. 즉 인과 불인일 뿐이다"[60]는 원칙을 굳게 간직하고서 도덕적 이상을 정치의 규범으로 삼은 것에 대하여 현대인들이 수용하기 어려울 수도 있지만, 이러한 맹자의 도덕적 이상주의가 없다면 우리는 중국의 정치 전통 중에서 서양의 민주 이상과 유사한 관념을 찾아볼 수가 없다. 이 점에 대하여 유가철학의 덕치사상을 비웃는 사람들이 어찌 상상이나 할 수 있겠는가? 우리가 지금의 민주법치 이념과 맹자의 사상을 비교하면 맹자의 민본사상에 기본적인 제한이 있음을 확실하게 알 수 있다. 그러나 2천 년 전의 중국이라는 상황을 고려하면 우리는 맹자 정치철학이 가장 이상성을 갖추고 있고, 또한 그의 시대에 가장 충실한 사고였음을 승인하지 않을 수 없을 것이다. 당대라는 시기에 처해 있는 중국인의 한 사람으로서 중국의 정치적 운명에 관심을 가질 때, 맹자의 정치철학은 '왜 현대 서양의 민주법치의 내용을 갖추고 있지 않은가'를 추궁해야 하는가? 아니면 '맹자의 정신에 이상성과 현실성을 갖추고 있음'을 본받아야 하는가? 그것에 대한 답안을 독자들은 분명하게 구별할 것이다.

---

60 『孟子』「離婁上」, "道二, 仁與不仁而已矣."

제 6 장

의로움과 이익에 관한 논변(義理之辨)

–'의'의 내재와 외재에 관한 논변으로부터 '의'와 '명'의 합일까지–

맹자 삼변학술의 중요성은 공자가 원융적이고 종합적으로 표현한 생명의 지혜를 분석적인 방법으로써 표현하였다는 점에 있다. 이러한 맹자의 표현 방식은 한편으로는 유학 내부 의리에 마땅히 있어야 하는 의리의 발전이라고 할 수 있고, 다른 한편으로는 맹자가 처한 시대적 환경이 그로 하여금 부득불 분석적인 방식으로써 유가철학 인의의 이상을 보호하게끔 한 것이라고 할 수 있다.[1] 맹자의 삼변은 송 대 이후 유가의 전통에서 공통적으로 이해하는 틀이었지만, 주요 개념 간의 관계에 대한 해석에는 소소한 쟁론이 있었다. 정주의 이학과 육왕의 심학이 심성론에서 서로 다른 견해를 드러냈을 뿐만 아니라, 주희와 진동보(陳同甫) 사이에 한당(漢唐) 대의 공과(功過)에 대한 쟁론이 있었는데,[2] 이것 역시 당시 유자들이 맹자의 의리지변에 대하여 서로 다른 이해가 있었음을 반영하고 있다. 사실 의리지변의 쟁의성은 사마천이 『사기』를 저술할 때에 이미 자기도 모르는 사이에 표현된 적이 있다. 사마천은 「맹순열전(孟荀列傳)」 처음 부분에서 "태사공이 말

---

1 蔡仁厚『孔孟荀哲學』227-228쪽.

2 蒙培元『中國心性論』, 臺灣 學生書局, 1990, 380쪽.

하였다. 나는『맹자』라는 책을 읽고서 매번 양혜왕이 '우리나라를 이롭게 할 만한 것이 있습니까' 라는 부분을 읽을 때마다 한 번이라도 중도에 책을 내려놓고서 다음과 같은 감탄을 하지 않은 적이 없었다. '이익이라는 것이야말로 참으로 모든 혼란의 시작이구나.' 공자가 이익에 관하여 말하려고 하지 않은 까닭은 아마 이러한 혼란의 근원을 근본적으로 막고자 하였기 때문이었을 것이다. 그러므로 '만일 모든 일을 처리하면서 자기의 이익을 표준으로 하여 고려한다면 많은 사람들의 원망을 초래할 것이다.' 천자로부터 일반 백성들에 이르기까지 이익을 좋아하는 폐단에 어떤 다름이 있겠는가"[3]라고 하였다. 사마천은 이곳에서 맹자가 의리지변을 제창한 것에 대해서 마음 깊이 찬동하고 있다. 그러나 그는「화식열전(貨殖列傳)」을 저술할 때에는 다음과 같이 말하였다. "『시경』과『서경』에서는 다음과 같이 서술하고 있다. '순임금과 우임금 이래로 사람들은 모두 눈과 귀는 지극히 좋은 소리를 듣고자 하였고, 아름다운 색을 보려고 하였으며, 입은 추환과 같은 맛있는 음식만을 먹으려고 하였고, 신체는 가장 편안한 상태만을 추구하려고 하였으며, 마음은 최고의 권세와 영예만을 얻고자 하였다.' 사람들은 이러한 풍조에 의하여 오랫동안 오염되었기 때문에 비록 집집마다 찾아다니면서 권고할지라도 바꿀 수 없을 것이다. 이러한 상황에서 가장 좋은 방법은 자연스러움에 따르는 것이고, 다음으로는 잘 인도하는 것이며, 그다음은 잘 교육하는 것이고, 그다음은 규범으로써 제약하는 것이며, 마지막으로는 그와 함께 경쟁하는 것이

---

3 "太史公說 : 余讀孟子書, 至梁惠王問 '何以利吾國', 未嘗不廢而嘆也. 曰 : '嗟乎, 利誠亂之始也.' 夫子罕言利者, 常防其原也. 故曰 : '放於利而行, 多怨.' 自天子至於庶人, 好利之弊何以異哉?"

다"[4] · "천하사람들이 어지럽게 뛰어다니는 것은 모두 이익을 위해서이다."[5] 사마천에 따르면 이익(利)은 막아서도 안 되고, 또 금할 필요도 없는 것이다. 그렇다면 의로움과 이익의 차이는 어디에 있다는 말인가? 또 양자는 어떤 관계인가? 이익을 절대적으로 배척해야 하는가? 아니면 서로 수용할 수 있는 것인가? 맹자가 의리지변을 제창한 근본적인 의도는 무엇인가? 이러한 의문들은 우리가 맹자철학을 이해할 때 먼저 분명하게 분별하지 않으면 안 될 문제이다.

제1절 : 의로움과 이익에 관한 논변을 제출한 배경과 해석상의 쟁의

'의'(義)를 도덕과 관련된 개념으로 삼은 시기는 아주 오래전이다. 황준걸 선생의 분석에 의하면, 지금 현재의 『시경』과 『서경』 중의 '의'는 아직 인간의 가치자각 또는 의지의 자유문제까지는 언급하고 있지 않다. 대부분 개관적인 공공행위의 미덕을 의미할 뿐이다.[6] 『시경』에 다음과 같은 기록이 있다. "네가 법률을 선포하고 사건을 판단할 때 반드시 은의 법률에 의거해야 한다. 그가 정한 합리적 형벌과 합리적인 사형을 채택해야지 자신의 사적인 견해에 따라서는 안 된다."[7] 이는 무왕이 강숙(康叔)에게 법률을 선포할 때 마땅히 은 대의 합리적인 형벌과 합리적인 사형제도를 채택해야 함을 강조한 것이다.

---

4 "至若詩書所述虞夏以來, 耳目欲極聲色之好, 口欲窮芻豢之味, 身安逸樂, 而心誇矜勢能之榮使. 俗之漸民久矣, 雖戶說以眇論, 終不能化. 故善者因之, 其次利道之, 其次教誨之, 其止整齊止, 最下者與之爭."

5 "天下熙熙, 皆爲利來. 天子壤壤, 皆爲利往."

6 黃俊傑『孟學思想史論』「卷1」, 143쪽.

7 『書經』「康誥」, "汝陳時臬事, 罰蔽殷彝. 用其義刑義殺, 勿庸以次汝封."

그러나 '의' 개념은 춘추시대로 진입한 후에 그 의미가 점차 풍부해져, 한편으로는 행위의 적당(適宜)과 정당(正當)의 의미로 사용되었는데, 『좌전』「장공(莊公) 22년」의 "술로써 예를 완성하는데, 밤에까지 계속 술을 마시면서 음란을 즐기지 않는 것은 '의' 이다"[8]와 「소공(昭公) 28년」의 "가깝게는 친족에게 잘못을 범하지 않고, 멀게는 마땅히 천거해야 할 인재에 잘못을 범하지 않는 것이 '의' 이다"[9]에서의 '의'가 이에 해당한다. 또 다른 한편으로 '의' 는 '예' 와 밀접한 관계를 형성하고 있다. 「환공(桓公) 2년」의 "무릇 이름을 지음으로써 '의' 를 제정하고, '의' 로부터 예절이 생겨나며, 예절로써 정치를 완성한다"[10] · 「희공(僖公) 28년」의 "예로써 '의' 를 행하고, 믿음으로써 '예' 를 지키며, 형벌로써 올바름과 사악함을 바로잡는다"[11]는 것이 이에 해당한다. 다시 말하면, '의' 는 '예' 의 기초이고, '예' 는 '의' 의 구체적인 표현이다. 이 두 개의 의미는 지금의 『논어』 중에 모두 간직되어 있고, 아울러 한 걸음 더 나아가 군자와 '인' 의 개념 아래 공자 성덕지교(成德之教)의 핵심 개념의 하나로 정립되어 있다.

'의' 자가 『논어』에 출현한 횟수는 '인' 과 '예' 다음으로 많다. 노사광(勞思光) 선생의 분석에 의하면, '의' 는 대부분 정당과 도리의 의미로 사용되고 있다.[12] 『논어』에서 공자는 "군자는 천하의 일에 대하여 반드시 긍정하여 하려고 하는 것도 없고, 반드시 부정하여 하지 않으려고 하는 것도 없다. 오로지 순리대로 행할 뿐이다"[13]라고 하였다.

---

8 "酒以成禮, 不繼以淫, 義也."

9 "近不失親, 遠不失舉, 可謂義矣."

10 "夫名以制義, 義以出禮, 禮以生政."

11 "禮以行義, 信以守禮, 刑以正邪."

12 勞思光『中國哲學史』, 臺灣 三民書局, 1984, 113쪽.

이는 군자는 사사로운 의도와 선입견 없이 모든 사람을 대하고 모든 일을 처리함에 있어서 오로지 정당과 합리만을 추구함을 설명한 것이다. 즉 오로지 '도리'에 따라서 행할 뿐이다. 또 「위령공」에서는 "군자는 의로써 실질을 삼고, 예로써 (의를) 행하며, 겸손한 언어로써 (의를) 표현하고, 믿음으로써 (의를) 완성한다"[14]고 하였다. 이곳에서 공자는 '예를 의에 귀속하는'(攝禮歸義) 이론을 분명하게 드러내고 있다. '예'로써 모든 제도의문(制度儀文) 혹은 생활 질서를 삼는데, 그것의 기초를 '의'의 정당성 혹 '리'로 삼고 있다. 이렇게 함으로써 '의'는 유가에서 강조하는 군자라는 이상적인 인격이 갖추어야 할 기본적인 조건의 하나로 성립되었다. 따라서 만일 우리가 원칙적으로 공자의 '인'이 성덕지교의 핵심개념이고, 인생 생명 중의 모든 도덕 행위 창조의 최후 근원임을 긍정한다면 '의'는 공자의 사상에서 '인심'을 근거로 한 모든 일의 당연한 판단이고, '예'는 '인'을 근거로 하고 '의'에 합치한 행위표현이라고 할 수 있다. 바꾸어 말하면, 인·의·예 삼자는 공자 학설의 기본 형식인 것이다.

앞에서 서술한 것이 사실이라면, 맹자의 '인에 거처하고 의로 말미암는다'(居仁由義)[15]의 학설, 즉 "인은 사람의 마음이고, 의는 사람이 마땅히 따라야 할 길이다"[16]·"인은 사람이 편안하게 거주하는 집이고, 의는 사람이 마땅히 따라야 할 올바른 길이다"[17] 등은 바로 공자의 인의사상을 계승하여 한 걸음 더 나아간 해석임을 발견할 수 있다.

---

13 『論語』「里仁」, "君子之於天下也, 無適也, 無莫也, 義之與比."

14 『論語』「衛靈公」, "君子義以爲質, 禮以行之, 孫以出之, 信以成之, 君子哉!"

15 『孟子』「盡心上」.

16 『孟子』「告子上」, "仁, 人心也. 義, 人路也."

17 『孟子』「離婁上」, "仁, 人之安宅也. 義, 人之正路也."

그러나 문제는 맹자가 왜 또 '의'와 '리'의 차이를 엄격하게 구별하였는가에 있다.

이 문제는 두 측면에서 대답할 수 있다. 하나는 사상의 연원에서 보는 것이고, 다른 하나는 사상 형성의 배경에서 보는 것이다. 사상의 연원 측면에서 말하면, 의리지변은 이미 공자에서부터 시작되었다. 『논어』에서 공자는 다음과 같이 말하였다.

> 군자는 의로움에 밝고, 소인은 이로움에 밝다.
>
> 君子喩於義, 小人喩於利.「里仁」

군자라는 용어는 『논어』에 107차례 출현한다. 그중에 소인과 대비시켜 말한 곳이 19곳이다. 임의정(林義正) 선생의 분석에 의하면, 『논어』에 출현하는 군자의 개념은 4종류이다. 첫째는 공자 본인을 가리켜 말한 것이고, 둘째는 어떤 지위를 차지하고 있는 사람이며, 셋째의 의미가 가장 많은데, 그것은 바로 덕을 갖춘 자, 즉 유덕자(有德者)이고, 넷째는 덕과 지위를 겸비한 사람이다.[18] 사상사의 관점에서 보면, 공자가 공헌한 것 중에서 가장 중요한 것은 바로 주대 봉건제도 하에서 통치자 계급의 입장에서 군자와 소인을 구분한 것을 돌파하여 덕성을 표준으로 군자와 소인을 구분한 것이다. 그러나 앞에서 인용한 군자와 소인은 지위를 가리켜 말한 것인가? 아니면 덕을 가리켜 말한 것인가? 이 문제에 대하여 양백준(楊伯峻) 선생은 "공자의 원래 의미는 알 수 없다"[19]고 판단하였다. 그러나 임의정 선생은 『논어』와 관련

---

18 林義正『孔子學說探微』, 臺灣 東大圖書公司, 1987, 18-19쪽.

19 楊伯峻『論語譯註』, 臺灣 華正書局, 1986, 42쪽.

된 문헌을 근거로 이 장의 주요 내용은 군자의 덕과 소인의 덕이 다름을 대비시켜 드러낸 것이라고 단정하였다.[20] 『논어』에 다음과 같은 내용이 있다.

> 얻은 것을 보면 그것이 의로운 것인지를 생각하라.
> 見得思義.「季氏」

> 이로움을 보면 그것이 의로운 것인지를 생각하라.
> 見利思義.「憲問」

> 부와 귀는 사람들이 추구하는 바이지만, 정당한 방법으로 얻은 것이 아니라면 그곳에 거처하지 않겠다.
> 富與貴, 是人之所欲也, 不以其道得之, 不處也.「里仁」

> 정당하지 못한 부귀는 나에게는 뜬구름과 같은 것이다.
> 不義而富且貴, 於我, 如浮雲.「述而」

> 의로움에 부합한 후에 취하기 때문에 사람들이 취하는 것을 싫어하지 않는다.
> 義然後取, 人不厭其取.「憲問」

이것을 보면 공자가 이미 '의로움'과 '이익'을 대비시키는 것을 중시하였고, 아울러 사람들이 이익과 얻음이라는 것에 직면하였을 때 버

---

20 林義正『孔子學說探微』, 82쪽.

리고 취하며 받고 주는 가치를 살피는 것으로써 군자와 소인의 다름을 구분하였음을 알 수 있다. 즉 군자는 오로지 마땅함(當爲)과 마땅하지 않음(不當爲)으로써 이로움과 얻음에 직면하였을 때 버리고 취하며 받고 주는 행위의 표준을 삼는다. 그러나 소인은 이익과 얻음에 직면하였을 때 기탄없이 그것을 받아들인다. 즉 "군자는 의로움에 밝고 소인은 이로움에 밝다"는 것이다. 이는 군자와 소인의 서로 다른 두 종류의 가치표준을 설명한 것이다. '의'는 사람이 사람일 수 있는 당연의 이상으로부터 취사를 결정한다는 것을 대표하고, '리'는 도덕이상을 살피지 않고 오로지 개인의 욕구로써 취사를 결정한다는 것을 대표한다. 우리는 『맹자』「양혜왕」에서 맹자가 양혜왕에게 "하필 이익을 말하십니까, 오로지 인의만이 있을 뿐입니다"라고 답한 것을 보면, 맹자가 분명히 공자의 "군자는 의로움에 밝고, 소인은 이로움에 밝다"는 구분을 계승하여 두 종류의 서로 다른 가치관을 밝혀 드러내고 있음을 알 수 있다.

그러나 우리들로 하여금 이해하기 어려운 점이 있다. 그것은 바로 '의'라는 개념에 대한 맹자의 이해와 그가 드러낸 '의리지변'이 모두 공자의 학설을 계승한 것이라면 왜 역대의 학자들이 모두 '의리지변'을 맹자철학의 특색과 공헌이라고 한다는 말인가? 가장 중요한 이유는 당연히 '의'라는 개념이 맹자철학에서 더욱 중요한 발전을 이루었기 때문일 것이다. 맹자는 비단 양혜왕 그리고 송경(宋徑)과 힘써 '의'와 '리'의 차이를 해설하였을 뿐만 아니라 그의 인성론의 입장에서 고자와 '의(義)의 내외재(內外在)' 문제에 관하여 변론하였다. 바꾸어 말하면 '의'를 일종의 가치판단의 표준 또는 가치관으로 삼고서 한편으로는 왕도정치와 패도정치를 구분하는 중요 근거로 삼았고, 다른 한편으로는 그것을 인성론에 내재화해 맹자 인성론의 핵심개념으로 삼았다. 또 우리가 맹자 사상과 그 시대적 배경이 서로 영향을 준 것에 주의를 기울인다면, 맹자가 '의리지변'을 제출한 것에서 맹자가 당시 전체 공리주의 사조와의 파열을 반영하고 있음을 발견할 수 있다.

이 책의 제2장 '맹자 사상 형성의 시대적 배경 그리고 삼변학문과의 철학적 관련'에서 논의한 바와 같이 맹자는 전국시대가 '짐승을 몰아다가 사람을 잡아먹게 하는' 참극으로 치닫는 것에 대하여 반성하였는데, 이러한 원인을 정치적인 입장에서 보면, 분명 "성왕이 다시 출현하지 않으니 제후들이 방자하게 된"[21] 것 때문이다. 그러나 "(사사로운 학설이) 마음에 작용하게 되면 일을 해치게 된다. 일에 작용하게 되면 정치를 해치게 된다"[22]는 관점에서 보면, 전체 시대의 재난이 형성된 주요 원인은 가치 관념의 혼잡, 즉 '처사들이 함부로 의론을 내세워 천하에 양주와 묵적의 언론이 가득 차게 되었다. 천하의 언론은 양주에게 돌아가지 않으면 묵자에게 돌아간' 결과에서도 찾을 수 있다. 왜 맹자는 묵자와 양주의 학설에 당시 시대의 재난의 책임을 지우려고 하였는가? 『맹자』「등문공하」의 「내가 어찌 논쟁을 좋아해서겠는가(予豈好辯哉)」의 문헌에서 보면, 그것의 원인은 바로 "양주는 위아주의만을 내세우니, 이는 군주를 부정하는 것이다. 묵자는 겸애주의만을 내세우니, 이는 부모를 부정하는 것이다. 부모를 부정하고 군주를 부정하니 이는 금수와 같다"[23]에 있다. 사상사의 관점에서 반성해 보면, 양주와 묵자 학설의 사고는 모두 '리'(利)를 먼저 내세우기 때문에 인간의 인륜질서를 올바르게 직시하지 못하고, 인의

---

21 『孟子』「滕文公下」, "聖王不作, 諸侯放恣."

22 같은 책, "作於其心, 害於其事. 作於其事, 害於其政."

23 같은 책, "楊氏爲我, 是無君也. 墨氏兼愛, 是無父也. 無父無君, 是禽獸也!"

의 가치를 긍정하지 못한 것이다. 바꾸어 말하면, 양주의 "한 오라기의 털을 뽑아 천하가 이롭게 된다고 할지라도 하지 않겠다"[24]는 사고는 이익을 기초로 한 것으로서, 이는 국군(國君)의 대의(大義)를 부정한 것이다. 그러나 묵자의 "발뒤꿈치가 다 닳아 없어질지라도 천하를 이롭게 하는 일이라면 한다"[25]는 사고 역시 이익에 대한 고려로서, 부자지간의 '인'을 홀시한 것이 아닌가? 따라서 맹자는 전국시대에 "짐승을 몰아다가 사람을 잡아먹게 하는" 비극이 연출된 주요 원인으로서 양주와 묵자의 학술이 대동한 공리주의의 풍조가 당시의 제후들을 더욱 방자하게 하였다고 생각하였다. 그렇다면 어떻게 천하를 맑게 할 수 있는가? 핵심 관건은 "마음을 올바르게 잡고 사사로운 학설을 잠재우며, 한쪽으로 치우친 행동을 막고, 방탕한 말을 추방하는 것"[26]이다. 즉 가치관념에서 한편으로는 공자가 내세운 인성 존엄성의 인의 이상을 다시 한 번 건립하고, 다른 한편으로는 양주와 묵자의 공리주의 사조를 물리치는 것이다.

앞에서 서술한 바와 같이 맹자가 제창한 의리지변은 공자의 "군자는 의로움에 밝고, 소인은 이익에 밝다"는 관념에만 그치지 않는다. 맹자의 의리지변은 사실 맹자의 전체 생명사상과 그를 예속하고 있던 시대와의 분투를 상징한다. 이러한 상황에서 맹자의 의리지변을 해설할 때 우리는 의리지변을 직접 언급한 소수의 몇 개 편장(篇章)만을 고립적으로 살펴서는 안 된다. 마땅히 맹자철학의 전체 의리 맥락 속에서 맹자가 '의' 개념을 심화시키고 발전시킨 것으로부터 의리지변

---

24 『孟子』「盡心上」, "拔一毛以利天下不爲也."

25 같은 책, "摩頂放踵利天下, 爲之."

26 『孟子』「滕文公下」, "正人心, 息邪說, 距詖行, 放淫辭."

의 의미를 이해해야 할 것이다.

맹자의 의리지변의 해석에 관한 쟁론을 최근 국내(대만) 학자들의 연구에서 보면, 대부분 맹자가 말한 '의'가 일종의 공리를 의미하는가? 그리고 그가 배척한 '리'는 일종의 사리(私利)를 의미하는가에 집중되어 있다. 공리주의적 입장을 대표하는 학자와 논문으로는 채신안(蔡信安) 선생이 찬술한 「맹자의 도덕적 결단과 선택(論孟子的道德決擇)」[27]이 있다. 그리고 이러한 해석을 반대하는 대표 학자와 논문으로는 이명휘(李明輝) 선생의 「칸트의 행복 개념으로부터 논한 유가의 의리지변(從康德的幸福概念論儒家的義利之辨)」[28]이 있다. 채신안 선생은 "인하면서 그 부모를 버린 자는 없었다. 의로우면서 그 군주를 뒤로하는 자는 없었다"[29]는 말에 의거하여 맹자는 분명히 보편화의 원칙과 최대효율의 원칙을 운용하여 인의가 행위를 결정하는 원칙임을 긍정하였다고 생각하였다. 다시 말하면 맹자는 효과론의 윤리학적 방법을 채택하여 인의 원칙의 합법성과 수용성을 증명하였다는 것이다. 그러나 이명휘 선생은 채신안 선생이 근거로 삼은 문헌은 오로지 맹자가 공리주의를 완전히 부정하지는 않았다는 점만을 증명해 줄 뿐 공리주의 원칙이 바로 도덕가치 판단의 유일 또는 최후의 표준임을 증명하지는 않는다고 주장하였다. 이명휘 선생은 이 점을 설명하기 위하여 맹자가 반대한 "한 자를 굽혀 여덟 자를 곧게 한다"는 왕척직심(枉尺直尋)[30]의 문헌과 인성론의 입장을 인용하면서 맹자가 주장한

27 蔡信安『哲學論評』「第10期」, 國立臺灣大學哲學系印行, 1987, 135-174쪽.

28 李明輝『儒家與康德』, 臺灣 聯經出版公司, 1990, 147-194쪽.

29 『孟子』「梁惠王上」, "未有仁而遺其親者也. 未有義而後其君者也."

30 『孟子』「滕文公下」. 역주: 왕척직심(枉尺直尋)은 작은 것을 희생하여 큰 것을 성취한다는 의미이다.

의리지변은 결코 양적인 원칙에 따라서 공과 사의 분계를 내린 것이 아니라 도덕가치와 비도덕적 가치(행복)를 구분한 것이라고 생각하였다. 다시 말하면, 맹자철학에서의 '의'는 절대로 공리로 이해해서는 안 된다는 것이다.

채신안 선생과 이명휘 선생의 해석상의 쟁론에 관하여 나는 직접 판단을 내릴 생각은 없다. 그러나 앞에서 서술한 맹자 의리지변의 형성 배경에 대한 성찰을 근거로 하여 살펴보면, 나는 맹자의 의리지변을 전체 사상의 형식에 놓고서 이해하려는 경향을 보인다. 이렇게 함으로써 한편으로는 인성론의 입장에서 '의'에 대한 맹자의 관점을 살펴보고, 다른 한편으로는 정치왕도론의 관점에서 왜 맹자가 의리지변을 주장하였는가를 반성하며, 마지막으로 맹자 본인의 처세와 구체적인 일의 실행을 조준하여 의리지변의 진정한 의미를 밝혀볼 수 있다. 따라서 다음에서는 맹자와 고자 사이에 논의된 '의(義)의 내외재(內外在)'에 관한 논변, 그리고 맹자와 양혜왕 및 송경과의 의리지변 논쟁, 또한 '의와 명의 합일'(義命合一)의 취지로 각각 절을 나눠 맹자 의리지변의 기본 취지를 그려볼 것이다.

제2절 : '의'의 내재와 외재에 관한 논변

당군의 선생은 공자의 인도(仁道)에 관하여 다음과 같이 말하였다. "공자가 말한 '의'는 '의'의 고의(古義)에 따른 것으로, 대부분 행사가 밖으로 표현된 것으로부터 말한 것이지 아직 '의'를 사람의 한 덕으로 명확하게 말하지는 않았다. 이는 공자가 '인'이라는 덕으로써 제덕(諸德)을 통괄하였지만, '인'으로써 '의'라는 덕을 통괄한다는 말을 분명하게 말하지 않았기 때문이다. 그러나 공자가 '의'를 행함으로써 '인'을 성취한다는 뜻을 미루어 보면, 나는 '의' 역시 사람의 한 덕이라고 말해야 하고, 마땅히 공자가 말한 '인' 안에 통괄되어야 한다고 생각한다."[31] 당군의 선생의 견해에 대하여 어떤 학자들은 지나치게 보수적이라고 생각할 수도 있을 것이다. 그러나 '의'를 사람에게 내재된 덕으로 인식하고, 아울러 인심(仁心) 혹은 인성(人性) 안에 통괄시킨 것은 맹자의 사상에서 매우 분명하게 드러난다. 이 점은 맹자와 고자의 변론을 통하여 분명하게 볼 수 있다.

> 고자가 말하였다. "음식을 즐기고, 여색을 좋아하는 것은 성이다. '인'은 내적인 것이지 외적인 것이 아니다. '의'는 외적인 것이지, 내적인 것이 아니다." 맹자가 말하였다. "무엇을 근거로 '인'은 내적인 것이고, '의'는 외적인 것이라고 하는가?" (고자가) 말하였다. "저 사람이 나이가 많아서 내가 그를 공경하는 것이지, 나에게 공경하는 마음이 있는 것이 아니다. 이는 마치 저것이 희기 때문에 내가 희다고 하는 것과 같다. 밖에 있는 흰색을 따르는 것과 같기 때문에 외적인 것이라고 한다." (맹자가) 말하였다. "흰 것의 경우와는 다르다. 말의 흰 것은 흰 사람의 흰 것과 다름이 없다. 잘 모르겠지만, 늙은 말을 가엽게 여기는 것과 나이 많은 사람을 공경하는 것에 다름이 없겠는가? 또한 나이 많은 사람이 '의'를 행하는가? 아니면 나이 많은 사람을 공경하는 사람이 '의'를 행하는가? (고자가) 말하였다. "내 동생이면 사랑하고, 진나라 사람의 동생이면 사랑하지 않는다. 이는 나를 위주로 기쁨을 삼는 것이기 때문에 내적인 것이라고 한 것이다. 초나라의 나이 많은 사람을 공경하고, 나의 어른도 공경한다. 이는 나이 많은 사람을 위주로 기쁨을 삼는 것이기 때문에 외적인 것이라고 한

---

31 唐君毅『中國哲學原論』「原道篇」, 102쪽.

것이다." (맹자가) 말하였다. "진나라 사람의 불고기를 좋아하는 것은 내 불고기를 좋아하는 것과 다름이 없다. 무릇 사물은 그러한 것이 있다. 그렇다면 불고기를 좋아하는 것도 외적인 것이란 말인가?"

告子曰："食色, 性也. 仁內也, 非外也. 義外也, 非內也." 孟子曰："何以謂仁內義外也?" 曰："彼長而我長之, 非有長於我也. 猶彼白而我白之, 從其白於外也. 故謂之外也." 曰："異, 於白. 馬之白也, 無以異於白人之白也. 不識, 長馬之長也, 無以異於長人之長歟? 且謂長者義乎? 長之者義乎?" 曰："吾弟則愛之, 秦人之弟則不愛也. 是以我爲悅者也. 故謂之內. 長楚人之長, 亦長吾之長. 是以長爲悅者也. 故謂之外也." 曰："耆秦人之炙, 無以異於耆吾炙. 夫物則亦有然者也. 然則耆炙亦有外與."「告子上」

고자는 '생지위성'(生之謂性)[32]을 주장하였다. 고자는 경험주의적 성격 때문에 오로지 생물학적인 의미, 즉 천성적으로 본래 갖추고 있는 식색(食色) 등의 자연생리적인 활동으로써 인성을 이해하였다. 고자가 비록 '인은 내적인 것이고 의는 외적인 것이다'(仁內義外)고 하였지만, "내 동생이면 사랑하고, 진나라 사람의 동생이면 사랑하지 않는다"는 주장을 보면 고자가 말한 '인'은 사실 자연생리적인 감성에 속한 사랑임을 반영하고 있다. 이는 유가철학에서 긍정하는 만물일체를 이루는 '인'과 분명하게 다르다. 고자는 '의는 외적인 것이다'라고 주장하면서 "저 사람이 나이가 많아서 내가 그를 공경하는 것이지, 나에게 공경하는 마음이 있는 것이 아니다. 이는 마치 저것이 희기 때문에 내가 희다고 하는 것과 같다. 밖에 있는 흰색을 따르는 것과 같기 때문에 외적인 것이라고 한다"는 해석을 내놓았다. 이는 고

32 『孟子』「告子上」.

자의 심중에 있는 '의'라는 것은 객관적인 사실에 의하여 결정됨을 드러낸 것이다. 즉 우리가 공경의 태도로써 연장자를 대하는 것은 그가 객관적인 사실인 나이가 자신보다 많기 때문이다. 이는 우리가 흰 물건을 보면서 '희다'고 한 것은 그것이 객관적으로 '흰 성질'을 갖추고 있기 때문인 것과 같다. 정말로 연장자를 공경하는 '의'가 객관적인 사실에 대한 인식에 의하여 결정된다면, '의'와 '불의'의 도덕 문제가 외적인 세계를 인식하는 문제로 전환된다는 말인가? 그러나 맹자는 그렇게 생각하지 않았다. 맹자는 "잘 모르겠지만, 늙은 말을 가엽게 여기는 것과 나이 많은 사람을 공경하는 것에 다름이 없겠는가? 또한 나이 많은 사람이 '의'를 행하는가? 아니면 나이 많은 사람을 공경하는 사람이 '의'를 행하는가"라고 질문하였다. 즉 늙은 말과 나이 많은 사람에서 '늙었다는 사실'은 동일하다. 그러나 늙은 말과 연장자에 대한 우리의 태도가 동일한가? 만일 동일하지 않다면 우리는 어떤 원칙에 의거하여 연장자에 대하여 공경의 마음을 결정해야 하는가? 만일 나이가 많다는 사실이 공경의 마음을 결정한다면, 우리는 '늙은 말에 대해서는 공경의 마음을 갖지 않는다'는 것을 해석할 수 없게 된다. 따라서 유일한 합리적인 해석은 연장자를 공경하는 '의'는 우리 안에 있는 공경의 마음으로부터 나온 것이라고 해석하는 것뿐이다. 다시 말하면, '의'는 우리의 도덕본심이 연장자라는 객관적인 대상을 대면하였을 때의 자아 요구에 의하여 결정되는 것이다. 단지 객관적인 사실에 대한 인지에 의하여 결정된다고 하면 왜 '연장자만을 공경하고 늙은 말을 공경하지 않는가'라는 질문에 대한 해답을 제시할 수 없다.

맹계자가 공도자에게 물었다. "왜 '의'가 내적인 것인가?" 공도자가 말하였다. "내 마음속의 공경함을 행하기 때문에, 내적인 것이라고 한다." (맹계자가 물었다.) "마을 사람이 장형보다 나이가 한 살 많으면 누구를 공경하는가?" (공도자가) 말하였다. "형을 공경한다." (맹계자가 물었다.) "술을 따를 때는 누구에게 먼저 따르겠는가?" (공도자가) 말하였다. "마을 사람에게 먼저 따른다." (맹계자가 말하였다.) "공경해야 할 사람은 형(此)이고, 술을 먼저 따라야 할 사람은 마을 사람(彼)이니, 필경 (의는) 밖에 있는 것이지 안으로부터 우러나오는 것이 아니다." 공도자가 (계자의 질문에) 대답하지 못하고, 돌아와 맹자에게 이 사실을 알렸다. 맹자가 말하였다. "'숙부를 공경하느냐, 아니면 동생을 공경하느냐' 고 물으면, 저 사람(계자)은 '숙부를 공경한다' 고 할 것이다. '동생이 시동이 되면 누구를 공경할 것인가' 라고 물으면 저 사람은 '동생을 공경한다' 고 할 것이다. 네가 '왜 숙부를 공경하지 않는가' 라고 물으면, 저 사람은 '(동생이 시동의) 자리에 있기 때문이다' 라고 할 것이다. 너 역시 '(마을 사람이 손님의) 자리에 있기 때문에 먼저 술을 따른 것뿐이다' 라고 말하라. 평상시에는 형을 공경하지만, 임시적으로 마을 사람을 공경하기도 한다." 계자가 그 말을 듣고서 말하였다. "숙부를 공경해야 할 경우에는 숙부를 공경하고, 동생을 공경해야 할 경우에는 동생을 공경하니, '의' 는 틀림없이 밖에 있는 것이지, 안에서 우러나오는 것이 아니다." 공도자가 말하였다. "겨울에는 끓는 물을 마시고, 여름에는 찬 물을 마신다. 그렇다면 마시고 먹는 것도 외적인 것에 의하여 결정되는가?"

孟季子問公都子曰："何以謂義內也." 曰："行吾敬, 故謂之內也." 鄕人長於伯兄一歲, 則誰敬. 曰："敬兄." 酌則誰先. 曰："先酌鄕人." 所敬在此, 所長在彼, 果在外, 非由內也. 公都子不能答以告孟子. 孟子曰："敬叔父乎? 敬弟乎? 彼將曰：'敬叔父.' 曰：'弟爲尸則誰敬?' 彼將曰：'敬弟.' 子曰：'惡在其敬叔父也?' 彼將曰：'在位故也.' 子亦曰：'在位故也.' 庸敬在兄, 斯須之敬在鄕人."

季子聞之, 曰 : "敬叔父則敬, 敬弟則敬, 果在外非由內也." 公都子曰 : "冬日則飮湯, 夏日則飮水. 然則飮食亦在外也?" 「告子上」

이 장의 내용은 공도자와 맹계자의 변론이다. 대체적인 의리는 앞의 인용문과 동일하다. 맹계자가 누구인지는 상세하게 고증할 수 없다. 그러나 공도자와의 논변을 보면, 그의 사고가 기본적으로 공자와 동일함을 알 수 있다. 공도자가 '의'를 내적인 것으로 해석한 근거는 바로 그가 말한 "내 마음속의 공경함을 행하는 것"이다. 즉 어떤 상황에서 마땅히 '공경함을 표현해야 하는가' 혹은 '마땅히 공경함을 표현하지 않아야 하는가'는 나의 도덕본심이 결정한다는 것이다. 그러나 맹계자는 공도자의 해석을 수용하지 않았다. 그는 술을 따를 때는 먼저 마을 사람에게 따르면서 공경함을 표현하고 평소에는 자기의 장형에게 공경을 표현한다면 이는 외적인 환경 혹은 대상의 바뀜에 따라서 공경을 표현하는 순서와 방식이 결정되는 것이기 때문에 '의'는 내적인 것이 될 수 없다고 생각하였다. 공도자는 맹계자의 질의에 답변을 하지 못하고서 돌아와 맹자에게 가르침을 청하였다. 맹자의 답변은 매우 간단하다. 중점은 바로 이것이다. 즉 우리들이 공경을 표현할 때 비록 외적인 환경에 따라서 조정이 되지만 마땅히 누구를 공경하는가는 우리들의 도덕본심이 결정한다는 것이다. 다시 말하면 '누구를 마땅히 공경하고, 누구를 마땅히 공경하지 않으며, 누구에게 먼저 공경함을 표현하고, 누구에게 뒤에 공경함을 표현해야 하는가' 등의 문제를 결정할 때 우리 자신의 도덕본심의 고려와 결정이 없이 단지 객관적인 사실만을 인식하는 인지이성(認知理性)에만 의존한다면 우리는 그것들을 판단할 수 있는 근거를 확보할 수 없다는 것이다. 따라서 우리가 마땅함과 마땅하지 않음이 하나의 가치판단임을 확신한다면, 가치판단과 객관적인 사실의 인식은 서로 무관함을 알 수 있다. 그렇다면 이러한 당연의 판단은 반드시 우리의 도덕본심에 맡겨 해석해야 한다. 이것이 바로 맹자가 '의는 내적인 것이다' 라고 주장한 이유이다.

그렇다면 의(義)를 도덕심의 드러남, 즉 일종의 '마땅함' 과 '마땅하지 않음' 을 결정하는 의식으로 삼는다면, 그것의 특징은 무엇인가?

> 측은해하는 마음은 인이다. 부끄러워하는 마음은 의이다. 공경하는 마음은 예이다. 시비를 가리는 마음은 지이다. 인의예지는 밖에서부터 나를 녹여 들어온 것이 아니고, 나에게 본래부터 있는 것인데, 그것을 깨닫지 못했을 뿐이다.
>
> 惻隱之心仁也. 羞惡之心義也. 恭敬之心禮也. 是非之心智也. 仁義禮智, 非由外鑠我也, 我固有之也, 弗思耳矣.「告子上」

> 사는 것도 내가 원하는 바이고, 의로움도 내가 원하는 바이다. 이 두 가지를 함께 얻을 수 없다면 사는 것을 버리고 의로움을 취할 것이다. … 한 그릇의 밥과 한 그릇의 국을 얻으면 살고, 얻지 못하면 죽는 경우라도 (예의를 갖추지 않고) '옛다' 하고 주면 길 가는 사람도 받지 않고, 발로 툭 차서 주면 거지도 달갑게 여기지 않는다. (그러나) 만종의 봉록은 예의를 분별하지 않고 받는다면 만종의 봉록이 자기에게 무슨 보탬이 있겠는가? 주택을 아름답게 하고, 처첩을 배불리 먹이고 입히며, 내가 알고 있는 가난한 사람이 나를 고맙게 여기기 위함인가? 앞에서는 죽을지라도 받지 않았는데, 지금은 주택을 아름답게 하기 위하여 (만종의 봉록을) 받고, 앞에서는 죽을지라도 받지 않았는데, 지금은 처첩을 배불리 먹이고 입히기 위하여 (만종의 봉록을) 받으며, 앞에서는 죽을지라도 받지 않았는데, 지

금은 자기가 알고 있는 가난한 사람이 (자기의 도움을 받아) 자기를 고맙게 여기기 위하여 (만종의 봉록을) 받는다. 이것 역시 그만둘 수 없는가? 이것을 일러 본심을 잃어버렸다고 하는 것이다.

生, 亦我所欲也. 義, 亦我所欲也. 二者不可得兼, 舍生而取義者也 … 一簞食, 一豆羹, 得之則生, 弗得則死. 蹴爾而與之, 行道之人弗受. 蹴爾而與之, 乞人不屑也. 萬鍾則不辯禮義而受之, 萬鍾於我何加焉? 爲宮室之美, 妻妾之奉, 所識窮乏者得我與? 鄕爲身死而不受, 今爲宮室之美爲之. 鄕爲身死而不受, 今爲妻妾之奉爲之. 鄕爲身死而不受, 今爲所識窮乏者得我而爲之. 是亦不可以已乎? 此之謂失其本心. 「告子上」

맹자가 말하였다. “인은 사람의 마음이다. 의는 사람이 (마땅히 가야 할) 길이다. 사람이 (마땅히 가야 할) 길을 따르지 않고, 마음을 잃어버리고서 찾을 줄을 모르니 슬프구나!”

孟子曰 : “仁, 人心也. 義, 人路也. 舍其路而不由, 放其心而不知求, 哀哉!” 「告子上」

이곳에서 맹자는 ‘의’를 수오지심(羞惡之心)으로 해석하고 있음을 볼 수 있다. 수오지심에 대하여 주희는 “수(羞)는 자기의 불선함에 대하여 부끄러워하는 것이다. 오(惡)는 타인의 불선을 증오하는 것이다”[33] 라고 주해하였다. 이것을 보면, 수오지심은 하나의 선과 불선에 대한 자각을 기초로 하여 있게 된 부끄러움과 증오의 정감임을 알 수 있다. 그러나 선과 불선을 어떻게 해석해야 하는가? 앞의 두 번째와 세 번째 인용문에 의거하여 보면, 마땅히 인심(仁心)에 의거하여 판별해야

33 朱熹『孟子章句』, “羞, 恥己之不善. 惡, 憎人之不善也.”

한다. 즉 사람이 사람일 수 있는 자아의식 혹 존엄의식, 즉 일종의 자신의 생사를 초월하는 보편적인 인성의 이상이다. 다시 말하면, '의'는 마땅함과 마땅하지 않음을 결정하는 자아의식인데, 주로 보편적인 인성 이상의 존엄의식으로 표현된다. 설사 "한 그릇의 밥과 한 그릇의 국을 얻으면 살고, 얻지 못하면 죽는 경우"에 놓이게 되더라도 예를 갖추지 않고 함부로 부르면서 밥을 주면 인간의 자아 존엄의식에 기초하여 그것을 받지 않을 것이다. 맹자는 모든 사람의 본성 중에는 이러한 보편적인 인성 이상의 자아 존엄의식이 있기 때문에 우리가 그것을 간직하고 있기만 하면 그 의식에 따라서 자연스럽게 사람이 사람일 수 있는 강장대도(康莊大道)를 실현할 수 있다고 생각하였다. 그러나 만일 우리가 그러한 본심을 상실하였다면 이러한 자존의식에 따르지 않기 때문에 외적인 재물이나 미색 그리고 명예 등이 끊임없이 우리를 유혹할 것이고, 우리는 그것에 이끌려 결국에는 편벽되고 사치스러운 일을 하지 않음이 없게 되어 금수의 지경으로 추락하게 된다.

그러므로 인성론의 측면에서 논하면, 맹자 마음속의 '의'는 다음 몇 가지 중요한 의미를 갖고 있다. 첫째, '의'는 도덕본심의 선험적인 이칙(理則)의 하나이다. 맹자의 "인의예지는 밖에서부터 나를 녹여 들어온 것이 아니고, 나에게 본래부터 있는 것이다"는 말은 바로 이 의미를 표현한 것이다. 둘째, 선험적인 이칙(理則)이 가치의식에서 드러나 수오지심으로 드러나는 측면에서 말하면, '의'는 보편적인 인성의 이상적인 자존의식을 반영한다. 그러므로 맹자는 "한 그릇의 밥과 한 그릇의 국을 얻으면 살고, 얻지 못하면 죽는 경우라도 (예의를 갖추지 않고) '옛다' 하고 주면 길 가는 사람도 받지 않고, 발로 툭 차서 주면 거지도 달갑게 여기지 않는다"고 한 것이다. 셋째, '의'는 사람을 대하고, 사건이 바뀌는 상황에서 우리의 행위를 주재하는데, 주로 일종의 '마땅함'과 '마땅하지 않음'이라는 내재적인 결단으로 표현된다. 그러므로 공도자가 '의는 내적인 것이다'를 "내 마음속의 공경함을 행하는 것이다"로 해석한 것이다. 넷째, 만일 우리가 '마땅함'이라는 도덕적 결단을 존중하여 따를 수 있다면 "사람이 애나 재라고 천대받지 않을 실력을 채워 나갈 수 있고", 그렇게 할 수 있으면 "어디를 가더라도 의롭지 않을 수가 없다."[34] 이것은 사람이 사람일 수 있는 존엄성의 강장대도(康莊大道)를 창현한 것이다. 맹자는 "의는 사람이 (마땅히 가야 할) 길이다"라고 하였는데, 바로 이 의미를 표현한 것이다. 다섯째, 만일 우리가 '마땅함'이라는 도덕의식을 준수하지 못하면, 즉 인성 이상을 대표하는 자존의식도 없이 행위를 하면 모든 외적인 재화와 미색 그리고 명예 등 자신의 욕구를 만족시키는 일을 하지 않은 바가 없게 되는데, 맹자는 이러한 상태를 "본심을 잃어버렸다"라고 하였다. 따라서 맹사와 고사의 '의의 내외새' 변론에 대하여 총결론을 내리면, 다음과 같이 말할 수 있다. 즉 맹자가 인성론의 입장에서 이해하고 있는 '의'는 단지 우리 도덕본심의 참다운 본성의 선험적인 이칙(理則)이고, 또한 수오지심과 마땅함이라는 도덕의식을 드러내는 측면에서 보면, '의'는 두 가지 생명의 실현 방식을 결정하는 원칙이다. 즉 하나는 본심은 참다운 본성에 합치하는 것이고, 다른 하나는 이러한 본심의 참다운 본성을 위배하는 것이다. 즉 '의'는 사람이 사람일 수 있는 존엄을 창현하여 우리들로 하여금 금수의 지경으로 추락하지 않게 한다.

---

34 『孟子』「盡心下」, "人能充無受爾汝之實, 無所往而不爲義也."

제3절 : 의로움과 이익에 관한 논변

앞에서 서술한 바와 같이 '의'는 맹자의 인성론에서 두 종류의 생명 실현의 방식이라는 의미를 갖고 있다. 그렇다면 맹자가 양혜왕을 보고서 의리지변을 발휘하였는데, 이것은 이러한 '의' 관념이 더욱 확장되어 정치라는 장에서 발휘된 것인가? 이 논의의 편의를 위하여 먼저 양혜왕과의 대화 문헌을 소개하겠다.

> 맹자가 양혜왕을 만났다. 왕이 말하였다. "노인장께서는 천 리 길을 멀다 하지 않고 오셨는데, (선생께서)도 우리나라를 이롭게 할 만한 것이 있습니까?" 맹자가 대답하여 말하였다. "왕께서는 하필 이익을 말하십니까? 오로지 인의만이 있을 뿐입니다. 왕이 '어떻게 하면 내 나라를 이롭게 할 것인가' 하고 말하면, 대부는 '어떻게 하면 내 집안을 이롭게 할 것인가'를 말할 것이고, 지식인 계급과 일반 사람들은 '어떻게 하면 나를 이롭게 할 것인가'를 말할 것이다. (이처럼) 위아래 사람이 모두 (자기의) 이익만을 취하려고 하면 나라는 위태롭게 될 것이다. 만승의 나라에서 그 군주를 시해하는 자는 틀림없이 천승을 가진 사람일 것이다. 천승의 나라에서 그 군주를 시해하는 사람은 틀림없이 백승을 가진 사람일 것이다. 만승의 (제후국)에서 (경대부가 이미) 천승을 취하였고, 천승의 (제후국)에서 (경대부가 이미) 백승을 취한 것이 (결코) 많지 않은 것이 아니지만, (그러나) 의로움을 뒤로하고서 이익을 먼저 내세운다면 (그보다 많은 것을 소유한 사람의 것을) 빼앗지 않고서는 만족하지 않을 것이다. '인'하면서 그 부모를 버린 자는 없었다. 의로우면서 그 군주를 뒤로하는 자는 없었다. 왕은 오직 인의만을 말해야지 왜 하필 이익을 말하십니까?"
>
> 孟子見梁惠王. 王曰："叟! 不遠千里而來, 亦將有以利吾國乎?" 孟子對曰：

"王何必日利, 亦有仁義而已矣. 王日 : '何以利吾國?' 大夫日 : '何以利吾家?' 士庶人日 : '何以利吾身?' 上下交征利而國危矣. 萬乘之國, 弑其君者, 必千乘之家. 千乘之國, 弑其君者, 必百乘之家. 萬取千焉, 千取百焉, 不爲不多矣, 苟爲後義而先利, 不奪不饜. 未有仁而遺其親者也. 未有義而後其君者也. 王亦日 : 仁義而已矣, 何必日利."「梁惠王上」

이 장은 '의'와 '리'에 관한 대화이다. 주요 내용은 정치라는 맥락에서 '의'와 '리'의 기본 사고 방식의 다름을 분명하게 밝힌 것이다. '의'는 일종의 보편적인 인성의 존엄과 도덕이상을 첫 번째의 가치관으로 삼는 것을 대표한다. '리'는 자신의 이익과 복지를 먼저 내세우는 가치관을 대표한다. 맹자가 "왕께서는 하필 이익을 말하십니까? 오직 인의만이 있을 뿐입니다"와 "의로움을 뒤로하고서 이익을 먼저 내세운다면 (그보다 많은 것을 소유한 사람의 것을) 빼앗지 않고서는 만족하지 않을 것이다"라고 말한 관점에서 보면, 맹자의 중점이 결코 '리'라는 가치관을 부정하는 것에 있지 않고 '의'와 '리'의 가치관이 서로 다름을 드러내고, 또한 '의'와 '리' 사이의 우선성에 있음을 알 수 있다. 다시 말하면 맹자는 한 국가의 집정자인 군주는 마땅히 '인의'라는 포부를 갖고서, 보편적인 인성의 이상 그리고 수요로써 정책을 고려해야지 자신의 이익을 먼저 내세우고, 기타 생명의 존엄과 수요를 홀시해서는 안 된다고 생각하였다. 또한 마땅히 '의'를 먼저 내세우고, '리'를 뒤에 내세워야 한다고 생각하였다. 이렇게 해야만 비로소 치평(治平)이라는 목적을 실현할 수 있는 것이다. 이 장을 근거로 하여 맹자가 그렇게 생각한 이유를 보면, 다음 두 가지로 종합할 수 있다. 하나는 만일 '의'를 뒤로하고, '리'를 먼저 내세우게 되면, 군주와 대부 그리고 지식인과 일반 사람들 사이에 상대방의 산업을 빼앗지 않고는 영원히 만족하지 않을 것이기 때문이다. 다른 하나는 '인' 을 중시하는 사람 중에는 그의 부모를 유기하는 사람이 없고, 또 '의' 를 중시하는 사람 중에는 자신의 군주를 기만하는 사람이 없기 때문이다. 전자의 취지는 '의를 뒤로하고 리를 먼저 내세우는 폐단' 를 설명한 것이고, 후자는 '먼저 의를 내세우고 리를 뒤로하는 장점' 을 강조한 것이다. 맹자는 두 가지 모두 행위의 효과로써 이해와 득실을 분석한 것 같다.

그러나 이러한 맹자의 사고는 맹자가 공리주의 윤리학자임을 의미하는가? 만일 우리가 맹자 사상에 내재적 정체성(整體性)과 일치성을 원칙적으로 긍정하고, 또한 맹자가 전국시대를 지배한 군국주의적 공리주의의 사조에 대하여 이러한 입장을 표현하였다는 것에 기초한다면 우리는 맹자의 이러한 표현 방식을 근거로 맹자를 공리주의자라고 단정하기는 어려울 것 같다. 사실상 맹자는 당시 군주와 그의 왕도정치의 이상을 논의할 때 결코 매번 실제적인 이해로써 왕도정치의 실현 가능성을 진술하지는 않았다.

> 양혜왕이 말하였다. "천하에 진나라[35]보다 더 강한 상대가 없었음은 노인장께서도 아시는 바이다. 과인의 대에 이르러 동쪽으로는 제나라에게 패하여 그곳에서 맏아들이 죽었다. 서쪽에서는 진나라에게 7백 리의 땅을 잃어버렸고, 남쪽에서는 초나라에게 욕을 당하였다. 과인은 이 점을 부끄럽게 여기고 있으니 (전쟁에서) 죽은 사람을 위하여 치욕을 씻고자 하는데, 어떻게 하면 좋겠습니까?" 맹자가 대답하여 말하였다. "사방 백 리의

35 역주: 양혜왕의 위나라는 본래 진나라에 속하였다. 후에 위씨와 한씨 및 조씨가 진을 삼분하여 각자 왕이라고 칭하였다. 위나라가 가장 강성하였기 때문에 양혜왕은 자신이 진나라를 대표한다는 생각으로 과거의 진나라 명칭을 그대로 사용한 것이다.

땅을 가지고 있더라도 왕자가 될 수 있습니다. 왕께서 백성들에게 인정을 베풀고, 형벌을 줄이며, 세금을 가볍게 하고, (백성들로 하여금) 밭을 깊게 갈고 김매기에 힘쓰도록 하며, 젊은이들이 한가한 날에 효제충신의 도리를 배워 익히고, 집에 들어가서는 부모님과 형님을 섬기며, 밖에 나와서는 웃어른을 섬기도록 하면, (그들로 하여금) 몽둥이를 만들어 진나라와 초나라의 견고한 갑옷과 예리한 무기를 치도록 할 수 있습니다. 저들이[36] 자기네 백성들의 농번기를 빼앗아 버려 (그들 백성들로 하여금) 밭을 갈고 김을 매어 부모를 봉양할 수 없도록 하면 그들의 부모는 추위에 떨거나 굶주리고, 형제와 처자는 서로 뿔뿔이 흩어지게 됩니다. 저들이 자기의 백성들을 곤경에 빠뜨릴 때 왕이 나가서 저들을 정벌한다면 누가 왕께 대적하겠습니까? 그러므로 '인자는 적이 없다' 고 한 것이니 왕께서는 이 말에 대하여 의심을 갖지 마십시오."

梁惠王曰："晉國天下莫强焉, 叟之所知也. 及寡人之身, 東敗於齊, 長子死焉. 西喪地於秦七百里, 南辱於楚. 寡人恥之, 願比死者一洒之, 如之何則可?" 孟子對曰："地方百里而可以王. 王如施仁政於民, 省刑罰, 薄稅斂, 深耕易耨, 壯者以暇日修其孝悌忠信, 入以事其父兄, 出以事其長上, 可使制梃以撻秦楚之堅甲利兵矣. 彼奪其民時, 使不得耕耨以養其父母, 父母凍餓, 兄弟妻子離散. 彼陷溺其民, 王往而征之, 夫誰與王敵? 故曰：'仁者無敵', 王請勿疑."「梁惠王上」

양혜왕이 말하였다. "과인은 즐거운 마음으로 (선생의) 가르침을 받고자 합니다." 맹자가 대답하여 말하였다. "사람을 몽둥이로 죽이는 것과 칼로 죽이는 것에 무슨 차이가 있습니까?" (양혜왕이) 말하였다. "다른 점이 없습니다." (맹자가 말하였다.) "칼로 죽이는 것과 정치로 죽이는 것에 다

36 역주: 초나라와 진나라의 군주.

른 점이 있습니까?" (양혜왕이) 말하였다. "다른 점이 없습니다." (맹자가) 말하였다. "주방에는 기름진 고기가 있고, 마구간에는 살찐 말이 있는데, 백성들은 굶주린 기색이 있고, 들판에는 굶어죽은 시체가 있다면, 이는 짐승을 몰아다가 사람을 잡아먹게 하는 것입니다. 짐승들끼리 서로 잡아먹는 것조차도 사람들은 싫어하는데, 백성의 부모가 되어서 짐승을 몰아다가 사람을 잡아먹게 하는 것을 없앨 수 없다면 백성의 부모라고 할 만한 점이 어디 있습니까? 공자가 말하였다. '처음 나무 인형을 만든 사람은 후손이 없을 것입니다!' (공자가 그렇게 말한 까닭은) 그 사람이 사람의 형상을 만들어서 사용하였기 때문인데, 어떻게 사람들을 굶어 죽게 할 수 있습니까?"

梁惠王曰："寡人願安承教." 孟子對曰："殺人以梃與刃, 有以異乎?" 曰："無以異也." "以刃與政, 有以異乎?" 曰："無以異也." 曰："庖有肥肉, 廏有肥馬, 民有飢色, 野有餓莩, 此率獸而食人也! 獸相食, 且人惡之, 爲民父母行政, 不免於率獸而食人, 惡在其爲民父母也? 仲尼曰：'始作俑者, 其無後乎!' 爲其象人而用之也, 如之何其使斯民飢而死也."「梁惠王上」

첫 번째 인용문을 예로 보면, 맹자는 양혜왕에게 진정으로 인정을 실시하면 백성들이 "몽둥이를 만들어 진나라와 초나라의 견고한 갑옷과 예리한 무기를 쳐" 천하의 무적이 될 수 있다고 생각하였다. 그러나 만일 인정을 실시하지 않으면 "백성들을 곤경에 빠뜨려" "동쪽으로는 제나라에게 패하여 그곳에서 맏아들이 죽고, 서쪽에서는 진나라에게 7백 리의 땅을 잃으며, 남쪽에서는 초나라에게 욕을 당할 것"이라고 생각하였다. 다시 말하면, 맹자는 이곳에서 완전히 현실의 이해관점에서 인정의 가치를 진술하고 있다. 그러나 "백성의 부모가 되어서 짐승을 몰아다가 사람을 잡아먹게 하는 것을 없앨 수 없다면 백성의 부모라고 할 만한 점이 어디 있습니까"라는 질문을 할 때 학정에 대한 맹자의 비판은 이익으로써 질책하는 것이 아니라 직접 집정자의 도덕적 책임을 들어 말한 것이다. 이는 맹자의 정치 사고가 결코 완전히 이해(利害)의 관점에서만 출발한 것이 아님을 드러낸 것이다. 맹자가 의리지변을 제시하고, 왕도정치의 이상을 드러낸 가장 중요한 근거는 '인의내재'의 인성론이다.

> 등문공이 물었다. "제나라 사람들이 설의 땅에 성을 쌓으려고 합니다. 나는 매우 걱정이 되는데, 어떻게 하면 좋습니까?" 맹자가 대답하여 말하였다. "태왕이 빈에 살 적에 적인들이 침입해 와 그곳을 버리고 기산 밑에서 살았습니다. 그곳을 택하여 취한 것이 아니고 부득이해서 그랬던 것입니다. 진실로 선한 일을 한다면 후세의 자손 중에서 천하의 왕자가 생겨날 것입니다. 군자가 나라를 세워서 국통을 전하는 것은 그것을 계승해 나갈 수 있게 하기 위해서입니다. 그러나 성공하는 것은 하늘에 달려 있습니다. 왕께서는 어떻게 하시렵니까? 힘써 선을 행할 따름입니다."
>
> 滕文公問曰："齊人將築薛. 吾甚恐, 如之何則可?" 孟子對曰："昔者大王, 居邠, 狄人侵之, 去之岐山之下居焉. 非擇而取之, 不得已也. 苟爲善, 後世子孫, 必有王者矣. 君子創業垂統, 爲可繼也. 若夫成功則天也. 君如彼何哉? 強爲善而已矣."「梁惠王下」

인정을 실행하고 정치에서 '먼저 의로움을 내세우고 이익을 뒤로하는' 사고가 반드시 치평이라는 목적을 실현할 수 있고, 천하의 왕노릇하는 것을 보장할 수 있는가? 맹자의 여러 대화를 근거로 하여 보면, 특별히 의심할 것은 없는 것 같다. 그러나 강적들에게 둘러싸인 등문공이 주변국가의 침략의 위험에 직면하여 어떻게 해야 좋을지 모르는 상황에 대하여 맹자는 다른 곳에서 대화할 때처럼 낙관적인 태도를 취하여 대답하지 않고 있다. 비록 맹자가 적극적으로 "진실로 선한 일을 한다면 후세의 자손 중에서 천하의 왕자가 생겨날 것입니다"라고 하였지만, "군자가 나라를 세워서 국통을 전하는 것은 그것을 계승해 나갈 수 있게 하기 위해서입니다. 그러나 성공하는 것은 하늘에 달려 있습니다"라는 말은 보면, 맹자가 현실 세계 이해관계의 변화를 사람이 완전히 결정할 수는 없음을 잘 알고 있는 것 같다. 그러나 맹자는 여전히 등문공에게 "힘써 선을 행할 따름입니다"라고 하였다. 이는 인정을 실행해야 하고, 또 정치의 사무를 처리함에 있어서 인의라는 것을 간직해야 함을 설명하고 있는 것이다. 결코 현실상의 어떤 이익 때문이 아닌 것이다. 집정자 자신은 이러한 도덕적 책임을 가져야 하고, 심지어 사람이라는 존재 측면에서도 우리들은 "힘써 선을 행할 따름이다."

> 대영지가 말하였다. "십일조를 실시하고, 관문과 시장에서 징세를 폐지하는 것은 금년에는 시행할 수 없으니 징세를 경감하고 내년을 기다린 후에 폐지하는 것이 어떻습니까?" 맹자가 말하였다. "어떤 사람이 매일 이웃집 닭을 훔치는데, 어떤 사람이 닭을 훔치는 그 사람에게 '이는 군자가 할 짓이 아니다'라고 하자, 그 사람이 '훔치는 수요를 줄여서 한 달에 닭 한 마리를 훔치고 내년을 기다린 후에 그만두도록 하겠습니다'라고 하는 것과 같습니다. 만일 그것이 옳지 않다는 것을 안다면 당장에 빨리 그만두어야 하지 왜 내년까지 기다립니까?"
>
> 戴盈之曰："什一, 去關市之征, 今茲未能, 請輕之, 以待來年然後已, 何如?" 孟子曰："今有人, 日攘其隣之鷄者, 或告之曰：'是非君子之道,' 曰：'請損之月攘一鷄, 以待來年然後已.' 如知其非義, 斯速已矣, 何待來年?"「滕文公下」

맹자의 의리지변이 공리주의의 원칙 위에 건립된 것인가는 앞에 서술한 문헌을 통하여 충분히 해결되었다고 할 수 있다. 조기(趙岐)의 주에 따르면, 대영지는 송나라의 대부이다.[37] 그는 송나라가 조세제도를 철저하게 바꿀 수 없는 어려움을 표시하면서 조세제도 변화의 속도를 조금 천천히 할 것을 희망하였다. 이러한 대영지의 입장은 현실의 많은 문제를 고려하여 제출한 것이다. 그러나 맹자는 근본적으로 현실적인 관점에서 착안하지 않고 있다. 맹자는 "그것이 옳지 않다는 것을 안다면 당장에 빨리 그만두어야 하지 왜 내년까지 기다립니까"라고 하였다. 이는 '의'와 '불의' 사이에는 결코 제3자가 존재할 수 있는 공간이 없음을 표시한 것이다. 다시 말하면, 이미 그것이 '불의'라는 것을 알았다면, 마땅히 무조건적으로 수정을 해야 할 뿐 타협의 여지가 없다는 것이다. 이러한 '의'와 '불의'에 대한 맹자의 엄격한 구분은 분명 도덕적인 이유에 기초한 것이지 현실적인 이해득실의 고려를 기초로 하여 내놓은 것이 아니다. 그렇지 않다면 맹자는 이처럼 대영지의 건의를 엄준하게 거절하지 않았을 것이다.

「양혜왕」편에 기재된 것을 보면 맹자는 현실의 이해득실로부터 '의'와 '리'의 다름을 분석하였는데, 이것에 대해서는 공리주의를 근거로 한 최대 다수의 이익원칙으로 이해하기보다는 차라리 '의'와 '리'의 관계를 선의후리(善義後理)의 관계로 이해하는 것이 옳을 것 같다. 아울러 '의'를 선택한 것이 반드시 '리'를 부정하는 것은 아니다. 왜냐하면 앞에서 인용한 문헌의 분석에서 맹자는 한편으로 현실의 변화는 예측할 수 없음을 충분히 이해하고 있고, 다른 한편으로는 집정자는 인정이라는 도덕책임을 굳게 간직해야 함을 강조하고 있음

---

37 焦循『孟子正義』「上册」, 445쪽.

을 발견하였기 때문이다. 이로부터 맹자는 더 나아가 '의'를 실행하는 것은 무조건적인 것으로, 현실의 어떤 조건 또는 외적인 요소의 제한을 받지 않는다고 생각하였다. 따라서 맹자가 정치대화의 맥락에서 드러낸 의리지변은 특별히 '의'를 일종의 정치적 사무를 처리하는 권형(權衡)의 가치표준 또는 가치관으로 삼은 것이다. 이는 기본적으로 그가 주장한 '인의내재' 이론에 따라서 건립한 것이다. 또 '리'를 일종의 자기 복지를 먼저 추구하는 가치관으로 삼고 있는데, 이것과 '의'는 이질적인 것일 뿐만 아니라 제약해서도 안 되는 것이다. 다시 말하면, 비록 '의'를 선택하여 대다수 사람들의 복지를 수반한다고 할지라도 '의'는 결코 공리가 아니다. 단지 그것이 공리에 위배되지 않을 뿐이다. 이러한 맹자의 사고는 '리'를 부정하지 않고 단지 '리'를 추구함에 있어 마땅히 먼저 '의'로써 원칙을 삼아야 함을 강조한 것일 뿐이다. 즉 '선의후리'의 입장일 뿐이다. 후대의 유학자는 '공'과 '사'로써 '의'와 '리'를 구분하기를 좋아하였다. 정이 역시 "의와 리는 단지 공과 사일 뿐이다"[38]라고 하였는데, 이는 아마 모두 '의'와 '리'의 관계를 지나치게 간략하게 해석하려는 의도에서 비롯된 것 같다. 진대제(陳大齊) 선생은 「맹자 의리 학설에 대한 탐구(孟子義理學說的探討)」[39]에서 타당한 분석을 하였다. 이에 대해서는 논의하지 않겠다.

38 『二程遺書』「卷17」.

39 陳大齊 『中國學術史論文集』「第1册」, 臺灣 中華文化出版事業委員會, 1953, 13-14쪽.

제4절 : '의'와 '명'의 나뉨과 합일

맹자의 의리지변이 그의 인성론의 '인의내재' 주장을 관철하고 있는가? 아니면 '의리지변'이 공리주의의 최대 이익의 원칙에 의한 구분인가? 이러한 문제는 맹자 자신이 거처와 진퇴를 결정할 때 근거로 삼은 원칙으로 환원하기만 하면 해결점을 찾을 수 있다.

> 만장이 물었다. "어떤 사람이 '공자가 위나라에 있을 때 옹저의 집에서 유숙하였고, 제나라에 있을 때는 내시인 척환의 집에서 유숙하였다'고 하는데, 그것이 사실입니까?" 맹자가 말하였다. "아니다. 그렇지 않다. 쓸데없는 일을 만들어 떠들기를 좋아하는 사람들이 한 말일 뿐이다. 위나라에 계실 때는 안수유 집에서 유숙하였다. 미자의 처는 자로의 처와 자매간이다. 미자가 자로에게 말하였다. '공자가 우리 집에 유숙한다면 위나라 경의 지위를 얻을 것이다.' 자로가 그 말을 공자에게 알리자, 공자가 말하였다. '천명이 있을 뿐이다.' 공자는 '예'로써 나아갔고, '의'로써 물러났다. 지위를 얻고 얻지 못함은 천명에 달려 있을 뿐이다고 말하였다. 그런데 옹저의 집에 유숙하고 내시인 척환의 집에서 유숙하였다면 이는 '의'도 없고, 천명도 없는 것이다."
>
> 萬章問曰 : "或謂'孔子於衛主癰疽, 於齊主侍人瘠環', 有諸乎?" 孟子曰 : "否. 不然也. 好事者爲之也. 於衛主顔讐由. 彌子之妻與子路之妻, 兄弟也. 彌子謂子路曰 : '孔子主我, 衛卿可得也.' 子路以告. 孔子曰 : '有命.' 孔子進以禮, 退以義, 得之不得曰有命. 而主癰疽與侍人瘠環, 是無義無命也."「萬章上」

'의'와 '명'은 유가의 인생철학에서 매우 중요한 위치를 차지하고 있는 범주이다. 맹자는 공자의 머물고 나아가며 물러나는 것을 해석할 때 "공자는 '예'로써 나아갔고, '의'로써 물러났다. 지위를 얻고 얻지 못함은 천명에 달려 있을 뿐이다"고 하였다. 이는 한편으로는 '의'와 '명'의 분리를 드러낸 것이다. '의'는 도덕의 자주성 범주에 속한 것이고, '명'은 존재의 사실성에 속한 것이다. 다른 한편으로 우리는 맹자가 「진심」 편에서 제시한 입명(立命)과 정명(正命)[40] 관념으로써 공자가 예의로써 진퇴를 결정하는 것을 이해할 수 있다. 맹자는 「진심」 편에서 '의'와 '명'의 합일 관념을 드러냈다. 사실 공자와 맹자가 중국인의 마음속에 지고무상의 지위를 차지할 수 있었던 까닭은 그들이 도덕인격의 실천에서 모두 '의'와 '명'의 나뉨을 근본으로 하고서 다시 '의'와 '명'이 합일하는 경지로 나아갔기 때문이다.

> 맹자가 송구천에게 말하였다. "당신은 유세하기를 좋아하는가? 내가 당신에게 유세에 관하여 말해 주겠다. 남이 자기 말을 알아줘도 태연해야 하고, 알아주지 못하여도 태연해야 한다." (송구천이) 말하였다. "어떻게 해야 태연할 수 있는가?" (맹자가) 말하였다. "덕을 존중하고 의로움을 즐기면 태연해질 수 있다. 그래서 지식인은 궁해져도 의로움을 잃지 않고 도를 떠나지 않는 것이다. 의로움을 잃지 않기 때문에 지식인은 자기를 간직할 수 있고, 모든 일이 잘 풀려도 도를 떠나지 않기 때문에 백성들이 실망하지 않는 것이다. 옛 사람들은 뜻을 이루면 그 은택이 백성들에게 미쳤고, 뜻을 얻지 못하면 자신을 수양하면서 그것을 세상에 드러냈다. 궁하면 혼자서 선을 실천하였고, 일이 잘 풀리면 천하와 함께 선을 실현하였다."
>
> 孟子謂宋句踐曰："子, 好遊乎? 吾語子遊. 人知之亦囂囂. 人不知亦囂囂."

---

40 『孟子』「盡心上」.

曰："何如斯可以囂囂矣?" 曰："尊德樂義則可以囂囂矣. 故士窮不失義達不離道. 窮不失義故士得己焉. 達不離道故民不失望焉. 古之人得志澤加於民, 不得志修身見於世. 窮則獨善其身, 達則兼善天下."「盡心上」

이른바 '의'와 '명'의 합일이라는 의미는 "어떻게 해야 태연할 수 있는가"에 대한 맹자의 해석만을 보더라도 분명하게 이해할 수 있다. 인생에서 궁핍한 상황에 처할 수도 있고, 모든 일이 순조롭게 잘 풀릴 수도 있다. 이러한 것들은 모두 운명이다. 그러나 이러한 궁핍한 상황과 일이 순조롭게 풀리는 상황에 처하게 되었을 때 "예로써 나아가고 의로써 물러날 수 있으면" 궁해져도 의로움을 잃지 않고 도를 떠나지 않을 수 있기 때문에 운명이라는 것이 자신을 제한할 수 없을 뿐만 아니라 오히려 그것을 통하여 도덕실천의 자유와 자주성을 드러낼 수 있다. 우리가 맹자 일생의 거처 그리고 나아감과 물러남을 성찰해 보면, 맹자가 확실히 이러한 원칙에 입각하여 넉넉하고도 여유롭게 자유로움을 표현하였음을 발견할 수 있다.

맹자가 관직을 그만두고 집으로 돌아오자, 왕이 곧 맹자를 보고서 말하였다. "전날에 만나고자 하였으나 만나지 못하였는데, 모시고 조정에서 같이 일할 수 있게 되어 기뻤다. 지금 또 과인을 버리고 돌아가니 이후에도 계속해서 만날 수 있을지 모르겠다." (맹자가) 대답하여 말하였다. "감히 그렇게 바리기는 어렵지만 그렇게 되기를 바라겠습니다." 그 후 어느 날 왕이 시자[41]를 불러 말하였다. "나는 맹자에게 나라 가운데에 집을 마련해 주고서 만종의 봉록을 지급하여 제자들을 양성하게 함으로써 여러 대부

41 역주: 왕의 측근 신하.

들과 나라 사람들이 모두 공경하고 본받도록 하고자 하는데, 나를 위하여 그 말을 (맹자에게) 전해 주었으면 한다." 시자는 진자[42]를 통해서 그 말을 맹자에게 전하였다. 진자가 시자의 말을 맹자에게 고하였다. 맹자가 말하였다. "그렇습니까? 시자가 어떻게 그러한 일이 불가함을 알겠는가? 만일 내가 부유하기를 원했다면 십만종의 봉록을 고사하고 만종의 봉록을 받는 것이 부유하기를 원하는 것이겠는가?[43] 계손[44]이 이런 말을 하였다. '이상하다. 자숙의[45]는 자기가 정치를 하다가 받아들여지지 않았으면 그만두면 되지 또 자기 자제에게 경을 시키다니. 누군들 부귀를 원하지 않겠는가? 그런데 혼자서 부귀의 가운데서 우뚝 높은 지점을 차지한다.' 옛날에 시장은 자기에게 있는 것으로써 자기가 없는 것을 바꾸는 곳이다. 유사는 그것을 살필 뿐이었다. 그런데 어떤 천한 장부가 용단에 올라가 좌우를 둘러보고 시장의 이익을 싹 쓸어가 버려 사람들이 모두 그것을 천하게 생각하였다. 세를 징수한 것은 그런 행위로부터 비롯된 것이다. 상인에게서 세를 징수한 것은 바로 이 천한 장부로부터 시작된 것이다."

孟子致爲臣而歸. 王就見孟子曰:"前日願見而不可得, 得侍同朝甚喜. 今又棄寡人而歸, 不識可以繼此而得見乎?" 對曰:"不敢請耳, 固所願也." 他日王謂時子曰:"我欲中國而授孟子室, 養弟子以萬鍾, 使諸大夫國人, 皆有所矜式, 子盍爲我言之." 時子因陳子而以告孟子. 陳子以時子之言, 告孟子. 孟子曰:"然夫時子惡知其不可也. 如使予欲富, 辭十萬而受萬, 是爲欲富乎? 季孫曰:'異哉. 子叔

---

42 역주: 진자(陳子)는 맹자의 제자인 진진(陳臻)이다.

43 역주: 맹자는 제나라에서 십만종의 봉록을 받았다고 한다. 그것을 그만두고서 집에 돌아왔고, 다시 만종의 봉록을 주겠다고 하니, 만일 부유해지기를 원했다면 왜 십만종의 봉록을 고사했겠느냐는 의미이다.

44 역주: 누군지 알 수 없다.

45 역주: 사적에 대해서는 알 수 없으나, 계손 때 경(卿)을 지낸 사람이다.

疑使己爲政, 不用則亦已矣, 又使其子弟爲卿. 人亦孰不欲富貴, 而獨於富貴之中, 有私龍斷[46]焉.' 古之爲市者, 以其所有, 易其所無者. 有司者治之耳. 有賤丈夫焉, 必求龍斷而登之, 以左右望而罔市利, 人皆以爲賤故. 從而征之, 征商自此賤丈夫始矣."「公孫丑下」

맹자가 제나라를 떠나자 윤사[47]가 사람들에게 말하였다. "왕이 탕왕이나 무왕처럼 될 수 없다는 것을 몰랐다면 그것은 명철하지 못한 것이다. 그렇게 될 수 없음을 알면서도 왔다면 그것은 녹을 얻으려고 한 것이다. 천 리 길을 와서 왕을 만났다가 뜻이 맞지 않았기 때문에 떠난 것인데, 3일 동안이나 주읍에서 유숙을 하고서 떠났으니 이 얼마나 늑장을 부린 것인가? 나는 그런 일이 불쾌하다." 고자[48]가 이 말을 맹자에게 고하였다. (맹자가) 말하였다. "그가 나를 어찌 알겠는가? 천 리 길을 가서 왕을 만났으니 그것은 내가 원해서 한 것이다. 뜻이 맞지 않았기 때문에 떠난 것이 어찌 내가 원한 것이겠는가? 나는 부득이해서 그런 것이다. 내가 3일 동안 유숙하고서 주읍을 떠난 것은 내 마음에서 그래도 빨랐다고 생각된다. 왕이 마음을 고치기를 바랐고, 왕이 마음을 바꾸었다면 틀림없이 나를 돌아가게 하였을 것이다. 그런데 주읍을 떠나도 왕이 쫓아오지 않았다. 나는 그렇게 된 후에야 비로소 미련 없이 돌아갈 생각을 한 것이다. 내가 그렇다고 어찌 왕을 버리겠는가? 왕은 그래도 좋은 정치를 할 만한 사람이다. 왕이 만일 나를 등용한다면 어찌 제나라 백성만이 편안해지는 것뿐이겠는가? 온 천하의 백성들이 다 편안해질 것이다. 왕이 마음을 바꾸기를 바라고, 나는 매일 그렇게 되기를 바란다. 내가 어찌 그처럼 소인처럼 굴겠

46 역주: 우뚝 솟은 곳으로 방어하기 유리한 지점.

47 역주: 제나라 사람으로 맹자를 비판한 사람이다.

48 역주: 맹자의 제자이다.

> 는가? 군주에게 간하여 받아들여지지 않으면 성을 내어 노기를 얼굴에 나타내고, 떠날 때는 하루에 힘을 다 써서 간 후에 그곳에 묵는다는 말인가?" 윤사가 이 말을 듣고서 말하였다. "나는 정말로 소인이구나."
>
> 孟子去齊, 尹士語人曰 : "不識王之不可以爲湯武則是不明也. 識其不可, 然且至則是干澤也. 千里而見王, 不遇故去. 三宿而後出晝, 是何濡滯也. 士則玆不悅." 高子以告. 曰 : "夫尹士, 惡知予哉? 千里而見王, 是予所欲也. 不遇, 故去豈予所欲哉? 予不得已也. 予三宿而出晝, 於予心猶以爲速. 王庶幾改之, 王如改諸, 則必反予. 夫出晝而王不予追也. 予然後浩然有歸志. 予雖然豈舍王哉? 王由足用爲善. 王如用予則豈徒齊民安? 天下之民擧安. 王庶幾改之, 予日望之. 予豈若是小丈夫然哉? 諫於其君而不受則怒, 悻悻然見於其面, 去則窮日之力而後宿哉?" 尹士聞之曰 : "士誠小人也."「公孫丑下」

이곳에서 인용한 두 문장은 맹자가 제나라에서 삼경(三卿)의 자리에 봉해진 후 제선왕이 왕도정치를 시행할 진정한 마음이 없다는 것을 느끼자 바로 삼경이라는 신하의 자리를 포기하고서 돌아가는 상황을 기재한 것이다. 이곳에서 우리는 맹자가 나아가고 물러남에 있어서 현실적인 이해득실을 고려하지 않았음을 알 수 있다. 제선왕은 맹자에게 임치성(臨淄省) 한가운데 집 한 채를 지어 주고, 또 만종의 봉록을 지급하여 제자들을 양성하게 함으로써 여러 대부들과 나라 사람들이 모두 공경하고 본받도록 하고자 하였다. 한 학자의 입장에서 보면 이러한 제선왕의 행위는 무엇과도 비교할 수 없는 영광이라고 할 수 있다. 그러나 맹자는 그러한 제선왕의 물질적 대우에 마음이 흔들리지 않았다. 왜냐하면 맹자가 군주의 신하가 된 것은 부귀를 위한 것이 아니기 때문에 떠나는 것 역시 부귀 때문에 간 것이 아니다. 맹자의 거취는 모두 예의에 의하여 결정된다. 그렇기 때문에 맹자는 윤사의 비평에 대하여 진심으로 자신의 입장을 표현한 것이다. 즉 맹자가 천리를 멀다 하지 않고 제선왕을 찾아간 것은 자신의 본심이었다. 왜냐하면 유가의 군자가 천하에 뜻을 두었지만, 군주와 뜻이 맞지 않으면 미련 없이 뜻을 접고 가면 되지 "성을 내어 노기를 얼굴에 나타내며, 떠날 때는 하루에 힘을 다 써서 간 후에 그곳에 묵을" 필요는 없기 때문이다. 다시 말하면 맹자가 나아가고 물러남에 있어 자유자재로울 수 있었던 까닭은 그의 행위 목적이 자신의 이익을 고려한 것이 아니었기 때문이다. 만일 그가 개인의 이해관계에 구속되었다면 '관직을 그만두고서 돌아가는 행위'가 다른 사람에게 이해되기 어려웠을 것이다.

> 진대[49]가 말하였다. "제후를 만나지 않으시니 선생님의 마음이 좁은 것 같습니다. 이번에 제후를 한 번 만나고서 그릇이 크면 그를 왕자로 만들고, 그릇이 작으면 그를 패자로 만들 수 있을 것입니다. 또한 전(傳)의 기록에서도 '한 자를 굽혀 여덟 자를 곧게 한다'고 하였는데, 한 번 해 보는 것이 좋을 것 같습니다." 맹자가 말하였다. "제나라 경공이 사냥을 하면서 정이라는 깃발을 들어 사냥터 관리인을 불렀는데, 오지 않자 (관리인을) 죽이려고 하였다. (공자가 말하였다.) '뜻있는 지식인은 (시신이) 구덩이에 내던져져 죽는 것을 잊지 않았고, 용기 있는 사람은 머리를 잃는 것을 잊지 않았다.' 공자는 (관리인의 태도에서) 어떤 점을 취한 것인가? 정당한 신호로 부르지 않으면 가지 않은 점을 취한 것이다. 만일 정당한 방법으로 부르는 것을 기다리지 않고 간다면 어떻겠는가? 또 한 자를 굽히고 여덟 자를 곧게 한다는 것은 이익을 가지고서 말한 것이다. 만일 이익으로써

49 역주: 맹자의 제자이다.

말한다면 여덟 자를 굽히고 한 자를 곧게 해서 이롭다면 그래도 할 것인가? 옛날에 조간자[50]가 왕량[51]을 시켜서 폐해의 수레를 몰아 주게 하였는데, 종일토록 한 마리의 새도 잡지 못하였다. 폐해가 말하였다. '천하에 몹쓸 수레꾼이다.' 어떤 사람이 그 말을 왕량에게 해 주었더니, 왕량이 다시 한 번 몰게 해 달라고 요청하였고, 강요한 후에야 응해 주었다. 아침나절에 열 마리의 새를 잡았다. 폐해가 말하였다. '천하에 다시없는 수레꾼이다.' 간자가 '내가 그 사람으로 하여금 네 수레를 몰아 주게 하겠다' 고 하니, 왕량은 그렇게 하지 않고 '내가 법도에 따라서 몰아 주자 종일토록 한 마리의 새도 잡지 못하고, 그를 위해서 법도에 어긋나게 몰아 주자 아침나절에 열 마리를 잡았습니다. 『시경』에 달리는 법도를 잃지 않아 화살을 쏘는 것이 새를 터트리는 것 같다고 하였지만, 저는 소인배의 수레를 몰아 주는 것이 익숙하지 않으니 그만두게 해 달라' 고 하였다. 수레 모는 사람도 활 쏘는 사람에게 아부하는 것을 부끄러워하여, 아부하여 새와 짐승을 마치 산더미처럼 잡는다고 할지라도 하지 않았는데, 만일 도를 굽히고서 그런 제후를 따른다면 어떻게 되겠는가? 이것은 또한 당신의 잘못이다. 자기를 굽히는 사람 중에 남을 곧게 해 주는 사람은 없다."

陳代曰："不見諸候, 宜若小然. 今一見之, 大則以王, 小則以覇. 且志[52]日：'枉尺而直尋', 宜若可爲也." 孟子曰："昔齊景公田招虞人以旌, 不至將殺之. '志士不忘在溝壑, 勇士不忘喪其元.' 孔子奚取焉? 取非其招不往也. 如不待其招而往, 何哉? 且夫枉尺而直尋者, 以利言也. 如以利則枉尋直尺而利, 亦可爲與? 昔者趙簡子使王良與嬖奚乘. 終日而不獲一禽, 嬖奚反[53]命曰：'天下之賤工也.'

---

50 역주: 진(晉)나라의 경(卿)이었던 조앙(趙鞅)이다.

51 역주: 조간자의 수레를 몰던 사람으로서, 수레를 모는 기술이 뛰어났다고 한다.

52 역주: 지(志)는 오래된 기록이다.

53 역주: 反은 返과 같은 의미이다. 즉 '다시' 의 의미이다.

或以告王良. 良日請復之, 彊而後. 可一朝而獲十禽. 嬖奚反命日：'天下之良工也.' 簡子日我使掌與女乘, 謂王良. 良不可日：'吾爲之範我馳驅, 終日不獲一, 爲之詭遇, 一朝而獲十. 詩云：不失其馳, 舍矢如破.[54] 我不貫與小人乘, 請辭.' 御者且羞與射者比, 比而得禽獸, 雖若丘陵, 弗爲也. 如枉道而從彼, 何也? 且子過矣. 枉己者未有能直人者也."「滕文公下」

맹자는 지식인의 나아가고 물러나는 일을 지극히 중시하였다.[55] '왜 제후를 만나지 않는가' 라는 질문을 하고서, '그릇이 큰 제후를 만나면 그를 왕자로 만들 수 있고, 그릇이 작은 제후는 만나면 그를 패자로 만들 수 있는 기회이다' 라는 진대의 제안에 대한 맹자의 답변으로부터 맹자가 '의' 와 '리' 에 대한 이해가 최대 다수의 효율 원칙을 기초로 한 것이 아니라, 인성론 상의 '의' 와 '명' 의 나뉨 원칙을 기초로 한 것임을 분명하게 알 수 있다. "만일 이익으로써 말한다면 여덟 자를 굽히고 한 자를 곧게 해서 이롭다면 그래도 할 것인가" 라는 맹자의 말은 곧 이익으로써 가치 사고의 첫 번째 원칙을 삼는다면 이익이 되는 일이라면 비단 한 자를 굽혀서 여덟 자를 곧게 하는 일도 하고, 여덟 자를 굽혀 한 자를 곧게 하는 일도 할 수 있다는 것임을 표시한다. 그러나 이는 분명 유가철학의 원칙을 위반한 것이다. 맹자는 왕량과 폐해의 수레 모는 일을 예로 들어 현실의 이익에는 반드시 "반드시 올바른 방법을 통하여 얻어야 하고, 얻는 것에는 운명적인 요소가 있다"(求之有道, 得之有命)는 것에 따라야지 그렇지 않으면 곧 법도를 잃게 됨을 설명하고 있다. 다시 말하면 맹자는 이익에 관한 문제를 기본적

54 『詩經』「小雅 · 車攻」.

55 余英時『中國知識階層史論』「古代論」, 臺灣 聯經圖書公司, 1980, 41쪽.

으로 운명이라는 범주에 놓고서 이익을 위하여 의로움을 희생하는 것을 결단코 반대하고 있다. 그러므로 그릇이 큰 제후를 만나면 왕자를 만들 수 있고, 그릇이 작은 제후를 만나면 패자를 만들 수 있는 유혹이 있다고 할지라도, 정당한 도가 아니라면 그것에 대해서 기쁘게 생각하지 않은 것이다. 이 점에 관해서는 유가철학의 '의'와 '명'의 의리에 대한 깊은 이해가 전제되지 않으면 참으로 이해하기 어렵다.

> 맹자가 말하였다. "토지를 넓히고 백성을 많게 하는 것은 군자가 하고자 하는 일이지만, (군자가) 즐거워하는 것은 그곳에 있지 않다. 천하의 한가운데 서서 왕노릇을 하며, 사해의 백성을 안정시켜 주는 일은 군자가 즐거워하지만 군자의 본성은 그곳에 있지 않다. 군자가 본성이라고 생각하는 것은 비록 자기의 뜻을 펼쳐 천하에 도를 실현하였다고 할지라도 더 증가하지 않는다. 비록 뜻을 이루지 못해 곤궁하게 지내더라도 감소하지 않는다. 본분이 정해져 있기 때문이다. 군자가 성이라고 생각하는 인의예지는 심을 근본으로 한다. 그것이 빛으로 발현하면 윤택한 모양으로 얼굴에 나타나고, 등에 넘쳐흐르며, 사체에 베풀어지니, 사체는 말해 주지 않아도 깨달아 나간다."
>
> 孟子曰："廣土衆民，君子欲之，所樂不存焉．中天下而立，定四海之民，君子樂之，所性不存焉．君子所性，雖大行不加焉．雖窮居不損焉．分定故也．君子所性，仁義禮智根於心．其生色也，睟然見於面，盎於背，施於四體，四體不言而喻．"「盡心上」

'토지를 넓히고 백성을 많게 하는 일'은 분명 군자가 하고 싶은 일이고, '천하의 한가운데 서서 왕노릇을 하며, 사해의 백성을 안정시켜 주는 일'도 군자가 즐거워하는 일이다. 그러나 이러한 일은 모두 '얻고 얻지 못하는 것은 모두 운명에 달려 있다'는 운명의 범주에 속한 일이기 때문에 억지로 해서는 안 된다. 맹자는 "군자가 성이라고 생각하는 인의예지는 심을 근본으로 한다"고 하였는데, 이는 그가 인간의 존엄성과 가치를 자주성을 갖춘 도덕실천에 놓고 있으며, 근본적으로 외적인 객관 사업으로부터 인격의 성취와 고하(高下)를 결정하지 않음을 나타낸 것이다. 맹자가 이러한 자주성의 표준으로써 '소성'(所性)과 '소욕'(所欲) 및 '소락'(所樂)의 다름을 구분한 것은 맹자로 하여금 궁(窮) 또는 달(達)의 상황에서 운명이라는 의미를 바꾸게 하였다. 그것은 모든 생명이 어떤 상황에 놓이더라도 모두 도덕심의 자주적인 결정에 의하여 도덕인격 실현의 가장 적합한 장소로 바뀌게 하였다. 다시 말하면, '명'이 곧 '의'이고, '의'와 '명'이 합일하는 곳에서 개인 생명의 최대 자유가 실현되는 것이다. 맹자가 노나라에 있을 때 장창(臧倉)[56]의 방해로 평공(平公)을 만나지 못했다.[57] 이에 관하여 맹자는 원망하는 말을 전혀 하지 않았다. 이러한 맹자의 태도야말로 어려운 상황에 놓이면 홀로 선을 실천하고, 일이 잘 풀리는 상황에 놓이면 천하 사람들과 함께 선을 실천한다는 맹자의 주장이 아무 내용 없는 허언(虛言)이 아님을 충분히 실증해 주고 있다.

앞에서 논의한 내용을 종합해 보면, 맹자의 의리지변이 비록 사람들의 이익에 관한 계획을 반대하는 것은 아니지만 맹자의 '인의내재'와 '의와 명의 나뉨'이라는 관념을 기초로 하여 보면 맹자의 '의' 관념을 공리로 해석할 수 없음을 알 수 있다. 따라서 '의'와 '리' 사이에 있는 가치상의 이질성을 결코 말살할 수 없는 것이다. 우리는 맹자

---

56 역주: 노나라 평공의 애첩이다.

57 『孟子』「梁惠王下」.

일생 동안의 진퇴에서 '예로써 나아가고, 의로써 물러나며', 또한 외적인 이익에 전혀 마음이 흔들리지 않음을 볼 수 있었다. 이는 맹자의 의리지변이 전국시대 정치의 공리주의 풍조를 겨냥한 것이고, 그의 일생 동안 처세의 기본 원칙임을 충분이 나타내고 있다. 맹자로부터 2천 년 이후의 현대 문명 속에 태어난 우리는 맹자보다도 더욱 복잡한 가치세계를 대면하고 있다. 도대체 마땅히 어떠한 태도로써 거취를 결정해야 하고, 또 한 개인의 존엄과 가치는 어떻게 드러내야 하는가? 맹자의 의리지변은 현대인들에게 분명 하나의 참고할 가치가 충분한 귀감이 될 수 있을 것이다.

제 7 장

결론

– 맹자 삼변학문의 현대적 의의 –

하나의 철학사상의 형성은 시대적 배경과 반드시 관련을 맺고 있다. 철학가의 문제 제출과 사고 방향 그리고 문제에 대한 해답 등, 모두 그를 예속하고 있는 시대적 배경과 관련을 갖지 않을 수 없다. 그렇다고 해서 철학가의 사상이 완전히 시대적 환경에 의하여 결정된다는 것은 아니다. 사실 한 철학자가 역사적으로 하나의 지위를 차지하고서 후대 사람들의 심령이 의시할 수 있는 지혜의 원천으로 성립될 수 있는 원인은 바로 그의 철학사상에 시공의 제한을 초월하는 영원성의 의의와 가치가 갖추어져 있기 때문이다. 우리는 송명이학이 부흥한 이후에 맹자철학의 지위가 날로 중요한 위치를 차지하고 있으며, 삼변학술은 이학자들이 공통으로 간직하고 있는 사고의 틀로 성립되어 있음을 보았다. 이 점은 맹자의 통찰이 이미 역사적인 제한을 돌파하였음을 증명해 주고 있다. 그러나 20세기 1990년 대의 중국인들은 과학기술 문명이 매우 빠른 속도로 팽창하면서 몰려오자 구시대의 가치체계를 완전히 해체하였다. 그렇지만 필자는 전체 인류의 생활 방식이 급변하는 상황에서 다음과 같은 질문을 하지 않을 수 없다. '맹자 삼변학술이 현대문명에서 여전히 어떤 의의를 갖고 있는가? 현대인의 입장에서 우리는 또 2천 년 전 맹자의 지혜를 어떻게 수용해야 하는가?' 필자는 결론에서 이미 서술한 내용을 다시 한 번 정리하고, 동시에 당대 문명에 대한 반성을 통하여 맹자 삼변학술의 현대적 의의를 제시할 것이다.

제1절 : 맹자 인성론과 현대 문명의 위기

사상사의 각도에서 보면, 맹자의 성선설은 사실 공자의 인교(仁敎)를 계승하고, 또 그것으로써 당시 반유학적인 인성론의 역류 현상에 대항하기 위하여 건립한 전통 수호 성격의 학설이다. 그러나 맹자의 학설이 한 번 전개되자 그것에 포함된 철학적 의의는 맹자가 처한 시대의 제한을 받지 않았다. 왜냐하면 맹자의 성선설은 인성 가치의 긍정과 인성의 존엄성에 대한 수호였기 때문이다. 모든 동서문명 중에서 이처럼 독자적으로 한 파를 성립시킨 경우는 매우 드물다.

맹자는 어떻게 그의 인성론을 수립하였는가? 앞에서 연구한 것을 근거로 하여 살펴보면, 주요 원인은 두 가지이다. 하나는 도덕본심의 발현이고, 다른 하나는 맹자가 심령이 인류생명의 전체 구조 중에서 주도성의 역할을 담당하고 있음을 확인하였기 때문이다.

다시 말하면 심에서 성을 말한 맹자의 사유는 중국의 고대 인성론 전통에서 하나의 새로운 길을 개척한 것이다. 왜냐하면 그것은 '생지위성'(生之謂性)이라는 전통을 돌파하여, 실존적이고 선험적이며 당연의 길로 바꾼 것이기 때문이다. 분연히 드러낸 가치의식으로부터 직접 인의예지에 따라서 움직이는 도덕본심을 통찰하였고, 아울러 그것을 사람이 진정한 사람으로 될 수 있는 참다운 본성의 소재로 삼은 것이다. 「진심상」 편에서 맹자는 "군자가 성이라고 생각하는 인의예지는 심을 근본으로 한다"[1]고 하였다. 이는 맹자가 심선을 근거로 하여 성선을 이해하는 방식을 표현한 것이다.

그러나 문제는 성선의 근거가 심선에 있다면 왜 사람들은 불선한 행위를 하는가? 이러한 질문은 심령이 우리들 생명의 전체 구조 중에서 비록 우위성과 주도성의 작용을 갖추고 있다고 할지라도 인의예지의 본심에 의거하여 움직이지 않으면 불선한 행위를 할 수 있다는 문제와 관련되어 있다. 즉 우리들의 심령이 대체(大體)와 소체(小體) 사이에서 그것의 귀천을 분별하지 못하면 자연생명(軀殼生命)에 따라 생각이 일어날 수 있다. 맹자는 "사람들은 금수와 같은 그의 모습만을 보고서 그는 (선한) 재성이 없었던 사람이라고 생각한다. 하지만 어찌 그것이 그 사람의 성정이겠는가"[2]라고 하였는데, 바로 이것을 의미한 것이다. 다시 말하면 앞에서 분석한 일상생활 중에서 숨어 있기도 하고 드러나기도 하는 실존심이 선택의 자유 작용을 갖추고 있기 때문에 그것 역시 자신이 선천적으로 갖추고 있는 이칙(理則)에 따라서 움직이기도 하고, 외적인 세계에 대한 육체적인 감각기관의 욕구에 따라서 움직이기도 한다. 그렇기 때문에 자주 "그것을 깨닫지 못할 수 있는 것"[3]이고, 또 "주위 환경에 그 마음을 빼앗길"(陷溺) 경우에는 "방탕하고 편벽되며 사악하고 사치하는"[4] 지경에 이를 수도 있다. 맹자는 "구하려고 노력하면 얻고, 놓아 버리면 잃게 된다. 혹 (얻어 간직한 사람과 놓아 잃어버린 사람의) 차이가 서로 두 배 되기도 하고, 다섯 배 되기도 하여 계산할 수 없는 지경에 이르기도 하는데, 이는 그 스스로 재질을 다 발휘하지 못했기 때문이다"[5]라고 하였

1 『孟子』「盡心上」, "君子所性, 仁義禮智根於心."

2 『孟子』「告子上」, "人見其禽獸也, 而以爲未嘗有才焉者, 是豈人之情也哉?"

3 같은 책, "不思耳矣."

4 같은 책, "放僻邪侈."

다. 이것이야말로 무지몽매한 사람을 일깨워 주는 경책의 말이다.

맹자는 성선론을 주창하여 모든 사람들이 선을 실천할 수 있는 능력이 있음을 긍정함과 동시에 천도 창생의 무한 의미를 인성의 실천 과정 중에 연결시켜 '내재임과 동시에 초월'이라는 형이상의 세계를 열었다. 맹자의 진심(盡心)과 지성(知性) 그리고 지천(知天)이라는 실천적 형이상학은 천도를 이성의 사변 대상으로 삼지 않고서 그것의 초월성을 보존하였을 뿐만 아니라 인류의 역사 진행 과정에서 이러한 도덕이상을 실현하기 위하여 분투한 사람들을 위하여 천도론의 입장에서 궁극적인 의의와 보증을 제공하고 있다.

그러므로 종합적으로 말하면, 맹자의 인성론은 두 가지 특성을 갖고 있다. 하나는 사람이 진정한 사람으로 될 수 있는 의의와 존엄을 선천적으로 본래 갖추고 있는 도덕심에 세우고서, '그것으로써 모든 사람의 심지를 흥기하게 하여 아래로부터 위로 인격을 향상시켜 올바르게 직립할 수 있게 한다.'[6] 다른 하나는 심과 성 및 천이 도덕실천 과정 중에서 상즉상통(相卽相通)하여 운명이라는 제한에 직면하였을 때 사람들로 하여금 자신의 도덕자각을 통하여 운명이라는 제한의 반면적 의미를 바꿀 수 있게 한다. 그렇다면 맹자의 이러한 인성론은 20세기 과학기술 문명에 놓여 있는 현대인들에게 어떤 특별한 계시를 줄 수 있다는 말인가?

당군의 선생은 일찍이 서양 존재주의의 흥기를 반성하면서 당대 문명을 "위로는 하늘에 있지 않고, 아래로는 땅에 있지 않으며, 밖으로는 타자에 있지 않고, 안으로는 자신에게 있지 않는 존재 위기"라

5 『孟子』「告子上」, "求則得之, 舍則失之, 或相倍蓰而無算者, 不能盡其才者也."

6 唐君毅 『中國哲學原論』「原道篇」, 212쪽.

고 하였다.[7] 그것의 구체적인 의미를 서양 근대문화로 환원시켜 보면, 다음과 같이 설명할 수 있다.

1. 위로는 하늘에 있지 않다. 이는 19세기 이후의 기독교의 세속화를 가리켜 말한 것이다. 니체는 신을 죽었다고 선포하였는데, 모든 신들이 은퇴하는 상황에서 서양인들은 신성한 초월세계를 향한 바람과 비호를 갑자기 상실하게 되었다.
2. 아래로는 땅에 있지 않다. 문예부흥 이후 수학물리학의 순리적인 발전은 과학기술의 이성으로 하여금 독보적인 지위를 차지하게 하여 자연세계는 이성의 인지와 정복의 대상으로 몰락하여 다시는 인류의 심령에 '수유장식'(修遊藏息)[8]의 정취를 제공할 수 없게 되었다.
3. 밖으로는 타자에게 있지 않다. 산업혁명 이후 공상(工商)기업의 발전은 도시문명을 비약적으로 일으켜 철저하게 서양사회의 구조를 개변시켰다. 전통적인 인간관계는 조직분공의 각색으로 바뀌어 서로 감싸 주는 인간사회의 정의(情義)는 완전히 냉랭한 권리와 의무의 관계로 바뀌었다.
4. 안으로는 자신에게 있지 않다. 천지인(天地人)의 몰락에 이어 대중문화의 범람은 인류의 안녕과 자족의 심령으로 하여금 서로 쟁탈하는 의식형태를 형성하게 하여 사람들은 갈수록 자기를 더욱 이해할 수 없게 하였다.

---

7 唐君毅『中華人文與當今世界』「下冊」, 臺灣 學生書局, 1975, 540-565쪽.

8 역주: 수(修)는 수양의 의미이고, 유(遊)는 공자의 "유어예(遊於藝)"에 해당하는 일종의 예술적 활동이며, 장(藏)은 고서(古書) 등에 간직되어 있는 의미를 탐구한다는 의미이고, 식(息)은 노동과 휴식을 잘 조절한다는 의미이다.

당군의 선생의 반성에 의하면, 당대 문명의 최대 위기는 바로 과학기술 이성이 독보적인 지위를 차지한 이후에 조성된 하나의 존재의미의 위기이다. 이 점에 관해서 유술선(劉述先) 선생 역시 동일한 관찰을 내놓았다. 그뿐만 아니라 그는 유가철학의 관점에서 현대 문명의 위기에 하나의 해결 방향을 제공하였다. 유술선 선생은 다음과 같이 말하였다.

> 당대 기독교 대(大)신학자인 텐리커는 다음과 같이 선언하였다. 지금 인류에 대한 최대 위협은 인생의 의의에 대한 상실감이다. 그는 이 세계 내의 모든 것은 다 애매모호하다고 생각하였다. 오로지 인류만이 신앙이라는 도약을 통과하여 예수와 여호와의 천국에서 안심입명(安心立命)의 소재를 찾을 수 있다. 과학기술의 분석에서는 이러한 의의를 찾을 수 없다. 그러나 신학자는 신앙과 신화의 상징에 호소하지 않을 수 없기 때문에 이원으로 분열되어 어디로부터 시작해야 할지 알 수 없다. 이러한 상황에서 우리는 다시 한 번 중국철학의 전통을 발현하고, 수많은 일을 직접 체험한 후에 마지막으로 반드시 근본으로 회귀하여 자기의 내부에서 하나의 인심을 찾아 실천을 통하여 확장하였을 때 자연스럽게 강건하고 생생불이(生生不已)한 인생과 상응할 수 있다. 객관적인 과학기술과 물질적인 기계에 흡수될 필요도 없고, 복음과 구원에 의지할 필요도 없다. 전통적인 중국철학의 문화 관점에서 보면, 현대인의 인생의 의의에 대한 상실감은 본말이 도치된 것으로, 이는 자업자득이다.[9]

앞에서 서술한 것처럼, 맹자가 공자의 "인의 실천은 자기로 말미암는

---

9 劉述先『中國哲學與現代化』, 臺灣 時報文化出版公司, 1980, 55쪽.

다"(爲仁由己)는 가르침을 근거로 건립한 성선론이 현대인의 심령으로 하여금 존재의 상실감을 극복하고 다시 한 번 가치창조의 초월적 근원과 합치하여 타인과 자기 그리고 사람과 사물의 격리감을 타파할 수 있는 가장 중요하면서도 가장 가치 있는 현대인의 지혜전통이라는 점은 의심할 바 없다.

그러므로 2천 년 전에 생존한 중국고대철학자인 맹자가 드러낸 성선설을 현대 학술의 표준을 통하여 보면, 그중의 세세한 이론들은 우리들로 하여금 다시 한 번 개발해야 하고, 충실하게 해야 점이 많다. 그중에서도 사람들이 불선한 행위를 하게 된 까닭에 대해서는 더욱 정밀한 분석과 설명이 필요하다. 그러나 그 결과가 어떻더라도 맹자가 실천의 수양을 기초로 하여 건립한 인성론의 통찰은 동서양의 문화전통에서 인성의 존엄성과 가치이상을 보호할 수 있는 학설임이 분명하다. 성선설의 의의는 결코 현대인의 천박한 식견에 의하여 함부로 말살될 수 없는 것이다.

제2절 : 맹자 정치철학의 통찰과 한계

앞에서 서술한 연구에 따르면, 맹자의 왕도정치와 패도정치의 차이에 관한 논변인 '왕패지변'의 래원(來源)은 두 가지로 설명할 수 있다. 하나는 공자의 덕치(德治)와 예화(禮化) 사상으로부터 온 것이고, 다른 하나는 전국시대 제후들의 쟁패가 결국 '사람을 몰아다가 짐승을 먹이는' 인간 참극이라는 상황을 직면하였기 때문에 패업에 대한 공자의 긍정적인 태도를 수정하여 직접 요순우의 삼대 성왕의 정치와 그의 인성론 이상을 근거로 "선왕들은 남에게 차마 잔혹하게 굴지 못하는 마음을 지니고 있었기 때문에 민중들에게 차마 잔혹하게 굴지 못하는 정치를 할 수 있었다"[10]고 주창하였다. 전체 중국 정치사상사 중에서 맹자의 정치철학이야말로 가장 이상성을 갖추고 있으며, 서양의 민주사상과 가장 가까운 이념이다.

맹자가 주장한 "민중이 귀하고 군주는 가볍다"(民貴君輕)는 주장을 자세하게 분석하면, 맹자의 민본 관념이 그의 성선론을 기초로 하여 건립되었음을 발견할 수 있다. 즉 모든 사람의 생존 존엄과 권리를 긍정하였고, 그것을 어떤 정치의 권위보다도 위에 놓고 있다. 따라서 군주가 사직을 위태롭게 하고, 인과 의를 해치며, 인류의 도덕법칙을 파괴하면 백성들은 폭군을 방벌(放伐)할 수 있는 권리를 갖게 된다. 이러한 맹자의 혁명설이 2천 년 전의 전제정권 하의 중국에서 주장되었다는 것은 참으로 경천동지할 만한 사건임이 분명하다.

그러나 우리는 맹자의 민본은 근대 서양의 민주사상과 동일하지는 않다는 점을 승인하지 않을 수 없다. 맹자가 비록 요순의 선양정치를 추앙하면서 '천하위공'(天下爲公)이라는 이상을 드러냈지만, '하늘이 주고' '민중들이 준다'는 객관적인 순서는 천자의 천거제도에 의지하고 있다. 하 왕조의 창시자인 우임금이 아들인 계(啓) 이후에 천자의 지위는 현자에게 전해지지 않고 자식에게 전해졌다. 이러한 집안 중심의 천하질서에 대하여 의지할 수 있는 것(민주법치의 전통)이 아무것도 없는 상황에서 맹자는 단지 역사와 타협하고서 "대를 이어서 천하를 차지하였는데 하늘이 없애 버린 자는 반드시 걸과 주 같은 사람이다. 그러므로 익과 이윤 및 주공은 천하를 차지하지 않은 것이다"[11]

---

10 『孟子』「公孫丑上」, "先王有不忍人之心, 斯有不忍人之政矣."

11 『孟子』「萬章上」, "繼世而有天下, 天之所廢, 必若桀紂者也. 故益伊尹周公不有天下."

라고 하였다. 그러나 이러한 타협은 맹자의 정치철학이 역사 전통에 제한되었다는 유감을 지울 수 없게 한다.

그러나 맹자의 정치사고가 비록 역사의 제한을 돌파하지 못하였지만, "선왕의 법도를 준수하면서도 과실을 범한 사람은 아직 없었다"[12]는 주장은 맹자가 인정의 실현을 결코 군주 한 사람에게만 의탁하고 있지 않고 약간의 객관적인 분공의 형식과 분공의 윤리에 의거하여 군주와 신하 그리고 민중이 각각 자신의 지위에서 분수에 따라서 일을 할 수 있기를 희망하고 있음을 나타내 주고 있다. 이러한 시도에 도덕교화를 첨가하여 사회 분공의 합리적 운용을 보장하는 것이 바로 이른바 예치라는 것이다. 비록 예치의 공능을 근대 서양의 객관적인 제도인 법치정신과 함께 병론할 수는 없지만, 채인후 선생의 반성처럼 법치 역시 예치를 완전하게 대신할 수는 없다. 채인후 선생의 견해는 다음과 같다.

> 지금의 사회에서 법률은 이미 독보적인 추세를 드러내고 있는 반면 예교(禮敎)는 점차 쇠약해지고 있는 추세이다. 정치방면의 전장제도 의미의 예는 현재 이미 전면적으로 법률로 전이되고 있고, 법률이 그 자리를 대신하고 있다. 예를 들어 현대 헌법의 성격과 지위는 고대의 예와 동일하다. 헌법은 건국과 치국의 최고 원칙이기 때문에 지금은 오로지 법치만이 있고, 예치라는 것은 존재하지 않는다. … 그러나 헌법은 단지 예의 정치방면의 지위만을 대신할 뿐 예가 본래 갖고 있는 전체적인 기능을 대신할 수 없다. 앞 절에서 말한 바와 같이 예는 도덕과 통할 수 있고, 종교와도 통할 수 있다. 그리고 리와 도 측면의 예는 인간의 안심입명 원칙으로 삼

12 『孟子』「離婁上」, "遵先王之法而過者, 未之有也."

을 수 있다. 이 점은 지금의 헌법에서 할 수 없는 것들이다.[13]

그러므로 선왕의 법을 근본으로 하는 맹자의 예치 관념은 지금의 민주법치 사회에서 비록 부족하기는 하지만 그렇다고 해서 시의(時宜)의 구상에 완전히 부합하지 않는 것은 아니다. 왜냐하면 법치는 단지 사람들로 하여금 권리와 의무의 주체로 성립하게 하고, 사회 공동체 생활의 가장 기본적인 질서만을 유지하게 할 뿐이기 때문이다. 인성이 갈망하는 기타 여러 층차의 정신적 가치는 반드시 법치 외의 예치를 통해야만 비로소 완성할 수 있다. 유술선 선생은 현대 민주정치의 한계에 대하여 다음과 같은 심각한 통찰을 하였다.

현대의 대의 민주정치는 선거 투표의 다수에 의한 통치 방식이다. 그러나 분명한 것은 객관적인 철학과 과학진리의 추구 그리고 예술의 창조 및 도덕적 수양 등은 투표에 의하여 결정할 수 있는 것이 아니라는 점이다. 만일에 우리가 정치의 올바른 성격과 지위를 잊고, 또 정치라는 것이 단지 그것으로써 대중의 일을 처리하는 일종의 비교적 좋은 방식이라는 것을 이해하지 못하고서 정치를 팽창시켜서 그것으로써 진리와 예술 및 도덕을 결정하는 표준으로 삼는다면 그것의 폐해는 말로 설명할 수 없을 정도로 클 것이다. 민주정치의 가장 곤란한 문제는 단기간에 민의가 왜곡되어 일종의 사이비를 진리로 삼을 수도 있다는 점이다. 더욱 엄중한 문제는 민주라는 것이 보장할 수 있는 것은 일반 자연인의 권리일 뿐이다는 점이다. 만일 이러한 자연인들이 위로 상향하려는 노력을 하지 않고 스스로 아래로 타락하기를 원하여 자연생명의 욕구에 따라서 의념을 일으켜 마

13 蔡仁厚『儒家思想的現代意義』, 臺灣 文津出版社, 1987, 147쪽.

> 약과 매춘 등 하지 않는 일이 없다면 이러한 사회는 이미 자기 스스로 붕괴하는 씨앗을 심은 것과 마찬가지이다. … 우리는 정치 외에 하나의 강대한 학술 · 예술 · 도덕 · 종교 · 문화의 전통을 유지해야만 비로소 이러한 범정치주의가 조성하는 위험에 대항할 수 있다.[14]

민주국가에 오로지 법치만이 있고 심후한 문화전통에 의한 인민 교양이 없다면 법치제도는 오로지 투표권만을 보장할 수 있을 뿐 그것에 의하여 능력 있고 덕성을 갖춘 자를 반드시 선발할 수 있다는 것을 보장할 수 없다. 왜냐하면 요순과 같은 사람은 요순과 같은 성인에게 투표할 것이지만, 한 무리의 비도덕적인 사람들은 걸주와 같은 사람에게 투표할 것이기 때문이다. 따라서 맹자의 덕화와 예치 관념이 비록 근본적인 제한이 있기는 하지만 전세계가 모두 민주법치를 지향하는 조류에서 오로지 덕치와 예치만이 법치의 단점을 보완할 수 있고, 민주정치로 하여금 인심의 요구에 더욱 합치하게 할 수 있다. 당대 중국 자유주의의 학자들은 모두 유가 혹은 맹자철학에는 법치의 정신이 부재하다고 생각하고서 민본과 민주의 다름을 역설한다. 그뿐만 아니라 맹자의 성선론 혹은 내재이면서 초월적인 성격을 가진 형이상학에 대해서도 민주와 확연히 다른 성격이라고 주장한다.[15] 이곳에서 필자는 이러한 문제들에 대하여 하나하나 대답할 생각은 없다. 그러나 엄격한 철학적 분석과 역사의 진상에 충실한다는 입장에서 나는 다음과 같은 의견을 제시하고자 한다. '맹자의 민본사상과 서양 근대의 민주 관념은 분명 서로 다른 점이 있다. 그러나 나는 맹자의 정치사상을 어

---

14 劉述先『文化與哲學的探索』, 352-353쪽.

15 林毓生「五四新文化運動中的反傳統思想」『中外文學』第3卷 12期, 臺灣, 6-48쪽.

떻게 분석하더라도 그의 정치사상에 민주를 반대하거나 민주의 정신과 위배되는 곳을 찾아볼 수가 없다. 오히려 나는 맹자의 정치철학 중에 근대 서양의 민주 이상과 서로 부합할 수 있는 관념이 적지 않기 때문에 중국 민주정치의 전도에 관심이 있는 학자들이 참고할 만한 가치가 충분히 있다고 생각한다.

제3절 : '의로움과 이익에 관한 논변' 그리고 현대인의 가치관 재건립

의리지변은 전통 유가철학 가치관념 상의 중요한 구분일 뿐만 아니라 맹자가 당시 정치문화의 혼란에 대하여 온 힘을 기울여 보호하려고 하였던 가치 사고의 원칙이다. 사상사적인 관점에서 보면, 맹자가 양주와 묵자의 학설을 극력 비판한 까닭은 양주와 묵자의 사상이 공리주의를 대표하고 있었기 때문이다. 즉 전국시대 열강이 추구하였던 군국주의는 모든 문화이상과 인성의 가치를 저버리는 검은 손과도 같았다. 그래서 맹자가 '의'와 '리'를 엄격하게 구분한 것에는 다음 두 가지 의미가 있다. 하나는 유가철학의 인문이상을 보호하고 인성의 존엄을 긍정하는 결심을 대표하는 것이다. 다른 하나는 맹자와 당시 전체 사조의 엄중한 파열을 반영한다.

맹자에게 있어서 '의'는 일종의 보편적인 인성의 이상을 근본으로 한 가치관을 대표한다. '리'는 한 개인의 이익과 복지로부터 나온 구상이다. 양자는 질적으로 다름이 있을 뿐만 아니라 가치의 위계에서도 '의'가 먼저이고, '리'가 그다음이다. 즉 모든 이익에 관한 추구는 반드시 '의'를 규범으로 삼고, '의'라는 원칙을 위반하지 않아야 한다. 다시 말하자면 맹자가 '의리지변'에 대하여 엄격한 태도를 취한 것을 그가 도덕적인 입장에서 '리'를 부정하였다거나 '리'에 대한 사람들의 관심을 취소하였다고 해석하기보다는 차라리 '의'를 먼저 내세워 가치 사고 원칙의 우선성으로 삼고 '리'를 그다음 또는 그 뒤의 지위에 놓았다고 해석하는 것이 옳다.

그러나 이러한 해석을 '맹자 마음속의 의리지변은 단지 공리(公利)와 사리(私利)의 구분만을 의미하는 것'이라고 이해할 수 있는가? 만일 우리가 「양혜왕상」 1장의 문헌에서 말한 "위아래 사람이 모두 (자기의) 이익만을 취하려고 하면 나라는 위태롭게 될 것이다"·"인하면서 그 부모를 버린 자는 없었다. 의로우면서 그 군주를 뒤로하는 자는 없었다"[16]는 내용만을 보면, 맹자는 확실히 행위의 최대 효율원칙에 근거하여 '의'와 '리'의 선후를 구분하였다고 할 수 있다. 그러나 만일 우리가 인성론 상에서 인의에 대한 맹자의 이해 그리고 그가 일생에서 '의'와 '명'의 나뉨에 근거하여 진퇴를 결정하지 않음이 없다는 것을 고려한다면 우리는 양혜왕에 대한 맹자의 진술을 단지 상대방 논점의 불합리성을 빌려서 간접적으로 자기의 일관된 원칙을 설명한 것으로 이해해야 할 것이다.

사실 맹자는 일찍이 여러 차례에 걸쳐 "인은 사람의 마음이다. 의는 사람이 (마땅히 가야 할) 길이다"[17]는 기본 입장을 표현하였다. 다시 말하면 맹자의 마음속에 '의'는 일종의 가치 사고의 원칙이다. 이러한 '의'는 사람의 도덕본심 요구로부터 직접 온 것이다. 이른바 모든 사람이 갖추고 있는 수오지심이 바로 그것이다. 또 '의'는 인성의 존엄을 확립할 수 있는 생활방식이다. 따라서 의리지변은 도덕가치와 비도덕가치의 구분만이 아니다. 그러나 보충해야 할 점은 비도덕가치

---

16 『孟子』「梁惠王上」, "上下交征利而國危矣 … 未有仁而遺其親者也. 未有義而後其君者也."

17 『孟子』「告子上」, "仁, 人心也. 義, 人路也."

가 반드시 반도덕가치는 아니고, 반인성은 아니라는 점이다. 그렇지 않다면 맹자는 제선왕이 재물을 좋아하고 여색을 좋아하는 것에 따라서 "왕께서 여색을 좋아하시되 백성들과 함께 좋아한다면 왕노릇 하는 데 무슨 어려움이 있겠습니까"[18]라는 대답을 하지 않았을 것이다. 따라서 이익을 추구함에 있어서 단지 '의'라는 원칙을 위반하지 않는다면 맹자는 결코 그러한 행위를 배척하지 않았을 것이고, 오히려 한 사람의 집정자로서 백성의 복지를 위하는 공리를 정치의 우선 목표로 삼았을 것이다. 『맹자』「진심하」에 "이익을 추구하는 데 주도한 사람은 흉년에도 그를 죽이지 못하고, 덕을 추구하는 데 주도한 사람은 사악한 세상에도 그를 혼란스럽게 하지 못한다"[19]는 기록이 있는데, 이 말은 맹자 의리지변에 대한 또 하나의 적절한 해석이라고 할 수 있다.

앞에서 서술한 바와 같이 인성론에 기초하면서도 일상적인 민생의 수요에 어둡지 않은 맹자의 가치관은 현대인의 입장에서 보더라도 가장 참고할 만한 가치가 있는 원칙이라고 할 수 있다. 20세기 가장 위대한 과학자인 아인슈타인은 다음과 같이 말하였다.

> 성과가 이처럼 휘황찬란한 응용과학은 우리들의 일을 감소시켰고, 우리들의 생활을 비교적 용이하게 하였지만, 우리들에게 얼마나 많은 쾌락을 주었는가?

이는 현대인들의 생활이 풍요롭게 되었지만, 과학기술문명이 창조한 물건들은 결코 현대인의 심령이 가치에 대한 진정한 갈망을 충실하게

---

18 『孟子』「梁惠王下」, "王如好色, 與百姓同之, 於王何有?"

19 『孟子』「盡心下」, "周於利者凶年不能殺, 周於德者邪世不能亂."

해 주지 못한다는 것을 반영하고 있다. 즉 과학기술의 발달은 단지 외적인 세계에 대한 우리 생명의 부단한 추구와 의지만을 일으키고, 사람과 사람 사이를 더욱 이익충돌과 적대의 관계에 몰아넣고 있을 뿐이다. 다시 말하면 현대사회에서 생활하고 있는 사람은 비록 이전과는 비교할 수 없는 번영된 물질적인 조건을 소유하고 있지만 오히려 문명의 즐거움은 향유하지 못하고 반대로 정신생활은 갈수록 빈곤해지고, 인류의 도덕품질은 갈수록 저열해지고 있음을 느낀다. 이는 바로 현대인들은 반드시 다시 한 번 인성의 사색을 통과하여 도덕가치와 비도덕가치 사이에 선후본말의 관계를 재정립해야 한다는 당위성을 설명한 것이다. 따라서 맹자의 의리지변이 설사 2천 년 전의 고대 중국에서 제시한 것일지라도 가치의 구분과 판정에 시공의 제약을 받지 않는 많은 통찰이 있기 때문에 현대인들은 바로 이 점을 발굴하여 다시 한 번 재조명해야 할 필요가 있다.

제4절 : 가벼운 감상

마지막으로 맹자의 삼변학술에 대한 역사적 성찰과 재해석 그리고 결론을 내린 후에 필자는 특별히 서복관 선생의 말을 인용하여 가벼운 감상을 제시하고자 한다. 서복관 선생은 다음과 같이 말하였다.

> 옛사람들은 자신과 관련된 사상을 모두 그가 살고 있는 당시 사회의 모종의 요구에 적응시키고 있기 때문에 당시 사회의 각종 조건의 제한을 받는다. 사회환경은 변하는 것이다. 우리는 단지 먼저 어떤 한 사상가가 처한 사회환경에서 그의 사상을 이해하고, 그의 사상적 가치를 평가할 수밖에 없다. 하나의 지식계통을 이룬 사상은 이후의 역사에 모종의 영향을 끼친

> 다. 그러나 이러한 영향은 단지 원칙성이고 계발적인 성격일 뿐 하나의 구체적인 설계도가 아니다. 단지 가능성 또는 피동성의 것들이다.(『논어』의 "非道弘人") 왜냐하면 사람이라면 마땅히 자주성을 갖추고 있어야 하기 때문이다. 옛사람은 결코 묘지에서 나와 후인의 코를 잡아끌고 가지 않는다. 지금 사회의 환경을 들어 옛사람 사상의 척도를 평가하기도 하고, 혹자는 옛사람의 사상을 미워하기도 하면서 지금 사람의 행동의 설계도로 삼을 수 없다고 한다. 또한 지금 사람의 모든 죄악을 모두 옛사람에게 원인을 돌리기도 하는데, 이러한 것들은 단지 자기의 타성(惰性)과 타락만을 표현할 뿐이다.[20]

맹자가 중국철학사에서 위대한 변재(辯才)라는 점은 의심할 바가 없다. 맹자는 예리하고 분명한 철학가였다. 그의 학설과 표현방식은 타인들에게 모두 수용되지는 않았지만 그의 강렬한 인문정신과 역사의식은 그로 하여금 당시 전체 시대정신과의 파열을 마다하지 않고 인성의 이상과 존엄을 굳건히 지키게 하였다. 이러한 인격과 용기는 그 당시 어떤 철학가와도 병론할 수 없을 정도로 빼어났다. 지금은 창해(滄海)가 몇 번이나 상전(桑田)으로 되었지만, 당대 중국인들이 대면하고 있는 역사적 과제의 복잡성을 맹자의 시대와 같이 놓고 볼 수는 없다. 맹자 삼변학술이 여전히 그 가치를 갖고 있는가? 얼마나 많은 가치를 갖고 있는가? 지금의 학술계에서 아마 일치된 답안을 얻기는 힘들 것이다. 그러나 우리는 최소한 다음 한 가지 점에는 긍정할 수 있다. 만일 우리가 맹자처럼 인성의 가치 이상과 존엄을 견지할 수 없거나 또는 우리의 역사의식이 단지 옛사람을 무고하는 것이라면, 우

20 徐復觀『儒家政治思想與民主自由人權』, 121쪽.

리는 맹자가 왜 당시에 인류역사의 운명에 대하여 "그를 아는 사람은 나오지 않는구나! 그러니 앞으로도 나오지 않을 것이다"라고 탄식했는지 영원히 이해하지 못할 것이다.[21]

21 『孟子』「盡心下」, "然而無有乎爾, 則亦無有乎爾."

부록

- 맹자 인성론에서 심신관(心身觀)의 의미 -

1

성선론은 맹자철학 의리의 핵심이고 기본 틀일 뿐만 아니라 공자로부터 당대 신유가에 이르기까지 유가철학의 전통에서 공통적으로 긍정하고 있는 기본 입장이다. 비록 선성설이 『논어』에 보이지는 않지만, 공자가 말한 "인의 실천은 나의 자각을 통하여 이루어진 것이다"[1]와 "인이 어디 멀리 있는가? 내가 인을 실천하고자 하면 그 인은 바로 드러난다"[2]는 말을 분석해 보면, 나는 공자의 내성(內聖) 성덕지교(成德之敎)에 이미 맹자의 성선론의 의미가 간직되어 있다고 확신한다. 단지 공자가 아직 분석적인 해석과 입장을 표현하지 않았을 뿐이다. 따라서 성선설은 "전대의 성현이 아직 발현하지 않은 것"(前聖所未發)[3]이고, '새로운 국면을 연'(別開生面)[4] 창의적인 견해임이 분명하지만 절대로 맹자 개인에만 속한 철학적 입장은 아니다. 마땅히

---

1 『論語』「顔淵」, "爲仁由己."

2 『論語』「述而」, "仁遠乎哉? 我欲仁, 斯仁至矣."

3 주희(朱熹)가 『孟子章句集註』에서 정이(程頤)의 말을 인용한 것.

4 牟宗三 『圓善論』, 22쪽.

전체 중국 유가철학 전통에서 일관되게 흐르고 있는 주장이라고 해야 할 것이다. 필자가 송명이학 4백 년 전통을 자세하게 탐색해 보니, 비록 수많은 인재들이 배출되었지만 모든 강론이 성선론으로 귀결되지 않은 주장이 없음을 발견할 수 있었다. 이는 유가철학이 하나의 도덕이상주의이고, 인문주의임을 표시한 것이다. 오로지 인성의 존엄을 간직하고 문화이상을 긍정한다는 궁극적인 입장이 변하지 않는다면 인성론의 탐구에서 틀림없이 맹자의 성선설을 최후의 입장으로 삼을 것이라는 점에는 근본적으로 타협의 여지가 없을 것이다.

그러나 유가철학에서 이미 성선설을 주장하였다면, 사람들의 불선한 행위는 어디에서 비롯된 것이란 말인가? 이 질문에 대하여 우리는 절대로 '맹자 성선론의 중점은 모든 사람의 본성 중에 선을 실천할 수 있는 능력이 충분히 갖추어져 있음을 긍정한 것이지 결코 현실상의 모든 사람이 선한 행위만을 하고 악을 실천하지 않을 것임을 보장하는 것은 아니다'라는 말로써 해설하고 지나쳐서는 안 될 것이다. 왜냐하면 유가의 성선론이 '사람의 도덕실천이 어떻게 가능한가'라는 것을 기초로 한 것이지만, 그것과 동시에 사람은 왜 불선한 일에 빠지게 되는가를 충분히 설명하지 못한다면 유가철학이 비록 경험 혹은 논리 측면에서 이미 정밀한 분석과 논증을 제시하였다고 할지라도 유가철학의 인성론은 과도하게 간소화되었다는 혐의를 벗을 수 없을 것이기 때문이다.

성선설은 유가철학에서 불변의 기본입장이다. 그러나 성선을 어떻게 해석해야 할 것인가? 특히 사람의 전체 생명 구조 중에서 '몸(身)과 마음(心)의 관계' 그리고 '마음(心)과 본성(性)의 관계'에 대해서는 아직까지 일치된 견해가 없다. 정이와 주희의 성즉리 계통, 육구연과 왕수인의 심즉리 계통의 차이는 분명하다. 도대체 무슨 이유로 역대 유가철학자들은 성선론을 해석할 때 서로 다른 계통의 쟁론이 발생하였다는 말인가? 이 문제는 논의해야 할 범위가 너무나 넓기 때문에 이곳에서 처리할 수 있는 것이 아니다. 그러나 우리는 최소한 한 가지 점은 확정할 수 있다. 즉 맹자가 먼저 분석적인 방식으로써 세운 인성론은 상당히 다양하게 해석할 수 있는 공간을 갖추고 있기 때문에 우리들에게 한 걸음 더 나아간 사고와 심도 있는 연구의 가치를 제공한다는 것이다.

이 장에서는 앞에서 서술한 이념을 근거로 하여 맹자의 심-신 관계에 대한 문헌을 실마리로 삼아 다시 한 번 맹자 인성론 수립 근거와 의리의 틀을 반성할 것이다. 사실 당대 신유학의 선배 학자들은 이미 맹자의 '진심지성지천'(盡心知性知天)의 형이상학에 대하여 매우 빼어나고도 심오한 분석을 내놓았다. 그리고 최근에 마왕퇴(馬王堆)에서 출토된 한묘백서(漢墓帛書) 『오행편(五行篇)』도 사상사에서 맹자 심신관의 의의와 지위의 연구에 대한 국내학자들의 관심을 불러일으켰다.[5] 그러나 아쉬운 것은 맹자의 심신이 서로 영향을 준다는 관점으로부터 맹자 생명관 중의 '심-신-성' 사이의 관계를 광대하게 탐색해야 하는데도 아직은 부족한 것 같다. 따라서 이 장에서는 새로운 시도라기보다는 비교적 주목을 덜 받은 관점으로부터 맹자 인성론 중에서 '사람이 선을 실천하고 불선을 행하게 된 것'에 관한 전면적인 해석을 해 보고자 한다. 필자의 논의가 타당한지에 대해서는 선배 학자와 전문가의 가르침을 기다리겠다.

---

5 황준걸(黃俊傑) 선생은 이 문제에 대하여 「孟子思想中的生命觀」과 「孟子後學對心身關係的看法 - 以馬王堆漢墓帛書五行篇爲中心」 등 여러 편의 논문을 발표하였다. 『淸華學報』「卷19. 第1期」 1-37쪽과 「卷20. 第1期」 55-81쪽 참고.

2

일반적으로 맹자는 심선으로써 성선이라는 결론을 얻었다고 한다. 「공손추상」에 다음과 같은 기록이 있다.

> 지금 어린아이가 우물에 빠지려는 상황을 문득 보게 되면, 다들 깜짝 놀라고 측은해하는 마음이 드는데, 그것은 그 어린아이의 부모와 친교를 맺으려고 하기 때문도 아니고, 동네 사람들과 친구들로부터 칭찬을 받으려고 하기 때문도 아니며, 우물에 빠지려는 아이를 보고도 구해 주지 않았다는 나쁜 평판을 듣기 싫어서도 아니다. 이로써 살펴본다면, 측은해하는 마음이 없는 사람은 진정한 사람이라고 할 수 없고, 부끄러워하는 마음이 없는 사람은 진정한 사람이라고 할 수 없으며, 사양하는 마음이 없는 사람은 진정한 사람이라고 할 수 없고, 올바름과 그름을 분별하는 마음이 없는 사람은 진정한 사람이라고 할 수 없다. 측은해하는 마음은 '인'의 단서이고, 부끄러워하는 마음은 '의'의 단서이며, 사양하는 마음은 '예'의 단서이고, 올바름과 그름을 분별하는 마음은 '지'의 단서이다.
>
> 今人乍見孺子將入於井, 皆有怵惕惻隱之心. 非所以內交於孺子之父母也, 非所以要譽於鄕黨朋友也, 非惡其聲而然也. 由是觀之, 無惻隱之心, 非人也. 無羞惡之心, 非人也. 無辭讓之心, 非人也. 無是非之心, 非仁也. 惻隱之心, 仁之端也. 羞惡之心, 義之端也. 辭讓之心, 禮之端也. 是非之心, 智之端也.「公孫丑上」

이곳에서 맹자는 사람들마다 깜짝 놀라면서 측은한 마음이 있다는 것으로써 인성의 선함을 증명하고 있다. 그러나 문제는 사람의 생명은 전체성의 존재라는 것이다. 마음과 몸은 사람이라는 전체 존재의 양대 부분인데, 왜 맹자는 오로지 심의 관점에서만 인성의 선함을 논증하는가? 다시 말하면 만일 성이라는 하나의 개념이 사람이 진정한 사람으로 존재할 수 있는 근거만을 책임지는 것이라면, 철학적 인류라는 관점에서 맹자는 무슨 이유로 오로지 심선으로부터만 성선에 귀결될 수 있다고 생각하였다는 말인가?

이러한 질의에 대하여 우리는 통상적으로 다음과 같은 맹자의 문헌을 인용한다.

> 맹자가 말하였다. "사람이 금수와 다른 점은 지극히 적다. 일반 사람들은 (금수와 다른 점을) 버렸고, 군자는 간직하였다. 순임금은 사물의 이치에 밝고, 인륜을 잘 살펴 알았는데, 이는 인의에 따라 행한 것이지, 억지로 인의를 행한 것이 아니다."
>
> 孟子曰：“人之所以異於禽獸者幾希. 庶民去之, 君子存之. 舜明於庶物, 察於人倫, 由仁義行, 非行仁義也.”「離婁下」

> 고자가 말하였다. "태어나면서부터 갖추고 있는 각종의 성질을 성이라고 한다." 맹자가 말하였다. "태어나면서부터 갖추고 있는 각종의 특성이 성이라는 것은 흰 것을 희다고 하는 것과 같은가?" (고자가) 말하였다. "그렇다." (맹자가 물었다), "흰 깃의 흰 것은 흰 눈의 흰 것과 같으며, 흰 눈의 흰 것과 흰 옥의 흰 것은 같은가?" (고자가) 말하였다. "그렇다." (맹자가 물었다), "그렇다면 개의 본성은 소의 본성과 같고, 소의 본성은 사람의 본성과 같은가?"
>
> 告子曰：“生之謂性.” 孟子曰：“生之謂性也, 猶白之謂白與?”曰：“然.” “白羽之白也, 猶白雪之白. 白雪之白, 猶白玉之白與?” 曰：“然.” “然則犬之性, 猶牛之性. 牛之性, 猶人之性與?”「告子上」

맹자의 변론에 따르면, 그가 사람의 생리적 욕구활동으로부터 인성을 이해하지 않는 주요 원인은 바로 '사람의 생리적 욕구활동은 가치론적인 측면에서 볼 때 근본적으로 금수와 다를 바 없다'는 점에 있다. 다시 말하면 가치론적인 측면에서 사람과 금수의 다름을 구분하려면 오로지 사람 마음에서 자유 · 자주적으로 인의의 도덕을 실천할 수 있다는 것으로써 표준을 삼아야 한다는 것이다. 그래야만 비로소 사람이 진정한 사람으로 존재할 수 있는 존엄을 드러낼 수 있다.

그러나 우리는 맹자가 비록 고자의 '생지위성'의 관점을 반대하였지만 '생을 근거로 하여 성을 말하는 것'(生之謂性)을 배척하지 않았음을 기억해야 한다.

> 맹자가 말하였다. "신체의 형상과 피부의 색깔은 타고난 것이다. 오로지 성인이 된 후에야 신체의 모든 가치를 완성할 수 있다."
>
> 孟子曰 : "形色, 天性也. 惟聖人然後可以踐形." 「盡心上」

그렇다면 우리는 맹자가 '심을 근거로 하여 성을 말하였다'는 것을 단지 생리적인 자연생명 존재로써는 인성의 가치를 창현할 수 없기 때문이라고 이해하는 것에 그치지 않고, 더 나아가 사람의 심-신이라는 전체 생명 구조에서 심이 우선성을 갖고 있다로 이해해야 할 것 같다.

이 점에 관하여 맹자는 「공손추상」에서 지언양기(知言養氣)를 논하면서 매우 중요한 실마리를 제공하였다.

> (공손추가) 말하였다. "감히 묻겠습니다. 선생님의 부동심과 고자의 부동심에 관하여 설명을 들어 볼 수 있습니까?" (맹자가 말하였다.) "고자는

'남의 말이 이해되지 않으면 마음으로 생각하지 말고, 마음으로 이해되지 않아도 기에 호소하지 마라' 라고 하였는데, 마음으로 이해되지 않아도 기에서 호소하지 말라고 하는 말은 옳지만, 남의 말이 이해되지 않으면 마음으로 생각하지 말라는 것은 옳지 않다. 지(志)는 기의 장수이며, 기는 몸에 꽉 찬 것이다. 지가 드러나면 기는 그다음에 따라간다. 그러므로 '그 지를 올바르게 잡고, 그 기를 포악하게 자극하지 마라' 라고 한 것이다." (공손추가 말하였다.) "이미 '지가 드러나면 기는 그다음에 따라간다' 고 하였고, 또 '그 지를 올바르게 잡고, 그 기를 포악하게 자극하지 마라' 라고 한 이유는 무엇입니까?" (맹자가) 말하였다. "지가 한결같으면 기가 (그것에 따라) 움직이고, 기가 모이면 지가 움직인다. 지금 넘어지고 달리는 것은 기이다. 그렇게 되면 오히려 마음을 동요하게 한다." (공손추가 말하였다.) "감히 묻겠습니다. 선생께서는 어떤 방면에 능통하십니까?" (맹자가) 말하였다. "나는 남의 말을 잘 이해하고, 나는 내 호연지기를 잘 배양할 줄 안다." (공손추가 말하였다.) "감히 묻겠습니다. 무엇을 호연지기라 합니까?" (맹자가) 말하였다. "말로 설명하기가 어렵다. 그와 같은 기는 지극히 크고 지극히 강하니 올바름으로써 기르고 해됨이 없게 하면 천지 사이에 꽉 차게 된다. 그와 같은 기는 '의' 와 '도' 에 함께 어울린다. 호연지기가 없으면 위축된다. 이러한 호연지기는 의가 축적되어서 생긴 것이지, 의가 갑자기 엄습해 와서 갖추게 된 것이 아니다."

曰："敢問夫子之不動心, 與告子之不動心, 可得聞與?" "告子曰：'不得於言, 勿求於心. 不得於心, 勿求於氣.' 不得於心, 勿求於氣, 可. 不得於言, 勿求於心, 不可. 夫志, 氣之帥也. 氣, 體之充也. 夫志至焉, 氣次焉. 故曰：'持其志, 無暴其氣.'" 曰："旣曰：'志至焉, 氣次焉.' 又曰：'持其志, 無暴其氣' 者, 何也?" 曰："志壹, 則動氣, 氣壹則動志也. 今夫蹶者, 趨者, 是氣也. 而反動其心." "敢問夫子惡乎長?" 曰："我知言, 我善養吾浩然之氣." "敢問何謂浩然之氣?"

曰："難言也. 其爲氣也, 至大至剛, 以直養而無害, 則塞於天地之間. 其爲氣也, 配義與道. 無是, 餒也. 是集義所生者, 非義襲而取之也."「公孫丑上」

이 단락에서 우리는 지(志)와 기(氣), 즉 심과 신의 관계에 대한 맹자의 설명을 볼 수 있다. 간략하게 말하면, 다음 몇 가지 중점으로 요약할 수 있다.

1. 사람의 전체 생명 구조에서 기는 생리의 종합작용 혹은 생명력의 표현이다. 원칙상 심지(心志)의 결정에 따르고, 심지에 의하여 주도된다. "지(志)는 기(氣)의 장수이다"와 "지가 드러나면 기는 그다음에 따라간다"는 말이 바로 이러한 의미를 표현한 것이다.
2. 다음 생리활동이 사람의 전체 구조 중에서 비록 하층에 자리 잡고 또 상층의 심지활동의 인도를 받고 있지만, 결코 완전히 피동적인 것은 아니다. "그 지를 올바르게 잡고, 그 기를 포악하게 자극하지 마라"와 "기가 모이면 지가 움직인다"는 것은 바로 '심-신'의 관계를 설명한 것이다. 이 양자는 입체적인 것으로 상하 간에 인도하고 따르는 것이다. 그러나 다른 한편으로는 심지를 태우고 있는 생리작용 역시 심지에 영향을 줄 수 있는 역량을 갖추고 있다. 따라서 그것이 비록 하층에 놓여 있다고 할지라도 그것의 존재를 홀시해서는 안 된다.
3. 더욱 중요한 것은 맹자의 관념 중에 지와 기 혹 심과 신은 비록 사람 생명 활동의 두 가지 기능이지만 서로 각자 독립적으로 발동하는 것이 아니고, 또 서로 완전히 관련이 없는 두 가지 실체(substance)가 아니라는 점이다. 즉 데카르트가 심물이원론(心物二元論)에서 주장한 것과 다르다. 반대로 그들은 서로 삼투되어 영향을 끼치고, 공통적으로 생명이라는 존재의 전체에 예속되어 있다. 따라서 한 사람이 "기는 의와 도에

> 함께 어울린다" · "올바름으로써 기르고 해됨이 없게 한다"면 심의 도덕내용은 감성생리의 층으로 하관(下貫)되어 모든 활동에서 진실한 도덕열정을 드러내게 한다. 이때 그의 생명은 일종의 '천지에 꽉 차는' 호연지기의 존재 양태를 표현한다. 그러나 만일 인의의 마음을 존양(存養)할 줄 모르면 감성생명에 따라 외적인 추구 활동으로 흐르게 된다. 즉 도덕심이 일신을 주재하는 우위성을 방치하는 상황에서는 "밤에 길러지는 맑은 기운마저도 남아 있지 못하게 된다."[6] 이때 그의 존재양태는 금수와 별 차이가 없다.

위의 "지언양기" 장의 분석에 의하면, 맹자가 '심을 근거로 하여 성을 말한 것'을 지지한 이유는 다음 두 측면에서 말할 수 있다. 소극적인 측면에서 말하면, 육체생명의 생리활동은 인성을 창현하기에 부족하다는 것이다. 적극적인 측면에서 말하면, 맹자는 사람이라는 생명 실현을 반성하는 과정에서 심은 구소의 우위성을 갖추고 있어 생리생명을 전화(轉化)할 수 있고, 주도할 수 있음을 충분히 의식하였다. 이 점에 관해서 우리는 기타 문헌을 찾아 증거로 삼을 수 있다.

> 맹자가 말하였다. "입이 맛있는 음식을 좋아하고, 눈이 아름다운 색을 좋아하고, 귀가 아름다운 소리를 좋아하고, 코가 향기로운 냄새를 좋아하고, 사지가 편안함을 추구하는 것은 본성이기는 하나, 그곳에는 운명적인 요소가 있기 때문에 군자는 성이라고 하지 않는다. 인이 부자간에 실현되고, 의는 군신간에 있어야 하며, 예가 손님과 주인 사이에 지켜져야 하고, 지혜로움은 현자가 밝히고, 성인이 천도를 실현하는 것은 운명이기는 하

---

6 『孟子』「告子上」, "夜氣不足以存."

지만, 그곳에는 인간의 본성이 내재되어 있기 때문에 군자는 운명이라고 하지 않는다."

孟子曰："口之於味也，目之於色也，耳之於聲也，鼻之於臭也，四肢於安佚也，性也，有命焉，君子不謂性也. 仁之於父子也，義之於君臣也，禮之於賓主也，智之於賢者也，聖人之於天道也，命也，有性焉，君子不謂命也."「盡心下」

맹자가 말하였다. … "군자가 성이라고 생각하는 인의예지는 심을 근본으로 한다. 그것이 빛으로 발현하면 윤택한 모양으로 얼굴에 나타나고, 등에 넘쳐흐르며, 사체에 베풀어지니, 사체는 말해 주지 않아도 깨달아 나간다."

孟子曰：" … 君子所性，仁義禮智根於心. 其生色也，睟然見於面，盎於背，施於四體，四體不言而喩."「盡心上」

위에서 인용한 문장을 보면, 우리는 맹자가 '심을 근거로 하여 성을 말한' 이유를 더욱 분명하게 알 수 있다. 입 · 눈 · 귀 · 코 등의 육체 생리적인 활동은 모두 "반드시 올바른 방법을 통하여 얻어야 하고, 얻는 것에는 운명적인 요소가 있다"[7]에 속한 것이다. 이것들은 인의예지라는 심령의 자발적 요구처럼 완전한 자주성을 갖추고 있지는 않다. 그래서 맹자는 그것들을 성으로 인식하지 않은 것이다. 심령의 내용 실현은 비록 정신에 속한 활동이지만, 생리라는 사실에 삼투되어 육체생명을 "충실하고도 빛나게"[8] 변화시킬 수 있는 도덕실체이다. 그래서 맹자는 인의예지가 자리 잡고 있는 심이야말로 사람이 진정한

---

7 『孟子』「盡心上」, "求之有道, 得之有命."

8 『孟子』「盡心下」, "充實而有光輝."

사람으로 될 수 있는 성의 소재라는 입장을 견지한 것이다. 다시 말하면 심신으로 구성된 생명의 전체에서 육체생명은 자주성을 갖추고 있지 못하기 때문에 반드시 심령의 명령에 따라야 한다. 맹자는 '심을 근거로 하여 성을 말한' 입장을 더욱 신뢰하였을 것이기 때문에 고자의 '생을 근거로 하여 성을 말하는'(卽生言性) 전통적인 길을 택하지 않은 것이다.[9]

앞에서 서술한 내용을 간략하게 종합하면, 우리는 다음과 같이 확정할 수 있다. 맹자의 성선설 제출은 심선으로써 성선을 말한 것이고, 아울러 "인의예지는 밖으로부터 나를 녹여 오는 것이 아니라 내가 본래부터 갖고 있는 것이다"[10]라는 단정에서 건립된 것이다. 그러나 만일 심이 전체 생명의 구조 중에서 우위성과 주도성을 확보하지 못한다면 맹자의 '심을 근거로 하여 성을 말한' 이론은 어떤 특정인의 관점에 국한된 학설이라는 비평을 면할 수 없고, 또한 그것의 이론적 가치 역시 손상될 것이다. 당군의 선생은 『중국철학원론』「원성편」에서 여러 차례 반복적으로 자연생명에 대한 심의 초월적 의미 · 주재 의미 · 함개 의미 · 순승 의미를 밝혔다.[11] 이는 맹자 심신관이 포함하고 있는 철학적 인류의 입장을 통찰한 것으로, 맹자가 고자의 '생을 근거로 하여 성을 말하는' 고대 전통을 돌파한 중대 사건이다.[12] 따라서 맹자의 심신관계로부터 진입하여 다시 한 번 성선론 건립의 기초를 검토하는 것은 하나의 적극적이면서도 합법적인 시도라고 할 수 있다.

---

9 唐君毅『中國哲學原論』「原性篇」, 20-28쪽.

10 『孟子』「告子上」, "仁義禮智, 非由外鑠我也, 我固有之也."

11 제4장 제2절 참고.

12 唐君毅『中國哲學原論』「原性篇」, 21쪽.

3

앞에서 서술한 바와 같이 맹자의 성선론은 "측은한 마음은 사람이면 누구나 갖고 있다. 부끄러워하는 마음은 사람이면 누구나 갖고 있다. 공경하는 마음은 사람이면 누구나 갖고 있다. 시비를 가리는 마음은 사람이면 누구나 갖고 있다"[13]는 심선에서 건립된 것이다. 또 맹자가 성선을 주장한 까닭은 심이 사람이라는 생명구조 중에서 자연적 생리활동보다 우위성과 주도성을 갖추고 있기 때문이다. 그렇다면 우리는 다음과 같은 질문을 하지 않을 수 없다. 즉 사람이 방탕하고 편벽되며 사악하고 사치하게 된(放僻邪侈) 까닭은 어디로부터 온 것인가? 우리는 또 심-신의 구조 중에서 사람이 불선한 행위를 하게 된 까닭을 어떻게 해석해야 하는가? 이러한 질문에 관한 원칙적인 답변은 이미 『맹자』에 기록되어 있다.

> 맹자가 말하였다. "풍년이 든 해에는 젊은 사람들이 대부분 게으르고, 흉년이 든 해는 젊은 사람들이 대부분 포악한데, 이는 하늘이 내린 재성이 달라서 그런 것이 아니라 (주위의 환경이) 그 마음을 빠뜨려서 그렇게 된 것이다."
>
> 孟子曰："富歲子弟多賴, 凶歲子弟多暴, 非天之降才爾殊也, 其所以陷溺其心者然也."「告子上」

> 맹자가 말하였다. " … 사람에 있는 것(性)에 어찌 인의의 마음이 없겠는

---

13 『孟子』「告子上」, "惻隱之心, 人皆有之. 羞惡之心, 人皆有之. 恭敬之心, 人皆有之. 是非之心, 人皆有之."

가? 그 양심을 잃어버리는 것은 도끼로 나무를 베는 것과 같다. 매일매일 베어 내는 데 어떻게 아름다워질 수가 있겠는가? 밤낮으로 양심이 자라나고, 이른 아침의 맑은 기운이 일어나 (선을) 좋아하고 (악을) 싫어하는 것이 다른 사람과 비슷한 점이 적지 않겠지만, 낮에 하는 행위가 그것을 뒤섞어 없애 버린다. 그것을 뒤섞기를 반복하면 밤에 길러지는 맑은 기운마저도 남아 있지 못한다. 밤에 길러지는 기운이 남아 있지 못하면 금수와 차이가 멀지 않게 된다. 사람들은 금수 같은 그의 모습만을 보고서 그는 (선한) 재성이 없었던 사람이라고 생각한다. 하지만 어찌 그것이 그 사람의 성정이겠는가?"

孟子曰："… 雖存乎人者, 豈無仁義之心哉! 其所以放其良心者, 亦猶斧斤之於木也. 旦旦而伐之, 可以爲美乎? 其日夜之所息, 平旦之氣, 其好惡與人相近也者幾希. 則其旦晝之所爲, 有梏亡之矣. 梏之反覆, 則其夜氣不足以存. 夜氣不足以存, 則其違禽獸不遠矣. 人見其禽獸也, 而以爲未嘗有才焉者, 是豈人之情也哉?"「告子上」

맹자가 말하였다. "인은 사람의 마음이다. 의는 사람이 (마땅히 가야 할) 길이다. 사람이 (마땅히 가야 할) 길을 따르지 않고, 마음을 잃어버리고서 찾을 줄을 모르니 슬프구나!"

孟子曰："仁, 人心也. 義, 人路也. 舍其路而不由, 放其心而不知求, 哀哉!"「告子上」

이곳에서 인용한 것에 의하면, 인의의 심은 보편적으로 모든 사람의 생명 중에 내재되어 있지만, 물욕에 빠지고, 뒤섞어 없애 버리며, 마음을 잃어버리기 때문에 금수와 크게 다르지 않은 상황에 놓이게 되는 것이다. 이곳에서 말한 함닉(陷溺)은 외적인 환경의 유혹에 의하여 마음이 이끌리는 것을 의미하고, 곡망(梏亡)은 생리적인 감각기관의 욕망이 인의의 심에 침투하여 혼란스러움을 드러낸 것이며, 방실(放失)은 생명이 바깥으로 내달리고 외물을 쫓아가기만 하고 되돌아오지 못하는 과정에서 양지의 선성이 생명을 주도하는 지위와 작용을 상실함을 의미한다. 다시 말하면 맹자의 관념에서 사람이 불선한 지경에 빠지게 된 원인은 사람에게 선을 실천할 수 있는 능력이 부족해서가 아니라 육체생명의 생리적 활동이 외적인 세계에 빌붙어 의지하고, 또 그로 말미암아 생겨난 물욕의 무한 추구 때문이다. 그러나 이는 결코 사람이 불선한 행위를 하게 된 책임을 생리관능인 이목의 욕구와 외적인 환경으로 돌린다는 것을 의미하지는 않는다. 엄격하게 말하면 생리관능의 욕구와 외적인 환경은 가치중립적인 것이기 때문이다. 제선왕이 재화를 좋아하고 여색을 탐하자 맹자는 제선왕의 태도를 엄준하게 질책하지 않았을 뿐만 아니라 도리어 "왕께서 여색을 좋아하시되 백성들과 함께 좋아한다면 왕노릇 하는 데 무슨 어려움이 있겠습니까"[14]라고 하였다. 이는 생리관능이 외물을 추구하되 올바른 방법으로써 그것을 취한다면 어떤 과실도 성립하지 않는다는 것을 표시한다. 이로부터 더 나아가 맹자는 열악한 환경에서도 고상한 인격을 성취할 수 있음을 긍정하였다. 그러므로 "사람이 덕행과 지혜 그리고 기술과 재능이 갖고 있으면, 항상 어려움에 처해 있기 마련이다. 오직 (임금에게) 버림받은 신하와 (아버지의 사랑을 받지 못한) 얼자만이 마음가짐이 위태롭고, 환난을 염려함이 깊기 때문에 사리에 통달할 수 있다"[15]고 한 것이다. 따라서 사람의 마음이 무엇에 함닉되는

14 『孟子』「梁惠王下」, "王如好色, 與百姓同之, 於王何有?"

15 『孟子』「盡心上」, "人之有德慧術知者, 恒存乎疢疾. 獨孤臣孽子, 其操心也危, 其慮患也深, 故達."

것을 설명하려면 심-신이라는 생명의 구조 중에서 답을 찾아야 한다.

맹자가 말하였다. "사람은 자기 몸에 대해서는 모두 다 같이 아낀다. 모두 다 같이 아끼니 모두 함께 배양한다. 한 자나 한 치의 살도 사랑하지 않음이 없으니 한 자나 한 치의 살도 배양하지 않음이 없다. 그러므로 배양하기를 잘하고 잘못하는 것을 살핌에 어찌 다른 것이 있겠는가? 자기 스스로 (중요한 것과 중요하지 않은 것을) 결정할 뿐이다. 사람의 몸에는 귀한 것과 천한 것이 있고, 큰 것과 작은 것이 있다. 작은 것으로써 큰 것을 해쳐서도 안 되고, 천한 것으로써 큰 것을 해쳐서도 안 된다. 작은 것을 배양하면 소인이 된다. 큰 것을 배양하면 대인이 된다."

孟子曰："人之於身也, 兼所愛. 兼所愛, 則兼所養也. 無尺寸之膚不愛焉, 則無尺寸之膚不養也. 所以考其善不善者, 豈有他哉? 於己取之而已矣! 體有貴賤, 有大小. 無以小害大, 無以賤害貴. 養其小者, 爲小人. 養其大者, 爲大人."「告子上」

공도자가 물었다. "다 같은 사람인데 어떤 사람은 대인이 되고, 어떤 사람은 소인이 되는 까닭은 무엇입니까?" 맹자가 말하였다. "대체에 따르면 대인이 되고, 소체에 따르면 소인이 된다." (공도자가) 말하였다. "다 같은 사람인데, 어떤 사람은 대체에 따르고, 어떤 사람은 소체에 따르는 까닭은 무엇입니까?" (맹자가) 말하였다. "귀와 눈의 감관은 (가치를) 자각하지 못하기 때문에 외물에 가려진다. 외물이 이목의 감관[16]과 교류하면 외물에 이끌려 갈 뿐이다. 마음이라는 기관은 자각을 하며, 자각을 하면 도리를 얻고, 자각하지 못하면 도리를 얻지 못한다. 이것은 하늘이 나에

16 역주: 역자는 이곳의 '物'을 감관으로 해석하였다.

게 부여한 것이다. 먼저 대체를 올바르게 확립시키면 소체가 빼앗지 못한다. 이것이 대인이 되는 이유일 뿐이다."

公都子問曰："鈞是人也，或爲大人，或爲小人，何也？" 孟子曰："從其大體爲大人，從其小體爲小人." 曰："鈞是人也，或從其大體，或從其小體，何也？" 曰："耳目之官不思而蔽於物. 物交物則引之而已矣. 心之官則思，思則得之，不思則不得也. 此天之所與我者. 先立乎其大者，則其小者不能奪也. 此爲大人而已矣." 「告子上」

동일한 사람이지만 어떤 사람은 충실하고도 빛나는(光輝) 도덕생명을 성취하고, 어떤 사람은 금수와 별 차이가 없는 지경에 이르기도 한다. 그러한 차이의 관건은 그가 심-신으로 뭉쳐 있는 생명의 구조 중에서 대소와 귀천을 잘 구분하여 무엇을 배양해야 함을 자각할 수 있는가의 여부에 달려 있다. 그렇다면 무엇이 귀한 것이고, 큰 것인가? 무엇이 천한 것이고 작은 것이라는 말인가? 또 어떤 사람이 이 두 가지의 차별을 구별할 수 없는가? 이 문제는 자세하게 따지지 않으면 안 된다. 일반적으로 학자들은 심관(心官)과 이목의 관능으로써 대체와 소체를 구분하고, 아울러 심관의 자각(思)과 자각하지 못함(不思)으로써 대인으로 되고, 소인으로 됨을 해석한다. 그러나 이러한 구분은 추상적일 뿐만 아니라 사람들의 질의를 불러일으킬 수 있다. 다시 말하면 귀하고 큰 지위를 차지하고 있는 심관이 어떻게 자각하지 못할 수가 있는가? 자각하지 못하는데 무슨 자격으로 대체라는 지위를 차지하고 있는가? 이러한 질문에 대하여 우리가 맹자의 기타 장구를 인용하여 대답하기를 원한다면 맹자가 말한 대체는 결코 자각할 수 있는 심관을 가리켜 말한 것이 아니라 다른 것을 가리켜 말한 것임을 발견할 수 있을 것이다.

맹자가 말하였다. "천작이라는 것도 있고, 인작이라는 것도 있다. 인의충신과 선을 즐기면서 지겨워하지 않는 것이 천작이다. 공경대부는 인작이다."

孟子曰 : "有天爵者, 有人爵者. 仁義忠信, 樂善不倦, 此天爵也. 公卿大夫, 此人爵也."「告子上」

맹자가 말하였다. "고귀함을 얻고자 하는 것은 사람마다 같은 마음이다. 사람들은 자기 안에 고귀한 것을 갖고 있으면서도 그것을 자각하지 못할 뿐이다. 사람들이 고귀하다고 여기는 것은 사실 가장 고귀한 것이 아니다. 조맹이 고귀하게 만들어 주는 것은 조맹이 천하게 할 수도 있다. 『시경』에서 '이미 술에 취했고, 이미 덕에 배불러 버렸다'고 하였다. 인의에 배불러 버렸기 때문에 남의 고량진미를 바라지 않는 것이다. 아름다운 명성이 자신의 몸에 갖추어져 있기 때문에 남의 아름다운 복장을 바라지 않는 것이다."

孟子曰 : "欲貴者, 人之同心也. 人人有貴於己者, 弗思耳. 人之所貴者, 非良貴也. 趙孟之所貴, 趙孟能賤之. 詩云 : '既醉以酒, 既飽以德.' 言飽乎仁義也, 所以不願人之膏粱之味也. 令聞廣譽施於身, 所以不願人之文繡也."「告子上」

이곳에서 인용한 문장에서 우리는 심-신으로 뭉쳐진 생명의 구조 중에서 진정으로 맹자가 말한 '귀하고도 큰 것'의 표준은 마땅히 인의예지를 내용으로 하는 도덕심임을 알 수 있다. 그러나 문제는 "인의예지는 밖으로부터 나를 녹여 오는 것이 아니라 내가 본래부터 갖고 있는 것이다"[17]라고 말했듯이 도덕심에 본래부터 갖추어진 것이라면,

17 『孟子』「告子上」, "仁義禮智, 非由外鑠我也, 我固有之也."

왜 또 심관이 '자각하면 얻을 수 있고, 자각하지 못하면 얻지 못하는가?' 이것은 맹자의 사상 중에 심의 개념이 우리들이 생각하고 있는 것보다 훨씬 복잡함을 의미하는 것은 아닌지 모르겠다?

사실 심이라는 개념의 운용을 탐색해 보면, 비록 이학자들이 말한 습심(習心)과 본심(本心)의 차별 혹 사심(私心)과 공심(公心)의 차별과 같은 것은 없지만, 당군의 선생이 말한 것처럼 "맹자에서 말한 심은 본심을 가리켜 말한 것이다"·"맹자철학에서 심은 단지 하나의 심만을 가리켜 말한 것이다"[18]는 구별도 없다. 위에서 인용한 두 번째 인용문에서 맹자는 "고귀함을 얻고자 하는 것은 사람마다 같은 마음이다"에서 마음(心)을 인의예지의 심 혹은 본심으로 해석할 수는 없다. 더 나아가 우리는 다시 맹자가 말한 "마음에 (악한 생각이) 생겨나면 정사를 해친다"[19]·"나 역시 사람의 마음을 올바르게 잡으려고 한다"[20]는 말을 살펴보자. 이 말들은 보면 맹자가 인의예지를 내용으로 하는 마음 외에 생활행위를 주도하는 하나의 기구(機構)를 암묵적으로 설정하고 있음을 알 수 있다. 이 기구는 올바를 수도 있고, 올바르지 않을 수도 있다. 다시 말하면 맹자의 사상 중에 심이라는 하나의 개념은 결코 한 가지 의미만을 가리키는 것이 아니다. 맹자가 말한 심은 어떤 때는 "군자가 성이라고 생각하는 인의예지는 심을 근본으로 한다"[21]는 도덕심을 말하기도 하고, 또 어떤 때는 우리들이 일상생활에서 일어났다가 들어가기도 하면서 행동을 결정하는 주재기능을 말하기도 한다. 전자는 맹자철학에서 직접 사단지심의 심선으로써 성선

18 唐君毅『中國哲學原論』「導論篇」, 81쪽.

19 『孟子』「公孫丑上」, "生於其心, 害於其政."

20 『孟子』「滕文公下」, "我亦欲正人心."

21 『孟子』「盡心上」, "君子所性, 仁義禮智根於心."

을 증명하는 맥락에서 드러나고, 후자는 맹자가 소인과 대인을 구분하면서 선에 대하여 분명한 성찰과 존양의 중요성을 강조하는 장절에서 나타난다. 이 두 가지는 모두 심이라는 하나의 개념에 포함되어 있다. 그러나 그 의미의 중요성이 다르기 때문에 함께 혼용해서는 안 된다. 이 두 가지 심을 편리하게 구별하기 위하여 나는 전자를 도덕심이라고 칭하고, 후자를 실존심(existential mind)이라고 칭하겠다. 실존심은 당대 독일철학자인 하이데거가 말한 '평균화된 일상생활 중의 자아' (self in the sense of average everydayness)의 개념과 유사하다.

> 맹자가 말하였다. "우산의 나무는 아름다웠다. 큰 나라 수도의 교외에 있었기 때문에 (사람들이 몰려와) 도끼로 벌목을 하였으니 아름다워질 수가 있었겠는가? 밤낮으로 자라나고, 비와 이슬의 윤택을 받아 싹이 돋아나는 일도 없지 않았지만, (사람들이) 소와 양을 끌어다가 또 (싹이 돋아나는 대로) 먹여 버리니, 저렇게 민둥산이 되어 버린 것이다. 사람들은 (지금의) 민둥산 모습만을 보고서 본래부터 민둥산이었다고 생각한다. 그것이 어찌 그 산의 본성(본래의 모습)이겠는가? 사람에게 있는 것에 어찌 인의의 마음이 없겠는가? 그 양심을 잃어버리는 것은 도끼로 나무를 베는 것과 같다. 매일매일 베어 내는데 어떻게 아름다워질 수가 있겠는가? 밤낮으로 양심이 자라나고, 이른 아침의 맑은 기운이 일어나 (선을) 좋아하고 (악을) 싫어하는 것이 다른 사람과 비슷한 점이 적지 않겠지만, 낮에 하는 행위가 그것을 뒤섞어 없애 버린다. 그것을 뒤섞기를 반복하면 밤에 길러지는 맑은 기운마저도 남아 있지 못한다. 밤에 길러지는 기운이 남아 있지 못하면 금수와 차이가 멀지 않게 된다. 사람들은 금수 같은 그의 모습만을 보고서 그는 (선한) 재성이 없었던 사람이라고 생각한다. 하지만 어찌 그것이 그 사람의 성정이겠는가? 그러므로 잘 배양을 하면 자라나

지 않는 사물이 없다. 배양하지 않으면 소멸되지 않는 사물이 없다. 공자는 '간직하면 보존되고, 놓으면 잃어버린다. 나가고 들어옴에 결정된 시기가 없으니 어디로 나아갈지 모른다' 고 하였다. 이는 사람의 마음을 두고 한 말이다."

孟子曰: "牛山之木嘗美矣. 以其郊於大國也, 斧斤伐之, 可以爲美乎? 是其日夜之所息, 雨雲之所潤, 非無萌蘖之生焉. 牛羊又從而牧之, 是以若彼濯濯也. 人見其濯濯也, 以爲未嘗有材焉, 此豈山之性也哉? 雖存乎人者, 豈無仁義之心哉! 其所以放其良心者, 亦猶斧斤之於木也. 旦旦而伐之, 可以爲美乎? 其日夜之所息, 平旦之氣, 其好惡與人相近也者幾希. 則其旦晝之所爲, 有梏亡之矣. 梏之反覆, 則其夜氣不足以存. 夜氣不足以存, 則其違禽獸不遠矣. 人見其禽獸也, 而以爲未嘗有才焉者, 是豈人之情也哉? 故苟得其養, 無物不長. 苟失其養, 無物不消. 孔子曰: '操則存, 舍則亡. 出入無時, 莫知其鄕.' 惟心之謂與!"「告子上」

위에서 인용한 문장을 통하여 우리는 도덕심의 은몰(隱沒) 과정과 그 이유를 더욱 명확하게 이해할 수 있을 뿐만 아니라 도덕심과 실존심이 심-신의 전체 구조 중에서 어떤 관계로 놓여 있는가에 관한 실마리도 찾을 수 있다. 맹자가 말한 "사람들은 금수 같은 그의 모습만을 보고서 그는 (선한) 재성이 없었던 사람이라고 생각한다. 하지만 어찌 그것이 그 사람의 성정이겠는가"라는 물음을 근거로 우리는 인의의 심이 도덕생명 실현 가능성의 기초이고, 줄곧 우리의 생명 중에 내재되어 있음을 알 수 있다. 설령 '매일매일 그것을 베어 낸다' 고 할지라도 맹자는 여전히 그것이 평단지기(平旦之氣)와 야기(夜氣)의 방식으로써 끊어지지 않고 드러날 수 있다고 믿었다. 단지 '낮에 하는 행위가 그것을 뒤섞어 없애 버리고', 게다가 '그것을 뒤섞기를 반복하기' 때문에 결국 그 사람이 금수와 별로 다를 바 없는 지경으로 추락하게 되는 것이다. 이곳에서 맹자가 말한 '평단지기' 또는 '야기'와 '낮에 하는 행위'는 분명히 다르다. 이것을 하이데거의 존재 분석의 말로써 해석하면, '평단지기'와 '야기'는 사람의 '본래적 존재'(authentic existence)이다. 이는 일상생활의 세계에서 외물의 영향을 받지 않고, 끌려다니지도 않는 상태이다. 그리고 '낮에 하는 행위'는 평균화된 일상생활에서 드러나기도 하고 가라앉기도 하는 존재 상태이고, 또 일상생활에서 외물의 유혹을 벗어나지 못한 자아가 나타난 상태이다. 다시 말하면 앞에서 말한 실존심의 존재 상태인 것이다. 그리고 "그것을 뒤섞기를 반복하면 밤에 길러지는 맑은 기운마저도 남아 있지 못한다. 밤에 길러지는 기운이 남아 있지 못하면 금수와 차이가 멀지 않게 된다"는 것은 실존심이 일상생활의 세계에서 각종 사물의 유혹에 직면하여 어떻게 도덕심의 부름을 저버리고서 사물에 이끌려 되돌아오지 못하고 결국 '비본래적 존재'(inauthentic existence) 상태로 추락하게 되는지 그 과정을 묘사한 것이다. 다시 말하면 앞에서 서술한 존재분석의 관점으로 '우산의 나무'(牛山之木)를 해석한 것을 수용한다면, 우리는 맹자 인성론에 담겨 있는 도덕심과 실존심의 구별은 심-신이라는 전체 구조에서 마땅히 다음과 같이 이해해야 할 것이다.

1. 실존심은 사람이 행위를 결의하는 주재이고, 가치를 알 수 있는 기능도 갖고 있으나 육체생명과 뗄 수 없는 관련을 맺고 있다. 철학인류학의 입장에서 말하면, 실존심은 육체생명 중에 있는 것이다.(Mind in embodiment) 즉 한편으로는 구조의 우위성으로 말미암아 일신(一身)의 주재자가 될 수 있지만, 다른 한편으로는 육체생명의 영향을 벗어날 수 없는 존재이다. 그리고 가장 중요한 것은 실존심은 '육체생명에 있다'

는 것이고, 또한 '세계 중에 있는 것(in-the-world)'이라는 점이다. 다시 말하면 세계 중에서 부딪치는 모든 사물은 실존심에 얼마간의 영향을 끼칠 수 있다는 것이다. 바로 이러한 이유로 말미암아 실존심이 세계의 여러 사물에 대면하고서 움직일 때 자아를 극복하고서 '본래적 자아'를 실현하든지, 아니면 자아를 잃어버리고 사물과 교류하면서 그것에 이끌리는 과정에서 결국 '먹고 마시는 음식에만 정신이 팔려 있는 사람'으로 되거나 '금수와 다를 바 없는' '비본래적 존재'로 되는 것이다.

2. 다음 이른바 도덕심이라는 것을 실존심과 다른 하나의 존재 행동의 주재라고 이해하는 것보다는 차라리 실존심이 육체생명과 외적 세계의 영향을 받지 않은 상태의 본래 상태라고 이해하는 것이 나을 것 같다. 도덕심은 도덕생명 실현 가능성의 기초이고, 선천적인 것이며, 비경험적인 것이다. 그러나 맹자의 성찰에 의하면, 도덕심은 진실한 것으로 '어린아이가 우물에 빠지려고 하는 찰나에 드러나기도 하고', '평단지기가 외물과 아직 접촉하기 전의 청명한 기'[22]로 드러나기도 한다. 또한 이것에만 그치는 것이 아니라 도덕심은 한 개인의 생명에서 선을 밝히고 몸을 진실하게 하는 자각 수양을 통하여 "윤택한 모양으로 얼굴에 나타나고, 등에 넘쳐흐르며, 사체에 베풀어진다."[23] 도덕심은 이러한 과정을 통하여 자신의 감성생명에 관주(貫注)되고, 구체적으로 사람을 감동시키며 빛을 발하고 열을 발하는 도덕실체로 응결된다. 다시 말하면 도덕심은 도덕실천의 선험적 근거일 뿐만 아니라 사람이 진정한 사람으로 될 수 있는 진실한 동력이다. 그러나 이러한 동력이 일단

---

22 朱熹『孟子章句』, "平旦未與物接, 其氣清明之際."

23 『孟子』「盡心上」, "睟然見於面, 盎於背, 施於四體, 四體不言而喻."

> 구체화되어 실존심의 층에서 표현되면 평단지기 또는 야기로 나타나게 된다. 이때 존양을 공부를 하지 않으면 물욕의 교잡을 면하기 어렵게 되고, 심지어는 일신의 주재자 지위마저도 빼앗기게 된다. 그러나 맹자의 관념에서 사람의 본래적 자아인 도덕심은 처음부터 끝까지 존재하는 것이다. 단지 실존의 층에서 주재자의 지위를 갖는가? 혹은 갖지 못하는가의 차이일 뿐이다.

심이라는 한 개념에 대한 맹자의 두 가지 운용이 비록 학자들로 하여금 잠시의 곤혹감을 불러일으킬 수 있을지라도 이해할 수 없는 것은 아니다. 또한 이론상 일치되지 않을 것도 없다. 왜냐하면 도덕심과 실존심은 각각 강조하는 중점이 따로 있고, 엄격하게 서로 다른 두 종류의 심이지만, 그 의미가 가리키는 구조상에서는 서로 항상 관련되어 있기 때문이다. 간단하게 말하면 이른바 도덕심이라는 것은 사실 일신의 주(主)인 실존심의 본래 상태라고도 할 수 있기 때문이다. 그리고 이른바 실존심이라는 것도 일상생활에서 본래적 존재와 비본래적 존재를 대면하고서 부단하게 결정과 선택을 진행하는 행위의 주체이다. 다시 말하면 생활 중에서 진정으로 행위를 주재하는 주체는 실존심일 뿐이다. 맹자는 "사람에 있는 것에 어찌 인의의 마음이 없겠는가"라고 하였지만, 이것은 또 다른 하나의 행위주체의 건립과는 무관하다. 맹자는 단지 인의의 심이 도덕생명 실현의 가능성임을 설명한 것에 불과하다. 이는 하나의 씨앗과도 같은 것으로,[24] 이러한 씨앗을 실존심의 약동 중에 심어 놓았다고 이해하면 된다.

그러므로 앞에서 논의한 내용을 종합하면, 맹자 성선론의 건립은

---

24 『孟子』「告子上」.

분명 사단지심의 심선으로써 증명하여 이룬 것이지만, "인의예지는 심을 근본으로 한다"는 것은 단지 도덕실천의 가능성이 확실하게 우리들의 생명 중에서 작용함을 표시한 것에 불과하다. 그러나 이는 결코 우리들의 '낮에 하는 행위'가 우리들을 도덕심의 방향과 거꾸로 가지 않을 것임을 보증하는 것은 아니다. 다시 말하면 맹자의 인성론에서 심은 핵심개념이고, 이 심에는 두 가지의 용법이 포함되어 있다. 하나는 성선을 논증하는 맥락에서 도덕실천의 동력이 진실로 우리들 행위 결정의 기능 중에 내재되어 있음을 설명하는 것이다. 다른 하나는 대인과 소인을 구분하는 장절에서처럼 심령이 심-신의 전체 생명 구조에서 반드시 가치의 선을 비추고 감별하는 작용을 발휘하여 존양해야 할 바를 자각해야 함을 강조한 것이다. 만일 심령이 이러한 작용을 하지 못하면 우리의 생명은 먹고 마시는 일만을 중시하는 음식지인(飮食之人)으로 추락하게 됨을 면할 수 없게 된다. 이러한 심에 관한 서로 다른 용법은 심이라는 한 개념에 서로 다른 두 종류의 의미를 부여한 것이다. 만일 우리가 원칙적으로 하이데거의 존재 분석에서 제공한 틀을 수용하여 맹자의 도덕심과 실존심을 본래적 자아와 평균화된 일상생활 중의 자아의 관계로 이해하면, 비단 맹자철학에 있는 두 종류의 주체라는 어려움을 피할 수 있을 뿐만 아니라 실존심에 대한 해석에서 '인성은 본래 선한데 불선한 행위를 할 수도 있다'는 문제를 설명할 수 있는 근거로도 삼을 수 있다. 이렇게 함으로써 맹자의 인성론은 더욱 충분한 연역과 전개를 확보할 수 있다.

4

전문(前文)을 회고해 보면, 심-신의 관계가 비록 맹자 사상 중에서 분명하게 어떤 지위를 차지하고 있는 것이 아니고, 그것에 관한 맹자의 문헌도 많지 않지만, 맹자 인성론의 건립과 구조 및 전개에 대하여 매우 중대한 의의를 갖고 있음을 확정할 수 있다. 앞에서 서술한 내용을 분석한 것에 의거해 보면 최소한 다음 두 가지 점으로 귀납할 수 있다.

1. 맹자는 가장 오랜 전통의 '생지위성'의 인성론을 돌파하고서 심선으로써 성선을 논증하였다. 이는 한편으로 '생지위성'이라는 관점이 사람이 진정한 사람으로 될 수 있는 가치와 존엄을 드러내기에 부족하다는 것을 밝힌 것이고, 다른 한편으로는 맹자가 사람의 생명이라는 전체 구조 중에서 심이라는 존재가 우위성과 주도성을 갖추고 있음을 충분하게 통찰하였기 때문이다. 맹자는 심선으로써 성선을 증명하는 사유를 통하여 '생에서 성을 말하는 관점'을 가리고서 새롭게 '심에서 성을 말하는 새로운 전통'을 세웠다.
2. 다음 맹자는 시종일관 심-신의 구조 관점으로써 심의 작용과 활동을 이해하였기 때문에 순수하고 지선한 도덕심이라는 의미 외에 일상생활 세계에서 드러났다 가라앉기도 하는 실존심이라는 의미를 암묵적으로 허용하였다. 앞에서 설명한 실존심에 대한 분석에서 도덕심은 실존심의 본래적 존재의 드러남임을 발견할 수 있다. 이는 분명 맹자가 심선으로써 성선을 말한 근거이다. 그러나 실존심 자체가 하나의 육체생명에서 결의를 내리는 기능이 있다는 측면에서 말하면, 실존심은 물욕에 의한 이끌림을 면할 수 없기 때문에 이것으로써 사람이 불선한 행위를 하게 된 이유를 해석할 수 있다. 따라서 맹자 심성론에 간직되어 있는 실존심이라는 의미는 일단 전개되기만 하면 맹자철학에서 인성이 본래 선함을 설명할 수 있을 뿐만 아니라 사람이 불선한 행위를 하게 된 이

유에 대하여 근원성의 해답을 제공할 수 있다.

그러나 앞에서 서술한 두 가지 점 외에 이러한 연구결과를 송명이학의 역사적 맥락으로 끌고 가 주희의 이학과 왕수인 심학의 쟁론을 다시 한 번 살펴보면, 그것에 더욱 중대한 의미가 갖추어져 있음을 발견할 수 있을 것이다. 모종삼 선생의 판교(判教)에 의하면, 주희의 철학이 '별자지종'(別子之宗)으로 된 까닭은 주희가 선진의 맹자 심학을 온전하게 계승하지 못하였기 때문이다. 주희는 초월적인 리와 후천적인 심을 대립적 관계로 설정하였다.[25] 다시 말하면 주희는 심을 기심(氣心) 혹은 인지심으로 이해하였다. 그러나 본문의 연구에 의거하면 맹자의 심성론 중에는 원래 도덕심과 실존심의 구별이 갖추어져 있다. 다시 말하면 주희가 심을 기심으로 이해한 것이 완전히 근거가 없는 것은 아니다. 그렇다면 주희의 이학과 선진유학의 차이가 정말로 그렇게 크다는 것인가? 이 문제는 아마 다시 한 번 논의할 만한 가치가 충분히 있을 것이다. 그렇지만 송명이학의 계통이 방대하면서고 복잡하기 때문에 이 문제는 본문에서 분명하게 정리하여 처리할 수 있는 것이 아니다. 앞에서 필자가 논의한 내용이 타당한지는 이후의 연구 과제로 남겨 놓겠다.

---

25 牟宗三 『心體與性體』「1册」, 臺灣 正中書局, 1968, 50쪽.

참고문헌

『十三經注疏』(臺灣 藝文印書館)

王夫之『讀四書大全說』冊一・二, (臺灣 河洛圖書公司, 1974)

王邦雄『中國哲學論集』(臺灣 學生書局, 1983)

_____『孟子義理疏解』(臺灣 鵝湖出版社, 1983)

王陽明『王陽明全集』(臺灣 考正出版社, 1972)

司馬遷『史記』(臺灣 鼎文書局, 1979)

朱熹『四書章句集註』(臺灣 鵝湖出版社, 1984)

牟宗三『歷史哲學』(臺灣 樂天出版社, 1973)

_____『道德的理想主義』(臺灣 私立東海大學, 1970)

_____『中國哲學的特質』(臺灣 學生書局, 1974)

_____『政道與治道』(臺灣 廣文書局, 1974 修訂初版)

_____『心體與性體』三冊 (臺灣 正中書局, 1973)

_____『從陸象山到劉蕺山』(臺灣 學生書局, 1979)

_____『圓善論』(臺灣 學生書局, 1985)

余英時『中國知識階層史論』(臺灣 聯經出版事業公司, 1980)

_____『中國思想博統的現代詮釋』(臺灣 聯經出版事業公司, 1987)

呂不韋『呂氏春秋』(臺灣 中華書局, 1968)

李明輝『儒家與康德』(臺灣 聯經出版事業公司, 1990)

_____『儒家與現代意識』(臺灣 文津出版社, 1991)

李瑞全「孟子政治哲學之定位, 民本與民主之論」,『鵝湖月刊』第一八五期, 1990 十一月.

杜正勝『周代城邦』(臺灣 聯經出版事業公司, 1981)

岑溢成「生之謂性」釋論, 『鵝湖學誌』 第一期, 1988

_____『孟子告子篇之「情」與「才」論釋, 『鵝湖月刊』 第五十八, 五十九期, 1989 四月, 五月.

屈萬里『尙書集釋』(臺灣 聯經出版事業公司, 1983)

林毓生「五四新文化運動中的反傳統思想」, 『中外文學』 第三卷十二期, 1975 五月.

林義正『孔子學說探微』(臺灣 東大圖書公司, 1987)

周羣振『儒學探源』(臺灣 鵝湖出版社, 1984)

胡適『中國古代哲學史』(臺灣 商務印書館, 1986)

高誘『淮南子注』(臺灣 世界書局, 1969)

唐君毅『中國哲學原論 · 導論篇』(홍콩 新亞研究所, 1974)

_____『中國哲學原論 · 原性論』(홍콩 新亞研究所, 1974)

_____『中國哲學原論 · 原道論』(홍콩 新亞研究所, 1973)

孫詒讓『墨子間詁』(臺灣 華正書局, 1987)

徐復觀『中國人性論史』「先秦篇」(臺灣 商務印書館, 1969)

_____『儒家政治思想及民主自由人權』(臺灣 學生書局, 1988)

容肇祖『容肇祖集』(山東 齊魯書社, 1989)

康有爲『孟子微』(臺灣 商務印書館, 1968)

陳大齊『孟子待解錄』(臺灣 商務印書館, 1980)

_____『孟子的名理思想及其辯說實況』(臺灣 商務印書館, 1968)

_____「孟子義利學說的探討」, 『中國學術史論文集』 (臺灣 中華文化出版事業委員會, 1953)

陳奇猷『韓非子集釋』(臺灣 河洛圖書公司, 1974)

陳榮華「孟子人性論之現象學解析」, 『輔仁大學哲學論集』 第十六期.

陳弱水「追求完美的夢－儒家經濟思想的烏托邦性格」, 『中國文化新論 · 思想篇一 · 理想與現實』(臺灣 聯經出版事業公司, 1982)

黃俊傑『孟學思想史論』 卷一 (臺灣 東大圖書公司, 1991)

黃光國『儒家思想與東亞現代化』(臺灣 巨流圖書公司, 1988)

黃宗羲『黃宗羲全集』 第一冊 (臺灣 里仁書局, 1987)

胡毓寰『孟子本義』(臺灣 正中書局, 1958)

_____『孟子事蹟考略』(臺灣 秦盛書局, 1977)

郭慶藩『莊子集釋』(臺灣 河洛圖書公司, 1974)

程顥 · 程頤『二程集』(臺灣 里仁書局, 1982)

張岱年『中國倫理思想研究』(臺灣 貫雅文化公司, 1991)

張德勝『儒家倫理與秩序情結』(臺灣 巨流圖書公司, 1989)

張灝『幽暗意識與民主傳統』(臺灣 聯經出版事業公司, 1989)

曾昭旭『道德與道德實踐』(臺灣 漢光文化公司, 1983)

傅偉勳『從西方哲學到禪佛教』(臺灣 東大圖書公司, 1986)

傅斯年『性命古訓辨證』(臺灣 新文豊出版公司, 1985)

傅佩榮「存在與價值之關係問題」,『存在與價值研討會』論文, 國立臺灣大學哲學系主辦, 1991 五月.

_____「人性向善論」,『中國倫理教育哲學基礎國際學術研討會論文集』(臺灣 輔仁大學出版社, 1985)

_____「儒家論人的自律性」,『哲學與文化月刊』. 第十五卷六期.

焦循『孟了正義』(臺灣 文津出版社, 1988)

陸象山『陸象山全集』(臺灣 世界書局, 1974)

勞思光『中國哲學史』(臺灣 三民書局, 1984 增訂版)

楊伯峻『孟子譯注』(臺灣 源流出版社, 1982)

_____『春秋左傳注』(臺灣 源流出版社, 1982)

_____『論語譯注』(臺灣 華正書局, 1986)

楊祖漢『儒學與康德的道德哲學』(臺灣 文津出版社, 1987)

_____『孟子義理疏解』(臺灣 鵝湖出版社, 1983)

蒙培元『中國心性論』(臺灣 學生書局, 1990)

熊十力『讀經示要』(臺灣 廣文書局, 1970)

蔡仁厚『孔孟荀哲學』(臺灣 學生書局, 1984)

_____『儒家思想的現代意義』(臺灣 文津出版社, 1987)

蔡信安「論孟子的道德抉擇」,『哲學論評』第十期, 國立台灣大學哲學系印行, 1987.

劉述先『文化與哲學的探索』(臺灣 學生書局, 1986)

_____『朱子哲學思想的發展與完成』(臺灣 學生書局, 1982)

_____『黃宗羲心學的定位』(臺灣 允晨文化公司, 1986)

_____『中國哲學與現代化』(臺灣 時報文化公司, 1980)

劉盼遂『論衡集解』(臺灣 世界書局, 1976)

錢穆『國史大綱』(臺灣 商務印書館, 1980 修訂七版)

_____『先秦諸子繫年』(臺灣 東大圖書公司, 1986)

蕭公權『中國政治思想史』(臺灣 聯經出版事業公司, 1980)

戴璉璋『易傳之形成及其思想』(臺灣 文津出版社, 1989)

蘇輿『春秋繁露義證』(臺灣 河洛圖書公司, 1974)

Collins, J., "*A History of Modern European Philosophy*" 臺灣坊間翻印.

Copleston, F. C., "*Aquinas*" (Baltimore: Penguin Book, Inc., 1955)

Fang, Thomé H., "*The Chinese View of Life*" (Hong Kong: Union Press, 1957)

______, "*Chinese Philosophy: Its Spirit & Its Development*" (Taipei: Linking Publishing Co. Ltd., 1981)

Graham, A. C., "*Studies in Chinese Philosophy & Philosophical Literature*", 臺灣坊問翻印.

Heidegger, M., "*Being and Time*" (New York: Harper & Row, 1962)

Jones, W. J., "*A History of Western Philosophy*" (New York: Harcourt, Brace & World, Inc., 1969)

Lau, D. C., (tr.) "*Mencius*" (New York: Penguin Books, 1970)

Mote, F. W., "*Intellectual Foundations of China*" (New York: Alfred A. Knopf, 1989)

Needham, J., "*Science and Civilization in China*" (Cambridge: Cambridge University Press, 1956.)

찾아보기